U0111591

大展好書　好書大展
品嘗好書　冠群可期

大展好書　好書大展
品嘗好書　冠群可期

武學釋典 52

會練會養

得真功

邵義會 著

大展出版社有限公司

自　序

參從夢覺痴心好
歷盡艱難樂境多

我從 1998 年開始給雜誌社寫文章，至今已有二十年時間了。這麼多年一直沒斷，每年都寫幾篇，先是寫太極方面的，後來是形意拳方面的，也寫了一些少林拳、八卦掌方面的。寫的篇幅最多的還是形意拳方面的。

我最初是給《武林》寫，《武林》停刊後，我又給《精武》寫，可惜《精武》也停了。後來我主要給《武魂》《搏擊》寫，這樣就結識了原《武魂》的副主編常學剛老師。以後十幾年我們都是神交，沒有見過面，一直到 2012 年春天我們在天津有關部門舉辦的「紀念中華武士會百年學術討論會」上見了面。

我之所以能堅持二十年不斷給雜誌社寫關於武術方面的文章，跟常學剛老師的熱情幫助和耐心指導是分不開的，在這裡再次向常老師表示感謝。

　　我自幼喜歡武術，成年後更是痴迷此道，雖造詣不深，但我寫的文章都是我多年學武、練武的真實感悟。有很多讀者喜歡讀我寫的文章，這些年經常有讀者來信、打電話，甚至還有人登門來訪與我交流武術方面的問題。他們說我寫的文章通俗易懂，寫的東西實在，不故弄玄虛。這些都是激勵我寫下去的動力。

　　近幾年也有不少讀者向我求索我的文章集冊，來信說他們多方收集我的武術文稿用於研究和收藏。最令我感動的是山東一位讀者李某偕同原《精武》雜誌社的一位主編不遠千里駕車來我家走訪。他對我說，十幾年來他一直關注並收集保存我寫的文章。

　　至此，我萌發了收集、整理自己多年來寫過的文章的想法，為了滿足熱情關心我的讀者的期望，我克服困難，把散亂的文稿儘快收集整理成冊，以饗讀者。

　　這次我收集整理了五十多篇文稿，並附一百多幅照片，有過去在雜誌社發表過的，也有從沒公開發表的，內容主要是形意拳和太極拳關於練功、心法、技法、養生健身等問題。

　　其中關於形意拳方面的三十多篇文章，可以作為北京科學技術出版社 2017 年 7 月出版的拙作《張鴻慶傳形意拳練用法釋秘》一書的補充參考。由於年代較久，有些內容同一個問題可能有多次重述，但由於每篇文章闡述問題的側重點不同，內容或有異同。因

此，這些細節在這次整理中沒有增刪，利與弊還是讓讀者去品論吧。

　　這些文章雖然多是寫武術方面的，但文中或多或少也穿插了些許我個人這些年學武練武的艱辛與快樂，是我從 1967 年到 2018 年半個世紀拜師學藝刻苦練功的真實寫照。今天回眸這些文稿和新老照片，真是感慨萬千。這讓我想起恩師馬虹先生當年寫給我的一幅名聯「參從夢覺痴心好，歷盡艱難樂境多」。

　　還是那句話，這些文章和照片真實地記錄了我半個多世紀來追夢、痴迷武術的所得。這次整理成集，奉獻給讀者，願與大家共享。

邵義會

前　言

武術是實在學問

　　對一般人來說，他們對武術及武術家的認識，主要來自武俠小說、報紙、雜誌以及影視節目這些傳播媒體。由於他們很少有機會接觸到真正的中國武術，所以他們受這些媒體的影響極深。在相當多的現代人的想像中，武術是很神祕的東西，武術家應當是身懷絕技的英雄豪傑。這樣一來，金庸小說中的令狐沖、喬峰、楊過與小龍女，郭靖與黃蓉以及洪七公等就成了他們心目中的武俠英雄。而演繹現代影視劇的武打明星，如李小龍、成龍、李連杰等自然也成了他們極其崇拜的功夫偶像。

　　有人對飛簷走壁、點穴絕技、踏雪無痕、飛行術等傳說中的神功絕技更是痴迷不已。一些年輕人不屑於腳踏實地的功夫，只想吃快餐，一心想學什麼「一指神功」「降龍十八掌」「空勁氣功」等虛無縹緲的功夫。

　　以上這些現象說明許多人對我們老祖先留下的民族瑰寶——武術文化還不是很瞭解。我們不否認金庸小說和李小龍等影視明星對中華武術在海內外的傳播起到了非常重要的作用，但是我們也要說，他們所展示的那些「功夫」

是藝術加工了的東西，代表不了真正的中華武術。

中華武術是古老華夏大地孕育的奇葩，具有廣泛的群眾性、實用技擊性、健身性和藝術觀賞性。早在公元前21世紀到公元前3世紀，也就是在中國的夏商周時期，就有關於武術的記載，並稱之為拳勇、手搏、角力等。到了春秋戰國時期，即公元前770年至公元前221年，技擊、相搏、手戰、武藝、角抵等名稱出現。此後至今幾千年，中華武術伴隨著中華傳統文化代代相傳，經久不衰。它既不像金庸先生武俠小說描述的那樣神奇，也不像影視明星演繹的那樣精彩花哨，而是一門實實在在的學問，需要我們腳踏實地、持之以恆地認真學習和修練。

百里難覓一人

說實話，喜歡武術的人不在少數，但是真正腳踏實地練武術的人並不多。我小時候家裡窮，沒有什麼玩具可以玩兒，每天除了上學就是幫父母幹活。由於大家庭裡有長輩練武，很小的時候家長就讓我和弟弟跟族裡的叔叔、大爺們一起學。後來長輩們還請了寧河縣的王慶福老師教我們。一開始師父教我們練少林拳，如燕青錘、三合炮、黑虎拳、掩手拳、十二趟彈腿、提攔槍、子龍群槍、夜行雙刀、太極行劍等十幾個拳械套路，王老師還教我和弟弟雙刀進槍、雙匕首進槍等對練套路。當時我們練得很起勁。有一天王老師對我們說：「練武是一件很苦的事，別看你們現在跟著我練得起勁，以後能堅持下來的，一百個人中有一個就不錯了。」那時我年齡小，聽了師父的話，也沒

在意。幾十年過去了，現在回想起他老人家當初說的話，還真讓他老說中了。想一想，當初同門學藝的師兄弟堅持到現在的，還真是百里難覓一人呀！若說一生堅持習武，豈止百里挑一、千里挑一，說是萬里挑一也不過分。

前幾年我在區工人文化宮練拳，十年如一日，每天堅持練拳三四個小時。那時的文化宮主任岳某是我的一位同門師兄，他見我如此痴迷練功，曾感慨地對我說：「現在像你這樣練拳的人不多了，若論練武，不少人都能說得頭頭是道，但真要讓他練練那就完了，說起來都有兩下子，不過是曾經練過而已。」

歷來武術前輩對習武人堅持每日練功都非常重視。我的兩位恩師都是堅持終身練武的典範。張蘭普老師八歲開始習武，直到去世前幾天還在堅持練功。記得 20 世紀 70 年代，張蘭普老師在井下做礦工，工作非常艱苦，可是他老人家每天下班後簡單吃點飯就開始上山練拳。馬虹老師堅持練功四十餘年如一日，就是大年三十，也要先打完幾遍拳才回家吃年飯，他老人家八十歲高齡時，仍然堅持每天打兩遍拳，仍然打低架子。可以說堅持終生是練武人的養生之道，長壽秘訣。這裡奉勸那些喜歡技擊的習武之人，要重視平日的武功練習。這裡講的武功，不僅指用於散打技擊的專門之學，還要堅持操練適合自己的武術套路功夫。從健身養生角度來講，科學的武術套路鍛鍊，是練武人最好的養生之道。

練武人平日裡不能光想著搏殺，不要一天到晚老是想著找人交手較技。要知道沒有強健的體魄，再好的武技也是派不上用場的。所以歷來真正的武術大家不但善技擊，

更懂得養生長壽之道。

　　說起來也簡單，練武人的長壽之道就是兩個字。一個「練」，一個「養」。練是堅持鍛鍊，是得到功夫；「養」是保養，是守住功夫，這兩個字好說不好做。就說練吧，少小練功，能夠堅持到白髮者談何容易！人的一生不知要遇到多少坎坷磨難。若沒有嗜武如命的痴迷，沒有對中華傳統武術文化的執著，大多數是半途而廢。

　　有一些人雖然幾十年堅持習武，可是人到中年，極易產生懶惰之感，平時所謂練拳，已是說得多做得少了，這是最要命的。我的恩師馬虹先生曾多次告誡我們：「你們要想健康長壽、善始善終，一定要每天堅持練好我們這兩套拳（指陳式太極拳一路 83 式和陳式太極拳二路 71 式）。不要像有些人那樣，一到五十歲就想當教師爺了。光教拳（自己）不練拳。這樣下去，過不了幾年，不出事（得病）那才怪呢！」

　　長期練武之人，呼吸、循環、消化系統及精神狀態已經形成了一定的規律，一旦改變了這個規律，就會造成紊亂。這種紊亂會改變人的生活品質。一旦承受不了時，就會突發疾病。

　　近現代歷史上，武術界各門派都曾出現過武術家英年早逝的例子。他們的過早離去雖然原因很多，但有一點基本是共同的，那就是他們晚年的習武生活失去了平衡。功練得少了，應酬多了，生活沒規律了，菸酒無度。常言道：「清心寡慾益養生，功名利祿添煩惱。」練武之人要耐得住寂寞。說是人練拳，其實是拳練人。練武之人若利慾薰心，酒色財氣放不下，過不了這一關，其武功必廢。

練功須得法

　　另外，堅持練功不是瞎練，要科學地、規範地練。

　　比如打陳式太極拳一路 83 式，不能不分老幼強弱，一味地強調要拳走低式。對於初習者，一定要強調基本功（樁功、腰腿功等）的訓練，有了一定基礎再循序漸進地練習。就是對有一定基礎的人，也要強調注意身體、情緒狀況，精神好時多打低架子，以增大運動量。反之就要適當放高架子。

　　再如，患了感冒或得了其他疾病，就要少練或不練拳，好好休息，先治好病再練拳。不要得了病還是照樣練拳，那樣反而不好，會加重病情。總之，我們要明白一個道理：練拳肯定有益身心健康，但必須練之得法。練功不得法，有百害而無一益。切記！

　　再說說「養」，習武之人以練為養。「練」是練體、練心、練氣，「養」是養精、養氣、養神，以達到健康益壽之目的。過去老輩人常說的一句話是：會練也會養，功夫才能長。孟子講：善養吾浩然之正氣。孟子說的正氣，就是我們練武人講的內氣，也是中醫講的中氣、元氣，道家的丹田氣、先天氣。拳論曰：「精養靈根氣養神，養功養道見天真，丹田練就長命寶，萬兩黃金不與人。」說明古代拳家對煉精、養氣、養神是相當重視的。

　　俗話說「百病由心生」，要保持一種平常心。特別是在當今市場經濟的大環境下更要做到清心寡慾，不為各種名利所動。要耐得住寂寞，一心一意練功夫。古語說得好：「少年戒色，中年戒鬥，老年戒得。」老年人應當看

破、放下、隨緣，一切順其自然，保持一種積極向上的平和心態。十年練功，十年養氣。養真氣、義氣、骨氣，養浩然之正氣。修心煉性，達到心態平衡方為真功夫。中華武術博大精深，各門各派都有自己獨特的練功養生經驗、秘法，如形意拳、八卦掌等都是既養生又養老的優秀拳種，我們應該虛心地借鑑和吸收。

一個聰明的拳家，對一個同樣的拳套，在不同的年齡段，一定要有不同的練法。不是改變這個拳套的結構和動作，而是在練習方法上根據個人年齡的變化而變化。

比如說，同樣是打陳式太極拳一路 83 式，青年人在練習時可以多增加發力點，多增加活步和跳躍動作練習，速度可以相對快一些，勢子也要放低一些。而對於中老年練習者，架子可以相對高一些，動作輕柔緩慢一些，要少發力，以柔化為主（老年人打拳時可以記住一句話：悠著點）。總之練拳要因人、因時而定，不可一套拳一生都是一個打法，那是不科學的。

練養相濟

最後，再強調一下會練會養的問題。打拳練功要懂得會練會養，不會練就不會養，不會練功難長，不會練就會傷，不會養也會傷。我的師爺褚廣發先生生前說過：「形意拳不能瞎練，要按規矩練。練好了會多活幾年，練不好會早死幾年。」這話聽起來糙，可理不糙。這些年我見過好多習武人，年輕時賽場上摘金奪銀，風光無限，可是一過中年，未老先衰，別說打拳，連走路都晃蕩了。更有的

英年早逝，很是可惜。究其原因，會不會練，會不會養或者說方法正確與否是關鍵。

為了說明這個會練會養的問題，我在這裡談幾點個人認識，希望能對讀者有所啟示。

（1）**練拳要找一個固定的清靜地方，避開閒人干擾。**環境靜了，心情自然容易靜下來，心無雜念，心平氣和地打拳，效果自然要好很多。

（2）**到了場地不要急於下場打拳，要先做好準備活動，壓腿、活腰、遛腿、站椿都要做，準備工作要充足。**每套拳打完不要馬上就坐下來，一定要圍著場地遛幾圈，把精氣化在身上。收式和起式同樣重要，不要馬虎。我們打的拳，起式和收式若單獨拿出來，都是一個完整的練習內功的小功法。拳要練得舒服，不能搞疲勞戰術，練拳要留有餘地，量力而行。功是慢功，欲速則不達。

（3）**要學會用腦子打拳，練拳要懂得因人因地因時之理。**拳是死的，人是活的。常見有些人從小跟老師學了幾套拳，從小打到老，都是一個練法，不懂得因時而變，這怎麼能行！老祖宗講究：天人合一，道法自然。同樣一個拳路，青少年時是一個打法，人到中年是一個打法，到了老年又是另一個打法。拳路都是一樣的，招式是不變的，變的是練法。拳要會練，不能傻練，要動腦子練拳，不能打一輩子糊塗拳。

（4）**練拳要懂得四時變化，順天時而行事。**會練者要懂得春避邪風，夏避酷暑，秋避露雨，冬避風雪霧霾。功在拳外，會養者穿衣飲食、行走坐臥、待人接物皆為功。練拳是一種修行，活絡筋骨，強其體魄，制於人而不

被人所制，只是小道。明拳理、悟禪機、養正氣，才是習武者之大道。

（5）**練拳要練順，不可悖逆。**打拳要有好心情，心情好打拳自然順遂，氣血易於流通四肢百骸，涵養五臟六腑。心情不好，氣血壅塞，練之則傷氣、傷神，無益健康。所以說會練才會養，所謂養，即養氣、養血、養性、養精、養神、養形，其中尤以養氣、養精、養神為要。十年練功，十年養氣，氣以直養而無害，久久養之即為浩然正氣也。

不會練即不會養，不養即傷，慢練為養，快練為傷，靜練為養，急練為傷，所謂傷者即傷氣、傷神、傷心、傷腎、傷形。會練者心要靜，靜養神，靜養氣，靜養精。精足氣則足，所以要靜心安身，清心寡慾，煉精化氣，還原於身。氣足神不衰，若內氣不足，練拳任意疾發速放，則元氣受損；神氣不足，過於縱跳震動，則元神散亂，習者必傷。

總之，習拳者要懂得陰陽、五行相生相剋之理。要靜心慢練，順其自然，絲毫不可強為，會練會養見真功，延年益壽不老松。

最後，我勸熱愛傳統武術的中老年拳師，一定要根據個人的體質、愛好，選定一兩個拳套，作為堅持長期鍛鍊的載體，終生與之為伴。只有這樣，才能使我們保持旺盛的精氣神和靈活健壯的體魄；只有這樣，才能保持和延長我們運動生命的青春。

願天下習武人都能「益壽延年不老春」。

014　會練會養得真功

目　錄

形意篇

太極篇

形
意
篇

　　我自幼受父輩的影響，九歲開始隨叔叔習武。後來隨著年齡逐漸增長，又經歷了多位老師的傳授。幾十年過去了，我的生活、工作都發生過很大變化，但是我的習武之路沒有中斷過。經過幾十年的磨煉、沉澱，我對傳統武術有了較深的感悟。

　　我認為武術是一個系統工程，中國武術與中國文化同根同源，博大精深。其文其武，一個人窮畢生精力，也學之不盡。文武之道，我們雖然不能統學貫通，但我們完全可以就其一宗一派深入研究，只要有堅韌意志，鍥而不捨，持之以恆，終能登堂入室，得其奧妙。

　　形意拳是中國傳統內家拳的一個拳種，傳承至今已有300多年歷史。形意拳在傳承中衍生了多個流派，各流派都有自己的練功方法。由於種種原因，這些方法有些只在少數人中傳承，有些已經瀕於失傳，有些則在傳承中出現了偏差。

　　我在年輕時曾遇到一位老師傅，他老人家傳了我一套形意五行拳的跟步練法。後來我又遇到一位形意拳老師，他傳我形意拳時，教我的是定步練法，他對我說，學形意拳要先學站樁，然後打定步拳。

　　他說這是基礎，從這入門基礎紮實。可是這位老師不教我跟步練法。我問他，這個拳（指形意劈拳）為什麼沒

有跟步練法呀？老師說，我的師父當年就是這樣教的，沒有跟步練法。而我也曾問過教我只練跟步五行拳的那位老師，人家打五行拳為什麼先打定步拳呢？這位老師卻對我說，五行拳就是跟步練法，哪有打五行拳不跟步的練法！

多少年過後，我經歷多了，明白了，以上兩位老師所傳五行拳的練法，嚴格說都對，又都不對。對的是，他們練的拳沒有錯；不對的是，他們各自練的拳都不全面。

自 300 多年前由山西人姬隆豐創心意拳始，後來傳到河北深州人李洛能，洛能先生在原心意拳基礎上，由簡至繁再創形意拳，從外形到內涵都發生了很大變化。特別是到形意拳第三代傳人李存義、張占奎等前輩時，形意拳兼容八卦、太極於一爐，其功、理、法、術更有空前發展，不拘一格。

說形意拳是一個系統工程，因為它絕不是伸伸胳膊、蹬蹬腿、打幾套拳那麼簡單。形意拳是傳統內家拳的一個拳種，形意拳的傳承以易理為宗，融道、釋、儒、醫學為一體，既是防身禦敵攻防格鬥之術，又有強身健體、陶冶情操之功效。

有人認為五行拳、十二形拳每套拳就那麼三招五式，學這個拳有什麼難的，再笨，一個月也能把這個拳學下來。其實不然，形意拳動作簡單古樸，學其外形看似不會費多少時間，但就是這麼看似簡單的拳路，你若能在三至五年內打出形意拳特有的拳味來，可就沒那麼容易了。其實別說三年五年，有多少人窮其畢生精力終不得其中三昧，也是大有人在的。

我的太師爺張鴻慶先生傳形意拳。張鴻慶師從李存義

先生，張鴻慶傳形意拳與別家所傳在練法上有很多不同。
先生在民國時期辦過多年武館，他老人家有一套系統的教
拳方法，他教的五行、十二形拳從定步、跟步到丁步、行
步，每套拳都有多種練法、多種用法。從樁功到操拳、推
手、打手、實作，環環相扣，循序漸進，形成了一個系統
工程。

基本功

理通拳法精

　　形意拳歷史悠久，在歷代的傳承中前人留下了很多拳論、拳諺、歌訣，這些東西對我們後人學拳練拳有重要的指導作用。但是這些拳論很多是寓意涵蓄，對於大多數初學者來說是很難理解的。

　　為了系統地向廣大讀者介紹張鴻慶先生所傳形意拳原汁原味的東西，我在多篇文章中，結合張鴻慶先生所傳形意拳的拳路，對其功法、理法、練法、用法、心法都有詳細論述。其中有很多是我個人幾十年隨師父們學拳練拳的心得體會，還有很多是透過練拳實踐對前人拳論的理解和認識。俗話講，「是真傳如拉家常（話）。」在我寫的文章中，沒有過多引用前輩們的經典拳論，我只是透過個人幾十年來每一步練功的經歷，向讀者闡述了自己對形意拳的點滴感悟。希望能給喜愛形意拳的朋友們一點小小的幫助。

　　俗話講：學拳先學理，理通拳法精。我們學拳一定要學明白拳，不能學糊塗拳。拳理不明，盲目瞎練，誤己誤人。

　　常有人問我，打形意拳是練剛好，還是練柔好。這個問題似乎不是什麼有爭議的問題，因為大多數練家都是主張形意拳就是要練快、練急；出拳要剛猛，每動要發力。一句話，打形意拳就是要快、猛、暴。特別是初級階段必須要先打出一個剛猛的氣勢。

　　關於形意拳的練法，先人留下了「三步功夫」——易骨（明勁）、易筋（暗勁）、易髓（化勁）之說（此拳論各流派所出拳書多有傳抄，讀者可查閱）。

　　關於形意拳應該怎樣練，張鴻慶先生的傳法是，要想練出形意拳的剛勁功夫，初學者應當**先從慢練入手，不要發力**。樁功起步，五行拳打基礎，一步一樁，每一步都要細心揣摩，按照拳經八字（頂、扣、圓、敏、抱、垂、曲、挺）二十四法反覆調整拳式。動之要順（氣順、勁順），動之要合（內三合、外三合、內外相合），動之要整（六合一體，整體一勁）。這個階段練拳重要的是：身體放鬆，不努氣，不使拙力，呼吸自然，勁力順達，氣血暢通。正如古拳論所言：「練習時，身體動轉須順遂而不可悖逆。手足起發必須整齊而不可散亂，為之築基壯體，充足骨髓，堅如金石，而氣質形容，如山岳之狀，此謂之初步功夫。」

　　其實拳譜上的**明勁**，「明」字除了明確，還有明白之意，是要人體會拳勁。只有**不用力**才能練出這個勁，形意拳的拳勁要練到身上，不是局部用力，它是**整體勁**。有了這步功夫，可進一步練習跟步、活步練法，以求易筋（暗勁功夫）、洗髓（化勁功夫），最後可練習形意拳盤身掌法，再求形意拳「剛柔明暗」之道。

　　以上張鴻慶傳形意拳之獨特練法，多年來一直秘傳於本門之內，少有外傳，今天我將此技公之於眾，願讓更多的群眾受益於此，不亦樂乎。

● 練用有別

　　古法練形意拳，練法與用法是有區別的。而形意拳發展到今天，很多形意拳家認為形意拳怎麼練就怎麼用，認為這樣易出功夫。實踐證明這樣練是不可取的。

　　為了能讓廣大喜愛形意拳的朋友領悟前輩古法練拳的真實概況，我寫了一本關於形意拳的書《張鴻慶傳形意拳練用法釋秘》，此書已由北京科學技術出版社於 2017 年 7 月出版。書中所述形意拳沿用古法「練有練法，用有用法」之規，分章別類逐一講述，讓讀者看得明白，學著容易。

　　書中從形式、用勁、心法、養生等幾個方面，分別詳述了形意拳練法與用法之區別。形意拳的練法以拳路為載體，如五行拳、十二形拳以及多個綜合拳械套路。由這些拳路練習，可以使習練者手眼身法步、精神氣力功綜合素質得到全面提高，這樣也為自身的健康和增強防身格鬥能力打下堅實基礎。

　　我們這門形意拳的練法是「以身推肩、以肩推肘、以肘推手」，直到將內氣慢慢貫到手指，而打法則先要將手像鞭子一樣地甩出去，再「以肘追手、以肩追肘、以身追肩」。

　　形意拳古譜上有「打法定要先上身」的話，說比武之

前，要先將渾身的勁改了，要練梢節領、根節隨的功夫，否則比武時光有功夫，沒有速度，必敗。但身上沒有功夫，就妄自練打法，會震傷關節、內臟和後腦。

所以習拳之初是要先練內功，俗話講「打鐵首先自身硬」，就是這個道理。

以劈拳為例，劈拳的練法是「劈拳如推山」，腰身內勁催動手臂由後向前慢慢地推，有一種感覺，視空氣為助力，如此能長功夫。而劈拳的打法是「劈拳如掄斧」，掄斧子劈柴，要甩開膀子掄圓了勁，不如此斧子砍進木頭裡，無法一下劈成兩半。

形意拳是內家拳，練的是精氣神，練功的時候應當把精氣神含住，打拳時你若老想著打人，老想著發力，長久下去，身體怎麼會不出毛病呢？前輩有言「打太極要帶點形意的充沛，打形意要帶點太極的含蓄」。這才是正確的練功之道。

練法有套路，用法亦有其練功方法。書中每個章節後針對具體拳式都有詳細的拆解，並輔以相應的操手功法。當然這些固定招式不能說就可以直接應用於實戰，但這些基礎功夫都是一個拳家，特別是研究技擊術的拳家必備之要素。

至於臨場交手格鬥，除了功夫和技術，更需要有「心法」。拳諺曰：「拳無拳，意無意，無意之意是真意。」交手沒有固定招式，一切都靠臨場發揮，招從心出，對方要啥給他啥，「拳打兩不知」，臨場變化見神奇。

● 拳功一體

形意拳與八卦掌、太極拳同屬內家拳。內家拳的修練是既重外形亦重內功（內氣）。外形是載體，內功是根本。練內功首先是練內氣，氣為勁之體，勁為氣之用。內氣足則力實勁猛，內氣不足則外力疲軟。拳家練內氣的功法有很多，本門練法講究拳功一體，練拳就是練功，練功必須練好拳。

張鴻慶先生傳形意拳就是本著這一宗旨「抓住丹田練內功」。具體操作方法就是以五行拳為載體，按照八字二十四法，慢打慢練，一步一樁，調息、摸勁，練丹功。

現在有很多人練拳不講究練內氣，不懂得內外相合的道理。去年有三位唐山拳友來訪我，說他們練了二三十年形意拳了，曾經向授業老師請教練氣之法，他們的老師卻說：「練啥氣呀？肚子裡有了氣，一放屁不就出去了！」我聽了他們的話真是哭笑不得呀。

我對他們說：內氣不是呼吸的氣，它是維持人體生命的一種有機物質。如道家講的真氣，佛家講的先天氣，醫家講的正氣，拳家講的混元氣，儒家講的浩然之氣，都是這個氣。這些統為「陽氣」。古往今來，釋、道、儒、醫、武各家各派，從不同的角度，用不同的方法，探微索隱、潛心修練的目的，就為的是得此一「陽氣」。陽氣就是真氣，真氣是生命活動的動力，五臟六腑、四肢百骸之涵養，全賴此真氣賦予能量。

這個氣的主要成分：

一是父母給我們的先天之氣（腎氣，即元氣）；

　　二是日常我們所吸食的水穀精微之氣，簡稱穀氣，隨血液流布全身，謂之後天之氣。

　　先天之氣是基礎是源泉，而後天之氣是人體生命活動的物質來源，二者關係密切，互相作用，互相依存。中醫講「氣血足，百病無」，要保持身體強健，不得病或少得病，就必須在「氣」字上下工夫。人體中「有形之血生於無形之氣，有形之血不能速生，無形之氣則當早固」。

　　練習形意拳的過程也就是調動人體內各種氣機的過程，運用可以隨時得到調節、補充的後天之氣去滋養、扶植先天之氣，使氣血調和。陰陽既濟，則人體臟腑器官自會健旺。形意內功是練習形意拳的基礎，要想練出形意拳的真功夫，必須先進行形意內功的修練，練好形意內功便可為形意拳的體用提供浩然之正氣。

丹功秘要

　　古來拳家都非常重視「丹田」功的修練，練拳首要「培根」。拳經講「穩固根基，充實內氣」，這裡所指「根」具有根基之意，也就是下盤。另一種說法是「根本」指元氣，元氣藏於腎，腎氣足則精力充沛，即為「根本固」。所謂「潤其源」，源指根源，即本源，元氣為諸氣之本，根源於腎通於丹田。

　　丹田本是道家語，道家把安爐立鼎修煉金丹的方法移植於人體，即把人體小腹之處視為安爐立鼎之地，用離（心）火、坎（腎）水之功，在此處修練後天之真氣（即道家所謂煉丹）。

　　古往今來，釋、道、儒、醫各家各派從不同的角度，用不同的方法，探微索隱、潛心修練的目的，就是為得此一「陽氣」。陽氣就是真氣。元氣、正氣、混元氣、浩然之氣，其實皆指此一真氣也。

　　常見有些練拳的人，痴迷修練什麼小周天、大周天功法，探秘練到什麼程度可視為打通任督二脈、通周天，等等。其實所謂通周天，也是道家的語句，通大小周天是道家修煉其身心的一種方法。

　　武術家的修練與道家、佛家的修練有不同之處，他們借鑑了道家的導引、吐納之功法，吸收了佛家的虛空靜心的禪思。但是練武畢竟與修禪悟道不一樣，練武練的是內

外兼修的功夫，即所謂「外練筋骨皮，內練一口氣」。

　　當然具體的練功方法，各門各派有不同傳承。常言道：佛經千萬卷，真經一句話。我個人認為練功首要的還是抓住其「根本」，即練好「丹田」之功。我這裡講的「丹田」非指道家所言臍下一寸三分之處的丹田，而是泛指臍下小腹、帶脈一周、腰後兩腎以及腹內諸多臟器等。簡言之，我們修練的就是這個腰腹整體部位達到充實丹田內氣，涵養腹中臟器，疏通身體四肢百骸之氣血，取得健身養生之目的。

　　關於如何修煉丹田功，各家有各家的練法，此處介紹的若干方法，乃一家之言，僅供參考。初習要先站好渾元樁、三體式樁。

　　關於這些樁功練法，應注意以下幾點。

　　（1）站樁時間不要過長，五分鐘起步，最長半小時足矣。

　　（2）心靜體鬆，神不外馳，不要妄加意念。

　　（3）初時呼吸自然，久之宜用腹式呼吸，意存丹田，若即若離。

　　（4）持之以恆，日久見功。練此樁功，主要是培養周身一體的渾元內氣。

● 五行培元

　　本門自李存義先生傳張鴻慶先生始，即注意以形意拳五行功法調整呼吸修煉丹田內功。前輩傳下的功法是首從劈拳起步。可以說一套劈拳從起式、行拳，到收式，每一

步都深含著拳家內功修練之法。其中奧秘說難則難，說易極易。難的是練習者需要耐得住寂寞、下得了苦功；說易是只要你明白了其中的核心要點，一頭鑽下去，功夫自然得。

這步功法的基本練法就是慢練劈拳。以拳為椿，以椿為拳，一步一椿，每打一式要停頓一會兒，細心體會自己的拳架是否到位，體會呼吸是否合乎要求。劈拳呼吸之法，初習是自然呼吸，待手腳內外相合後，可以改為逆腹式呼吸，即丹田呼吸，具體要求是：**起鑽時要吸氣，落翻時要呼氣。**

吸氣時小腹內收，膈肌上升，丹田之氣由小腹上升至中脘，胃部自然隆起，胸廓自然擴張，肺活量加大；呼氣時小腹外凸，膈肌下降，內氣下沉至丹田，胃部與胸廓自然平復。當後手向前劈出，隨後腳向前上步下落之時，中脘之氣降至丹田再沉到湧泉。要做到手到、腳到、氣到、意唸到（神氣到）。

透過劈拳日復一日反覆操練，找到納氣、行氣、運氣，內外相合的規律，有了此步功法，可再繼續修練鑽、崩、炮、橫諸拳，其中行拳之理念與劈拳一樣，只是拳式動作不同而已。

叫丹田

叫丹田也稱叫氣，丹田要叫，不叫不活，不叫不靈泛。此功有三步練法。

1. 推丹田

甲乙二人相對而站，中間相距一手臂，甲上右步以右橫掌推乙方丹田（臍下小腹），乙在甲方右掌推到己之小腹時，左腳向後撤一步成右弓步，呼氣，氣貫丹田，小腹凸起，內氣鼓盪，以丹田之內氣接納甲推來之右掌。稍停，乙左腳向甲方襠內上步，左腿前弓撐住勁，右腿後蹬，呼氣。隨上步以左手橫掌推甲之小腹；甲退右步以小腹接乙方推來之左掌，同時小腹凸起，氣貫丹田。

如此一左一右，一進一退反覆推接，操練時兩人手腳可以輪換進行。

【注意】

（1）上步推掌，兩腳踏實，氣沉丹田，力從腳跟生，以腰為樞紐，力達手掌。用的是暗勁，切不可用剛猛之外勁硬性推打。

（2）接掌時兩腳踏實，氣貫丹田，全身內氣鼓盪，以一身整體內勁接住對方之推掌。

2. 拍丹田

以拍、切、點三種手法擊打丹田（小腹）、中脘（上腹）及兩肋。

初始用拍法，即以手掌拍打以上所說三處。進而再用切法，即以外掌緣（小指一側）擊打同樣部位。最後用點法，以手指點擊。詳細操練方法已在拙作《張鴻慶傳形意拳練用法釋秘》中介紹過，此處不再贅述。

【注意】

練此功應在站樁或行拳走架後再行練習。切記此功不可在飽食、空腹及身體疲勞時操練。

3. 砸丹田

這是在行拳走架中操練「叫丹田」之功，以達到丹田之氣隨叫而發，使內氣既充實，又活泛。

練習時可以形意五行拳的行步炮拳為載體。三體式起式，右腳直上一步；雙拳下砸小腹，拳心向上；左腳向斜角上步打出右炮拳，然後向前上右步，同時雙拳下砸小腹；再上左步，然後向右斜角上右步，同時打出左炮拳。如此左右行進操練。

【注意】

（1）行步炮拳是三步一組，前兩步走直線，第三步走斜角。當進第一步時，雙拳從上向下砸擊小腹，力達小指一側，拳擊小腹時要呼氣，氣貫丹田，小腹凸起，全身內氣鼓盪。

（2）練此功法前，要先練劈拳功、鑽拳功、崩拳功，然後練習炮拳的定步、活步功法，待感到自己內氣充盈之時方可操練「吸手炮砸丹田功」。砸擊丹田要由輕到重，切不可盲目用力。

拳經曰：「精養靈根氣養神，養功養道見天真，丹田練就長命寶，萬兩黃金不與人。」我們練習傳統內家拳功法，就是由肢體動作的抻筋拔骨，由呼吸導引吐納之功，充盈丹田內氣運化氣血，使四肢百骸周身一體，氣血暢通無阻。堅持以上丹田內功的操練可以使我們強身健體、愉悅精神之目的得以實現。

呼吸之道

　　行拳走架時如何呼吸，有人認為這不是個問題。他們認為呼吸是人與生俱來的本事，如人生下來就會吃、會哭，本是天生自然之事。

　　可是打拳不是人生自然本事，舞動手足，踢打摔拿，閃展騰挪，是人後天隨著生命轉化、環境變化，學習掌握的一種功夫。人們要學習這種能強身健體、搏鬥防身的武技功夫，要掌握諸多與之相適應的輔助技能。呼吸之道就是其中一項重要技能。

　　我認為掌握拳術呼吸之道，是學好拳術功夫的大事。它關係到習拳者日後功夫成功與否，更關係到習拳者身體之健康，精神之充沛，生活之愉悅。若論此道，先賢早有明喻，《老子》謂「虛其心，實其腹」，《莊子》云「至人之息以踵」，《孟子》曰「善養吾浩然之氣」——這些話都是習武的秘訣（薛顛說）。

　　善拳者，必善呼吸之道，練拳時要練呼吸，不練拳時也要練氣（養氣），善拳者應當是會練也會養。行止坐臥，言談舉止，待人接物都要有這個。練武不是光練胳膊腿，更重要的是練心智，練情操，樹正氣，修養一種沖淡平和的人生境界。

　　我習武多年，對拳術呼吸之道饒有興趣，備加重視，經多年拜師學藝，深入探討和實踐體會，積累了一點粗淺

認識，書之於後，一家之談，僅供同道朋友參考。

● 習拳三害

　　「肺呼吸」也稱自然呼吸，一般常人都是屬於這種呼吸。人一脫離母體，還沒睜開眼睛，先接觸空氣，「哇」的一聲哭叫，即產生了呼吸，此時就是用肺呼吸。

　　其實人在母體中，並不是用肺呼吸的，而是母子聯息，母體中嬰兒的呼吸叫胎息。所以我們也稱肺呼吸是後天呼吸。肺呼吸，吸收空氣中的氧氣和其他有機物質。空氣由口、鼻進入氣管，到達肺部。肺呼吸氣路短，空間狹窄，它主要作用於人體的上半部。肺呼吸直接影響胸腔內的兩大器官——心、肺。

　　所以，運動中呼吸出現問題，會直接影響到心肺的健康。我們常見田徑場、球場上一些運動員經過激烈的拚搏下場後，有人躺倒在地，大口喘粗氣，顯得極度疲憊，更有甚者還出現休克狀態，這都是因為超強度的胸肺呼吸，造成極度缺氧、心肌缺血所致。

　　有人提出疑問，既然肺呼吸在激烈的運動中，有呼吸短促、供氧不足的弊病，為什麼我們初習拳術時，老師還是讓學生採用這種呼吸呢？原因有三：

　　一是我們常人習慣了肺呼吸這種自然呼吸方法，習慣成自然，一時不易改變；

　　二是初習打拳，我們要學習很多拳式動作，一般人都是顧了手，顧不了腳，更談不上什麼心意相合、氣勁相合等深層次的東西了；

　　三是由於動作不熟練，身體中的僵勁還沒化掉，容易精神緊張，極易造成呼吸不暢。

　　綜上情況，如果此時老師讓你忘掉原有已經習慣的呼吸方式，而去採用另一種新的呼吸方法，那樣就會適得其反，極易使習拳者因呼吸不得法，同樣會傷其心肺。

　　我的經驗是，初習拳路應以慢練為佳，這個階段主要是調息找勁，熟悉規範動作。以學習形意五行拳為例，初步學習不要急著一天就學會一個拳路，也不要光想著用力打拳，不要被拳經上寫的「形意拳三種練法：明勁、暗勁、化勁」所迷惑。

　　初習形意拳是要打好明勁。所謂明勁，並不是要一味剛猛，初習者練的是動轉和順，起落整齊，動作規範。這個階段主要追求的是練拳的平衡感——肢體的平衡、心意的平衡、內外的平衡。

　　武術是我們先人的智慧，特別是內家拳（形意拳、太極拳、八卦掌），更是集中呈現了先人智慧之精華。凡有經驗的內家拳師傳授弟子，初習之時都要求弟子做到力避三害。經曰：「練武術者，有當注意之三害，三害不明，練之足以傷身。」「三害者為何？一曰拙力，二曰努氣，三曰挺胸提腹。」可以說，這三害都與呼吸有關。

　　先人告之，不要憋著勁打拳。打拳不要用力過猛，用拙力打拳的害處是破壞氣血運行。人身百脈，每一根肌肉纖維都是一根脈，**拙力**形成死肌，脈絡堵塞，肌肉僵死，此身體之大害。初習拳術宜心平氣和，身體放鬆，不用執著呼吸，要把注意力集中到拳式動作上，動作熟練了，呼吸也自然順暢了。

　　第二害是打拳忌**努氣**。人正常運動時，呼吸量越大，力量越大。肺呼吸是我們常人的正常呼吸，肺是個很嬌嫩的臟器，它的承受度是有極限的。用肺呼吸時，一旦運動量過大，包括我們打拳，肺部負擔過量，就會氣管受損，傷及肺臟。

　　形意五行拳第一拳劈拳，就是鍛鍊呼吸，是強肺的。劈拳在五行中屬金，在五臟之中屬肺，在五官之中與鼻相通。劈拳在練習時主要運用的是肺氣，從氣息上講，練習呼吸之吐納，一出一入，一升一降，出為呼為陽，入為吸為陰。一呼一吸循環無端，連接不斷，由劈拳呼吸之法的運用，達到陰陽一氣連環起落、通任暢督的鍛鍊效果。

　　肺弱而做強烈運動，身體必受損。先人的經驗是：讓呼吸平靜和緩就是調息。息調則心定，心定則神寧，神寧則清靜，清靜則無物，無物則氣行，氣行則覺明，覺明則性靈，性靈則神充，神充則精凝，精凝而大道成，萬象歸根矣。

　　我們練拳首先要練氣，最終也是練氣。氣足神旺，神氣充足則會化精，精也會化氣，我們想一下，小孩子剛生下來，那是多麼健壯，手足亂蹬，兩眼明亮。兩三歲的小孩子一天到晚總是不停地唱呀，跳呀，從不知疲倦。這是父母生命元精在他們身上的延續。成人以後，人的慾望多了，生活、工作壓力大了，隨著年齡的增長，人的精力逐漸減弱，人的身體也會隨之衰弱，直至生命結束。

　　我們練拳就是透過拳術鍛鍊，培養後天之氣，強健筋骨，愉悅身心。《孟子》曰：「善養吾浩然之氣。」薛顛說孟子的話就是習武的秘訣，薛顛還有「以術延命」之

說，這些都值得後人深思。

挺胸提腹是練拳第三害。挺胸提腹地打拳，看著體型漂亮，卻會造成氣逆上行，練出高血壓。挺胸提腹是練西方體育的代表姿勢。舉個簡單的例子，軍人的立正姿勢就是挺胸提腹，這個姿勢中看不中用。中國傳統武術也屬於體育，但他更高於體育，特別是同屬內家拳的形意拳、太極拳、八卦掌，更有獨到之處。

練內家拳時絕不能出現挺胸提腹的姿勢。**練內家拳對身體的基本要求是**：頭頂項豎、鬆肩墜肘、含胸拔背、塌腰坐胯、氣沉丹田。以上這些要領，可以說是先人為習內家拳者量身特定的規矩。只有按這些規矩去練，你才會走正道、長功夫，否則必「差之毫釐，謬之千里」。

我曾見一個年輕人（31 歲）打形意拳，當時他打了兩個來回（場地長度是 23 公尺）劈拳。他的打法就是挺胸提腹，他打拳，邁步咚咚響，挺著腰板，兩肩繃著勁，胳膊直出直入，看著真是用了大氣力。一趟拳打完沒走幾步就蹲了下來，呼哧呼哧喘大氣，一副非常難受的樣子，更可怕的是，他氣還沒喘勻，拿出一根菸就抽了起來。

我當時就想，這哪是打拳呀！這不是受罪嗎？過了一會兒，我問那個年輕人：「小夥子，你這個拳練了多長時間了？」他回答說：「練了一年多了。」我又問了問他，這拳是跟誰學的。他回答說，跟誰誰學的，並且說他的師父如何如何有功夫。

我一聽，心想別問了，人家有老師，又很崇拜。不過我還是給了他一點善告：「小夥子，以後打拳，動作慢點，放鬆一些，不要使愣勁，悠著點慢慢找勁，把氣沉下

去。」我問他，打拳知道怎麼呼吸嗎？他直著眼看著我，十幾秒鐘沒張嘴，我只好說：「打拳要先調呼吸，一趟拳打下來，不能呼呼喘大氣，也不能打完拳就蹲下來，要先慢慢遛幾趟，讓呼吸平靜下來。更不要打完拳就吸菸，這樣有百害而無一益呀。」對這個年輕人，我當時能做到的也只能是這些了。

● 丹田呼吸法

　　練內家拳要練氣，這是大多數習拳者的共識。問題是有人認為打拳時呼吸沒那麼複雜，呼吸是人與生俱來的，如同走路、吃飯一樣是人生自然之事，所以他們主張打拳時要採用自然呼吸（肺呼吸）。也有人主張內家拳是練內功（內氣）的拳，內功拳要煉丹田氣。

　　丹田俗名小腹，即道家所謂安爐立鼎之處，道家以人體小腹作為煉丹之所，道家的練法是，每日選一個清新之處，或靜立或靜坐，配以適當姿勢，用呼吸之法，以意念將氣送到丹田，待腹中氣滿，然後呼出。練氣百日，丹田氣足，膨脹如鼓，再以意念注意尾椎，氣自小腹過渡到尾椎，由前身轉到了後身。氣沿脊椎上行，經過夾脊，經過玉枕，到達玄關（兩眼中間的鼻骨）。氣入玄關，回到了前身，再下降於小腹，形成循環。此法叫「轉河車」或「大周天」，可煉精化氣。

　　前面講的是道家的練法，練內家拳不必練「大周天」內氣變化的經驗，道經上記載多，拳譜上不講這個，道家有道家練法，拳家有拳家練法，道家的功法可供參考，參

考者不必執迷於此。前輩拳家不練大周天，只練拳，同樣得到道家煉丹之功。

我們打拳在初級階段採用肺呼吸法，當呼吸順暢之後應當逐步轉入丹田呼吸。這時打拳要將氣沉到丹田，用腹式呼吸的方法，煉丹田之內氣。以內家拳之特殊練法，氣沉丹田，丹田內轉使周身氣血鼓盪。丹田乃氣機發起之源，生命之根，只有充分啟動丹田內氣，才能實現身如氣囊，力貫周身。行拳時，在意念引導下，使丹田呼吸帶動拳式動作的開合、蓄發、升降，呼則合，吸則開。不論外形動作大小，拳式動作運行方向、速度快慢，都與丹田呼吸的節奏相呼應。

而善於呼吸，乃指後天練就丹田呼吸。孫祿堂《論拳術內家與外家之別》中語：「予練拳術亦蒙世俗之見，每日積氣於丹田，小腹堅硬如石，鼓動腹內之氣，能仆人於尋丈外，行止坐臥，無時不然。自謂積氣下沉，庶幾得拳中之內勁矣。」文武之道一張一弛，一陰一陽謂之拳。打拳有開有合，有蓄有發，呼吸也必然隨之，有入有出，有升有降。氣沉丹田，其氣不是總在丹田僵死不動。內氣飽滿，必然要氣運全身，走奇經八脈，涵養五臟六腑。《神運經》有言：「縱橫者，脅中開合之勢，飛騰者，丹田呼吸之間。」可見丹田也有呼吸。

我們說，為什麼歷代拳家對丹田呼吸（腹式呼吸）那麼重視，並視為練拳者之根本呢？

首先從養生角度看，中醫認為人自初生而少壯至衰老的發展過程，也就是腎氣的生長、發育、充實到衰退的過程，如果延緩腎氣的衰退，也就能推遲人體的衰老到來。

中醫所說的腎，包括範圍甚廣，不僅是兩個腎臟，還包括了生殖、泌尿和部分重要的內分泌系統。

丹田是道家的用語，道家用人體代替爐鼎聚氣煉丹，丹田即道家結氣煉丹之所。丹田位於何處？歷來說法不一，有人認為丹田不是一點，應當是臍下到恥骨這一範圍，籠統稱之為丹田。現代醫學認為，此處正是產生性激素的位置，內有男性睪丸或女性卵巢等，腎臟亦在其附近。

打拳時採用腹式呼吸，膈肌上下運動和提肛練習，可增強這部分臟器的功能，使其延遲衰退，因而可延緩衰老。氣沉丹田時腹式呼吸，使膈肌與腹肌力量增強，加大腹壓變化，改善腹腔血液循環，減少體內瘀血，也改善了心臟的功能，小腸、大腸都蠕動起來，氣血的流通也連動鍛鍊了大腦。

從技擊角度看，採用腹式呼吸，虛其胸而實其腹，氣向下沉，膈肌大幅度向下運動，肺體向下膨脹，腸胃等臟器垂注於腹內，以及肩下沉，胸肌、背肌的放鬆等可使腹部充實而沉重，而使人體重心降低，在力學上體現了穩定的作用，在運動中可達到立身中正安舒，樁步穩健。而由長期的走架打拳，習練者練得上體胸背虛空，兩肩臂靈活有彈力，丹田內氣充實，這樣一旦與人交手，便可以腰為主宰，隨時發出丹田命門之力。這便是前輩形意拳家常說的「活潑於腰，含蓄在胸，運丹田之力，發腎氣以打人」之功夫。

在練拳時採用什麼樣的方法和步驟，才能做到氣沉丹田呢？這個問題，其實並不是所有練拳者都清楚明白的。

　　首先我們要搞清楚的是，在打拳時用腹式呼吸沉氣至丹田，不是把氣沉到丹田後堅守不動，而是要根據拳式的變化，使氣在丹田（小腹）與中脘（胃部）之間有升有降，上下起伏鼓盪。練拳走架初始要慢練，做到拳式動轉和順，起落有致，呼吸自然，隨著拳式動作的逐漸熟練，逐步有意識地採用腹式呼吸，將人身中散亂之氣，收納聚於丹田之內。

　　要練氣先練形，形正氣則順，內家拳練習初起對規矩極為重視，以形意拳為例，「九要」之規就是習拳者自始至終的準則。經曰：「練拳術者，應循規蹈矩，不可固執己見，致有偏枯之弊……總之氣血並重，性命雙修，循序漸進，自強不息，久之則神意歸於丹田，靈氣貫於腦海，其身體能輕、能重。」

　　對於初習者，下面的具體練功步驟，可供其參考。

初步功夫：

　　先練站樁功，練習時可根據個人習慣選擇，諸如形意拳的「三體式」、八卦掌的「青龍出水」式、太極拳的「手揮琵琶式」、大成拳的「渾元樁」等都可以。站樁時選擇一個清靜無干擾的地方，然後將姿勢站好，平心靜氣，全身放鬆，要鬆而不懈，精神集中，神不外馳，氣勢騰挪。此時完全採用自然腹式呼吸（順腹式呼吸），不要勉強，多著意於放鬆，每天早晚各站半小時即可。練上三個月左右，以能夠做到身心較好放鬆為佳。

　　第二步，繼續以前面選定的樁功姿勢，鬆靜站立。

　　如站定形意拳的三體式樁，此時採用逆腹式呼吸，即吸氣時小腹內收，提肛縮腎，兩肋微向外開，膈肌上升，

丹田內氣上行聚於胃部（中脘），胃部自然隆起，胸廓自然擴張，加大肺活量，與吸氣同時，兩手向回收；呼氣時，小腹外凸，兩肋微微向內向下合，膈肌下降，聚於胃部之內氣，下沉至丹田，胃部與胸廓自然平復，同時兩手向外推。隨著熟練程度增加，呼氣時，兩手向回收和向外推的幅度也越小，最後變為以意領氣向回收和以意領氣、以氣催力向外放。此時從外形上基本看不出手的動作，此謂之「椿中有拳」是也。這個階段可練半年左右。多練更好，練的時間越長，功夫越深。這是最簡單有效鍛鍊丹田內氣的方法。

第三步，待前兩步功夫取得成效後，可選幾個動作簡單且開合、收放、蓄發，節奏較分明的拳式，將其拳式動作與呼吸配合做單操訓練，如太極拳的起式、形意拳的起式動作都很好。

此處以形意拳定步劈拳（亦稱鷹捉）為例，簡要做一介紹。如以三體式起式，兩手回收至腹前變拳，然後左腳向前邁半步，隨上步，左拳上提至頦下，不停，再向前鑽出，同時隨兩手回收變拳，左拳上鑽，吸氣（初習拳者，此過程中，可以加一次小呼吸）；上式略停，重心前移，提右腳向前邁一步成右三體式，隨上步右拳上提至左肘前，兩拳變掌內翻，右掌從左掌上向前推出，左掌收至左腹側，同時隨上右步推右掌，呼氣；氣入丹田，降至足底（湧泉穴）。稍停再上右步鑽右拳，上左步劈左掌。如此左右循環。

【注意】以手領腳，以意領氣，以氣催勁，內外相合，五行合一，循序漸進，慢練求功。

　　上步功法可視為活步樁功練法，即俗謂「拳中有樁」。行拳時要慢，一步一拳，一拳一樁，動作清晰，呼吸有法。蓄吸、發呼，吸收、放呼，吸為提、呼為降。基本原則如此，但也不是死規矩。走架時，每個人的功夫深淺不同，或有出入變化，可靈活掌握，但基本原則不變。

　　【注意】練習時千萬不要快，功夫不是一天練得的，要循序漸進，日久見真功，如真能按以上三步功夫認認真真地去練，少則一年，多則三年，行拳時呼吸自然而然地就可沉入丹田了。

　　練到能氣沉丹田後，還要繼續練習氣沉丹田、降至湧泉。前面說到氣入丹田不能存著不動，丹田是個樞紐，丹田內氣充實後，要把這個氣調動起來，把它用活了。「十三勢歌」言：「勢勢存心揆用意」「氣遍身軀不稍滯」。我們打拳由腹式呼吸鍛鍊，使得丹田內氣飽滿，要把這寶貴的精氣輸送到全身各處，人體是血肉之軀，奇經八脈、五臟六腑、筋骨皮肉，都要靠氣血涵養。氣沉丹田，降至湧泉，使氣血達於肢體末端，促進血液微循環，增強人體的免疫力。湧泉穴位於足底，是足少陰腎經的起點穴，中醫認為，湧泉是人身第二長壽穴，人體出現高血壓、心絞痛、過敏性鼻炎、糖尿病、口腔潰瘍等病狀，採用湧泉穴治療法，有一定療效。

　　我們行拳走架時，有意識地將氣沉到丹田，再降至湧泉，此時會明顯感覺到，兩腿前節有力，小腿肚子發沉，雙腳有入地之感。內氣降到湧泉，足底之氣會有反彈之感，其氣會沿踝而上，腰胯與大腿鬆快自如，兩膝有力，下盤穩固，而腰以上則輕鬆靈活，身手動轉敏捷有力。這

樣我們不論練什麼拳，不論行拳快慢，都可以保持氣沉不浮，步法輕靈穩重，發勁有力、渾厚，整而不散。

氣沉到丹田再降至湧泉，然後沿踝骨經腿上行至腰（命門），至脊背，敷於肩臂，發於拳手；然後收回至前心（膻中），經中脘降至小腹（丹田）。這一循環與道家大周天的練法有相似之處。

其實拳家打拳時，根本不能像道家練導引術那樣循經導氣。拳家練拳採用丹田呼吸，是聚氣於丹田練內勁，鍛鍊腰腎，強壯腎精腎氣，提高身體素質。走架時不要想著內氣沿著什麼任督二脈前後循環，只想著丹田一處即可，這一意念也不要執著，意念重了也是僵，要保持有意無意、若有若無的狀態。

《易經》曰：「一闔一闢謂之變，往來不窮謂之通（即明心見性）。」呼息下貫丹田，吸息上至心腦（謂之水火既濟），以心意而存於心腎，使氣上下而往返，精氣透泥丸。偈曰：「三田（泥丸、黃庭、土釜）往返調生息，混元二氣造化機。」

神不離氣，氣不離神，呼吸往返通乎二源，久行此功，則丹田氣充而精凝，精凝則性靈，性靈則神氣合一，呼吸之息如無呼吸狀態。功夫至此，可以進一步論體呼吸法了。

● 體呼吸（全體呼吸）

體呼吸對於常人很陌生，對於一般的習武人也是知之甚微。其實體呼吸並不神祕，人體結構分多個系統，每個

系統各司其職，又都互為關聯。武術是個系統工程，體呼吸是習武人追求的最終目標。呼吸之法追求演化過程，起點也是終點，初步就是高處。

肺呼吸鍛鍊的是膈膜，胸腔和腹腔之間的膜便是膈膜。吸氣時由於肺部擴張，胸腔膨脹膈膜受壓而下降，然後借膈膜下降之勢，以意念向小腹用力，將氣壓入丹田，然後停頓一下，再把氣呼出去，隨著這一呼胸腔收縮，膈膜自然上升，便完成了一次肺呼吸。

膈膜得到鍛鍊以後，便不再著意肺呼吸而轉入丹田呼吸。經曰：「丹田呼吸，此法與前肺呼吸所異者，呼息氣下入丹田，而謂之闔，吸息氣闢，而上升，謂之開（又謂陰陽相交）。」

嚴格地講，丹田呼吸其實不是呼吸，人身五臟六腑各有功能，腸子不是呼吸器官，肺臟有呼吸功能。小腸和大腸是心肺化生到腹部的器官，其功能除消化、排泄外，還延續著肺的適應功能和心的判別功能。丹田呼吸，吸氣時膈膜上升，以膈膜抵住下擴的胸腔。胸腔底部被抵住後，向上發展，肩、脖子的穴位被激活，等於從裡面被點了穴。脖子、肩的穴道一通，腦部就受到了刺激，這就是丹田呼吸中「吸氣上腦」的效果（不是真的有意識地吸氣上腦）。呼氣時，膈膜下降，以整個腹部拽住膈膜，整個腹部都隨之蠕動，內氣鼓盪，氣血化開。

肺呼吸是鍛鍊膈膜；丹田呼吸是利用膈膜，鍛鍊腹部和腦部。呼吸之道為坐禪、煉丹、習武所共有。道家的功法講心腎之氣自然相融，前後身氣息循環叫大周天，胸腹氣息相融叫小周天。練內家拳者，不必練道家的大、小周

天。我們按規矩練拳，同樣可收到道家大、小周天之功效。

行拳走架採用丹田呼吸，腰以上放鬆，有意識地將氣沉入丹田（虛其心，實其腹），引發小腹鼓盪，鍛鍊了腹膜，蓄聚真氣，腹膜強健，內氣充盈，觸之即膨脹鼓起，有堅實之效。不是挺著肚子，那是違反常理之態。常人的小腹是軟塌塌的，有人擊打即隨擊而凹陷；內氣充實者，其腹如鼓，對方擊打，會觸之自動鼓起反彈之。

初習拳者，宜重形忘息。把功夫用在熟習拳式動作上，追求動轉和順，身心平衡，不要著意於呼吸。初時呼吸會粗重急促，不要管他，練拳久之，隨著動作之熟練，身心之放鬆，呼吸會慢慢順暢起來，其氣也自然會下沉至小腹。丹田呼吸是有意識地呼吸，行拳時平心靜氣，神意內斂，以意識使氣沉入丹田，鍛鍊腰腎，使腎精、腎氣充盈，內氣充實自然會氣運全身。

經曰：「以拳之應用，內中之氣獨能伸縮往來，循環不已，充周其間，視之不見，聽之不聞，潔內華外，洋洋流動，上下四方，無所不有，無所不生，至此拳內真意真勁，誠中形外，而不可掩矣。」

體呼吸是練武者追求的最上乘的呼吸法，前面兩步呼吸都是為達到這步（體呼吸）呼吸的途徑。體呼吸是在胸腹呼吸、心肺強健、腎氣充足後的全體呼吸，這時練拳者之呼吸，不完全依賴於呼吸器官（口、鼻）呼吸，主要是利用全身八萬四千毛孔雲蒸霧起而呼吸。不依賴呼吸器官呼吸，並不是放棄呼吸器官呼吸，其實不管採用哪種呼吸方法，胸肺呼吸始終也是離不開的。

　　丹田呼吸是深呼吸，主要使胸腹間膈膜上下運動、腹部之蠕動來完成。丹田呼吸與胸肺呼吸相呼應，不過其呼吸路徑深了，空間大了，功效更強了。

　　體呼吸，簡單理解是靠人體毛孔與自然空間流通而生息。皮毛通氣是所有動物之特有功能。肺主皮毛，外部氣候環境變化刺激皮膚，肺部即有感應。如天寒、暑熱之時，人體適應度超過承受極限，必然會傷及肺臟。肺臟強人的皮膚就鮮亮，頭髮亦有光澤。所以人體有感應、呼吸之能，這也是人與生俱來之本能。可惜是我們常人忽略了這一自然功能，平常只著意於胸肺之呼吸，沒有很好利用體呼吸之功能。

　　鍛鍊體呼吸，同樣道家的練法太過繁複，拳家練體呼吸，同樣不修道家的所謂大、小周天之術。體呼吸不執著於人體中一處，而是把前面經過兩步（肺呼吸、丹田呼吸）呼吸之法所修得丹田充盈之精氣，化生為一股神氣，隨身而動。打拳時，不著意用力，周身內外全用真意（氣），手足動作所用之力若有若無，若實若虛，若剛若柔；腹內之氣若著意若不著意；呼吸似有似無，練到好處，驀然間感到一股真氣自足底湧出，瞬間如雲蒸霧起，全體通透，神行一氣。

　　行拳至此，可練氣化神，功到化境。

● 忘掉呼吸

　　前面講的肺呼吸、丹田呼吸、體呼吸，都是有形之呼吸，是為動。一陰一陽謂之拳，動為陽，靜為陰。一開一

合拳術盡矣。呼吸之法，以神意為先，所謂「以心行氣，以氣運身」。拳中無氣，不為強也。呼吸之法是動，修心法是靜。有了呼吸功夫後，才能靜得下來，呼吸時把心靜下來，心無雜念，把全部精神集中在小腹一處（若有若無，勿忘勿助，不可執著），便是修心了。

呼吸法追求演化，修心法求歸宿，將自己集中在一個點上，就此入定。入定是「抱元守一」之象，行拳走架意注丹田，舉手投足不可用力，純以神氣而行之。行氣純任自然，勿忘勿助，無可無不可。行拳止，其氣復歸丹田，降至湧泉，緩緩收式，然後慢慢行走數十步，讓真氣流注全身，使全身心都得真氣之涵養。

有形有意都是假，無形無意才為真。經云：三回九轉是一式。三回者，煉精化氣，練氣化神，煉神還虛。即明勁、暗勁、化勁是也。明暗化勁是一式。九轉者，九轉純陽也，化至虛無，而還於純陽。萬法歸一，一氣歸元，「抱元守一」而入定。拳術練到此步，虛其心，忘其身，寂然不動，感而遂通，天地人一體，拳可入道。

拋袋子

「拋袋子」是中國民間武術行中一種常練的散打基本功，操練者用拋抓裝有實物的特製布袋，提高自身的指力、腕力、臂力、腰胯力、腿力和內力（內氣）。有了以上諸多方面的功力，一旦與人交手，會大大提高自己所用招式的威力。

「拋袋子」的鍛鍊方法簡單易學，一說就會，而且練習時不受場地限制（室內、室外都可練習）。可以一個人練習，也可以兩人一起練習，既安全又方便，深受廣大練武者特別是研究散打的朋友喜愛。下面將袋子的製作以及鍛鍊方法和注意事項向同道朋友們做一簡要介紹。

1. 製作袋子

選一塊細帆布（不要厚的）縫一個方形的布袋，布袋的大小以所裝物之重量為準。

布袋做好後，向裡面填裝細沙子或豆子之類的東西。根據我的實踐體會，最好是選裝紅果籽為佳。方法是先用溫水把紅果籽外皮那層黏物洗掉，然後將紅果籽曬乾，裝袋。袋中裝紅果籽的好處是：拋袋子時袋子不起灰煙，在室內練習時乾淨衛生；此物不生蟲子，不腐蝕、易長久。

把填裝物裝入袋子後，紮緊袋口即可。所裝重量以個人能夠承受為準，初時建議可以 15 斤起步，以後逐漸增加，但也不要過重，練習時以手抓袋子時重量適度為宜。

2. 練習方法

練習時先立正站好，身體放鬆，平心靜氣，去掉雜念，精神集中。氣沉丹田，降至湧泉。然後左腳向左側橫跨一步成馬步，用左手抓緊袋子，從下向身體右上方拋扔，隨之以右手向上抓接布袋；不停，即隨袋子向下沉降之勢，再以右手向身體左側上方拋扔，隨之左手再向上抓接袋子；隨袋子向下沉降之勢，左手再向右上方拋扔。如此左右循環拋扔抓接，反覆練習（圖1～圖4）。

練習時拋接次數由少到多，逐漸增加。可以每拋接50～100次為一組，連續練習幾組。每天練習一到兩組，每組練習時間不少於半小時。

練習時向上拋接袋子要用腰勁，抓接時先用手指抓緊袋子，然後順袋子向下沉降之勢，順勢發力向上拋扔。

兩手左右拋扔時腰胯要鬆沉，兩腳蹬地以腰襠丹田之力催動手臂向外發力。

圖1　左手拋袋　　　　圖2　右手接袋

圖3　右手拋袋　　　　　　　圖4　左手接袋

　　練習時要配合腹式呼吸，抓袋子時吸氣蓄勁，拋扔時呼氣，呼吸要順暢自然。

　　若兩人練習，首先兩人要相對站好，中間距離以操練者能將袋子拋到對方身前為度。然後一人拋扔一人抓接，拋接可單手也可用雙手。

3. 注意事項

　　練習此項拋抓袋子法，要有一定的拳術基本功，並且具備一定的內功基礎。

　　練習前要做好充分的熱身準備，特別是要將手指、手腕、肩臂、腰胯、雙膝、腳踝等關節活動開，千萬不要上場立刻就練，那樣極易受傷。

　　練完功後，不要馬上坐下，要先在現場放鬆行走，調順呼吸。遛完步後，直立站好，從上到下做兩遍全身循經拍打功（略），以收散瘀活血之功效。

步法

定步與活步

在我學習形意拳的幾十年中，曾經得到多位形意拳前輩老師的傳授。經過他們的精心傳授，我基本掌握了五行拳的多種練法。

歸納起來，學習五行拳要練好兩步功法，一是定步練法；二是活步練法（以劈拳為例，包括：跟步劈拳、丁步劈拳、行步劈拳、快步劈拳、盤步劈拳）。有些朋友練拳很下工夫，可是他練法單一，練劈拳多年就練一個定步劈拳，或只練一個跟步劈拳，雖然也取得了一些進步，但其劈拳功夫畢竟是不完整的。因為只練一個打法，出來的功夫是有侷限性、不完善的。學習形意拳是一個系統工程，老輩人有「教人不教步，教步打師父」之說，可見學拳學好步法是非常重要的。

學習形意拳，傳統的練法是先學習站樁，形意門樁法有很多，但我們常練的就兩個樁，一是渾元樁，二是三體式樁。

● 定步是基礎

劈拳在五行（金、木、水、火、土）中屬金，在人體內臟中屬肺，肺主呼吸。劈拳在五行拳中排序為首，故練習形意五行拳，一般老師先教劈拳。

形意拳傳統理論是練明、暗、化三個勁，練易骨、易筋、易髓三步功夫。

明勁是明規矩、知拳理、調呼吸、懂勁道。其表現形式是練好形意拳定步功夫。以劈拳為例，即是練好劈拳的定步練法。如以左三體式起式，左腳墊步，同時向前鑽出左拳；然後右腳向前上一步，同時右掌向前劈出，左腳不要跟步，重心偏於左腿，成右腳在前的右三體式。然後右腳墊步，同時向前鑽出右拳；左腳向前上一步，同時左掌向前劈出，成左腳左手在前的左三體式。如此向前反覆操練。

劈拳定步練法要求，精神內斂，身體以鬆為主（內中有緊）。這步功夫要逐步做到。

1. 明規矩

是把由練三體式得到的自身訊息調入到行拳走架中，每走一步、打一拳，都要符合劈拳間架規則，用薛顛的話說就是「手腳要擱對地方」。

此功練習時動作要慢，身體要放鬆，不要努氣憋勁，不要使拙力。每走一個式子，都要內心揣摩拳理，按形意拳八字二十四法調整自己的拳架。

2. 調呼吸

初習時注意力主要用在拳架結構上，自然呼吸，不努

氣。慢慢隨著動作的逐漸熟練要加強意識鍛鍊，以意念帶動手腳，並且要意注丹田（小腹），逐漸使手腳動作與呼吸內外配合一致，做到蓄勁時吸氣，小腹內收；出勁時呼氣，小腹外凸。

這是內家拳的逆腹式呼吸法，練傳統形意拳用的就是這種呼吸方法。

3. 懂勁道

練習定步劈拳是練明勁，但不是練剛勁、猛勁。所謂明勁，是要明白拳理、懂勁道，要練到手腳動作一致，進而手腳身心神氣、內外一致，即練到內三合外三合，六合一體的形意整體勁。這也是形意拳的易骨功夫。

活步知多少

劈拳的活步練法（活步劈拳），是劈拳的中、高級練法，練此功必須要有樁步、定步練法的紮實基礎。

1. 跟步劈拳

跟步劈拳，是活步劈拳的第一步功法。練習時如以左三體式起式，左腳墊步，右腳向前上一大步，然後左腳跟進半步，重心偏於後腳（左腳），成右手右腳在前的右三體式。

此式要求右腳上步要大，腳底稍離地面，要有向前平趨之勁（即所謂行犁步），後腳跟進要有蹬勁，右手向前推（劈）掌與身體向前行進，都要有向前衝撞之勁。上步劈拳、身體向前是一個整體移位之勢，頭肩肘胯手腳膝，身心神氣內外動作一致，全身高度協調，神氣不散。

2. 丁步劈拳

活步劈拳第二步功法是練丁步（雞步）劈拳。這個練法與跟步劈拳略有不同。左三體起式，左腳向前墊步，同時左手收回變拳再向前鑽出；然後右腳向前上一步同時劈右拳，隨之左腳跟步落在前腳（右）腳弓內側，以後腳（左）掌虛著地，重心完全落在右腳上（有一定功力後，左腳可稍離地面虛停於右腳踝內側，即所謂雞形步）。然後左腳（虛腳）落地落實；右腳向前上步鑽右拳，然後左腳向前上一大步同時劈左拳，右腳跟進停於左腳弓內側，前腳掌虛著地，成右丁步劈拳。

要求上步劈拳勁到前掌（力達手指肚），丁步時支撐腿要穩，氣沉丹田，頭頂項豎，肩鬆肘墜，虛胸實腹，鬆胯屈膝，塌腰拔背，心專神注。此式打的是劈拳的暗勁練法，也是易筋功夫。

3. 行步劈拳

接下來可以練劈拳的行步練法。這個練法與跟步練法相似，不同點是，以左三體式起式，左腳不墊步，右腳直接向前上一步，然後左腳上一步，右腳再上一步，然後左腳跟進半步，這是三步一劈的練法。

初習先練手腳身法協調，勁力順達，氣勁和順，不要發力，練習純熟後，可試著練習發力。發力時，上第三步後，後腳可跟步，也可不跟步，重點練習行步時手腳、身法、氣勁的內外協調配合。發勁要內氣飽滿，先鬆後緊，蓄而後發，丹田抖動，瞬間發出一個整體爆發勁（形意拳稱此為抖絕）。

練到此步功夫時，要加練單式發勁（單操功）。每一

形選擇一兩個單式動作反覆操練，這樣可迅速增加發力的突發驚炸效果。

行步劈拳還有一種練法，是手打（劈）、步行，不停步。雖然也是三步一劈，但打起來是勢勢相連，如行雲流水，一氣呵成，很是瀟灑。此種打法雖然看似輕靈飄逸，但不失沉穩厚重之感。練好這種打法必須有充實的內氣和形意拳行犁步的基礎功夫。

我的兩位形意拳師父，張蘭普（姚馥春的再傳弟子）、吳桂忠（張鴻慶的再傳弟子）都把形意行步劈拳看得很重，他們都是自修自練，一般不輕易傳人。同樣是練行步劈拳，兩位師父所練也是各有自己的獨特打法。我有幸得到上述兩位名師的真傳，使我一生受益匪淺。

4. 快步劈拳

練好行步劈拳後，接下來可以練習快步劈拳。所謂快步劈拳，是相對前面的所練而言。練習時要求節奏快，步不停、手不停。此式練法不同於前面練法，如以左三體式起式，後（右）腳向前趟出一步，同時雙手向後捋至腹前變拳，拳心向下，然後左腳再向前趟出一步，同時雙拳變掌向前劈出。上動不停，右腳繼續向前上步，雙手捋回，然後左腳上步，同時雙掌劈出，這是以左腳、左手向前的雙劈法。轉身後可變右腳、右手向前的雙劈法。如此反覆循環練習。

這個練法雖然是步快、手快，但要求快中也要有節奏，分虛實，分剛柔。手腳上下協調一致，一吸一呼，兩步一劈，內外整齊一致。

練習時，可發勁，也可不發勁。發勁要用丹田內勁帶

動身手向前抖發。不發勁時,意識、神氣不能丟。要做到步到、掌到,身到、意到、神氣到。快步劈拳實際就是雙劈,在實際應用上與虎撲很相似,但在掌形和用勁細節上有區別。

5. 盤步劈拳

活步劈拳最後一個練法是盤步劈拳(散練劈拳)。這是劈拳的高級練法,屬於化勁練法,也是練易髓功夫。

盤步劈拳實際是走轉著打劈拳,但這個轉不是像練八卦掌那樣轉圓圈。盤步劈拳在步法上沒有一定程式,練習時是身隨步轉,掌隨身發。盤步劈拳步法豐富,講究意運形隨,有感而發。行拳時可上步、可退步,可左轉、可右轉。直行可劈、斜行亦可劈。總之前後左右,四面八方都可行步,都可發掌。看似無招,處處是招,隨心所欲,一片神行。

盤步劈拳是形意拳用於散打實戰的一個重要過渡練法。有了這套掌法(實際是沒有什麼固定套路的,演練時所有招式完全是即時心出)的演練,再經師父說手、領手、餵手、陪練,就可初步掌握形意拳散打的基本技能了。

直行步

直行步、連環步
斜行步、蛇形步

　　在張鴻慶的拳法體系中有一種非常簡單，但又特別奇妙的功法，就是本文所要講的「形意直行步」。說是功法，可能有點小題大做了。因為這個直行步並沒有什麼招式，一說就懂，一學就會。在平時打拳和與人交手之中，也許你不會感覺到它的直接存在，但是修練日久，你卻會感覺到這個功法使你的生理、心理及精神修養都得到了一種潛在的昇華。

　　據我所知，在張鴻慶所傳承的這支形意拳流派中，師父要求入門弟子都要學練這個功法。師父要求弟子在練拳前、練拳間隙和練拳後都要遛（走）直行步，甚至有些本門弟子在無人時連走路都走這個直行步。可見這個直行步在他們心中的分量。

　　練習直行步不需要什麼特殊的身體條件，也不講究什麼場地的好壞，不論男女老幼都可以練，你可以把它作為形意拳的基本功來練，也可以作為一種養生健身的功法來修練。具體練法如下。

1.預備式

　　身體直立，兩腳併攏，兩手自然垂於兩大腿外側，手心向內，手指向下，兩眼平視前方。

【要求】

　　神意內斂，全身放鬆，虛領頂勁，氣沉丹田，降至湧

泉。

2. 趟步前行

兩手不動，身體略下蹲，兩膝微屈，左腳向前趟步直行，然後右腳再向前邁步，依次左右腳輪換向前趟步直行。

【要求】

（1）兩腳向前直行時，兩手臂不要隨之前後擺動，要自然下垂，有手指向下之意。

（2）兩腳前行要磨膝磨脛，但也不要像走八卦步那樣執著。總之要以放鬆、自然為原則。

（3）另外還要做到頭頂項豎，沉肩墜肘，腰塌脊正，搭舌拉胯，屈膝趟步，氣沉丹田。

（4）最主要的是要做到：在全身放鬆的前提下百會穴要領起來，氣要沉下去，上身要虛空。一定要記住「搭舌拉胯」這句話，搭舌就是舌頂上齶，拉胯是關鍵。過去老師教這個步法，要求學生穿的布鞋不要提後跟，要趿拉著鞋向前走，並且腰胯一定要徹底鬆下來。但是走這個步子也不能腳掌底擦地，腳底要稍離地面為宜。

3. 回身

向左向右回身均可，以右回身為例，當要回身時可以上步扣腳，隨之身向右轉180°，然後前腳向前邁步，然後再向前上後步，繼續前行。依次左右輪換反覆操練，時間長短根據個人自身條件靈活掌握。

【要求】

上步扣腳，腳尖盡力回勾，轉身時身體要保持平穩，不要上下起伏、左右搖擺。

4.收式

當走到原起式處，右腳向前上步扣腳，左轉身180°，左腳外擺向前移半步，腳尖直向前，右腳不動，然後左腳收回與右腳併攏，身體慢慢起立，兩手不動，收式還原。

【要求】

身體向上起時，頭要上頂，腳向下踩，氣向下沉（氣沉丹田，降至湧泉），全身放鬆。

2006年4月中旬，我應江蘇盱眙縣的朋友之邀到彼處交流拳藝。盱眙縣城裡宣化寺的昌相法師跟我學了這個直行步法後，說形意拳這個走法跟他們寺裡走佛很相像。

走佛就是佛門弟子在做晚課誦經後，眾佛門弟子繞著佛祖金身邊走邊默誦經文。我想他所說的有點像，是指此時大家平心靜氣，萬念歸一，正氣存身，一氣周流，一派虔誠之態。然此走與彼走雖然神似，但形體上還是有一定差異的。

前面說了「形意直行步」走起來的確很簡單，但它的功效又確實很奇妙。就是寒冬臘月，你若按前文所述方法走上幾趟，一會兒就能感覺到手指肚發脹，手心、腳心、頭頂心發熱，周身有舒暢之感。而在酷暑炎夏，你走上幾趟，卻又有鬆快、清爽之意。另外在打完一趟拳後，前輩老師從來不讓弟子坐下來抽菸閒聊，一定要讓你先遛幾趟直行步。說也奇怪，你遛完後反倒絲毫沒有了疲憊之感，精神越發振作了。

過去前輩們常講形意拳出自三體式，說萬法不離三體式。「大道至簡」——世界上的事就是這樣，往往越是簡

單的東西越有內涵。就說這個直行步吧，簡單得不能再簡單了，但它卻是形意拳諸步之源。可以說形意拳中的各種步法，都是由直行步演變而來的。因為直行步的要訣是「邁步如行犁」，直行步是走直線，就好像幾何中的點、線，有了點、線就可以勾畫出弧、圓、角。而形意拳有了直行步的基礎，再進一步練習三角步、斜行步、弧形步、陰陽魚步、走圈步等就容易多了。如此看來，這個直行步的潛在內涵也就明瞭了。

擺扣步與雙換影

擺扣步、雙換影

　　有人說在內家拳的三大拳中，形意拳、太極拳、八卦掌雖理相同，但練法、用法各異。比如說太極拳以柔克剛，專打陣地戰，與人交手站穩陣地，迎對八方；八卦掌腳踏九宮，掌打連環，走旁門攻偏面；而形意拳是硬打硬進無遮攔，守中用中，攻堅戰。

　　前面所論不無道理，但也不是絕對的。八卦掌與人交手是遊走八方專攻對方偏門，這的確是八卦掌的特長。但我們也要知道，八卦掌的東西形意拳中也有。形意拳的打法絕不是簡單地進中打中，形意拳打法也有攻側面的要訣。

　　張鴻慶先生傳的法子叫「逃身又逃步」，就是遇敵進攻走偏門的意思。形意拳自古相傳的「轉七星」就是練這個。唐維祿先生說：「走大邊，兩打一。攻正面，一對一。」攻敵側面，等於兩個人打一個人，而正面迎敵就吃力多了。形意拳是陰陽五行變化多，應該說走七星轉九宮，多少也是受到八卦掌的啟發。所以走偏門，攻兩側的功夫，我們在平時練拳時就帶上了。

● 轉身要走「擺扣步」

　　我們平時練五行拳的行步拳，每一套拳的轉身動作都

練一種步法，叫「擺扣步」。張鴻慶傳形意行步拳，練習時走「七星步」步法，就是練走偏門（逃身又逃步）。而在轉身時，有一個過渡步法名曰「擺扣步」。

以五行拳的橫拳為例，行拳時當走到左腳在前，右腳在後，同時右拳前出的右橫拳時，身向右轉，隨之右腳外擺，右腳尖極力外撇；同時右拳臂向右後橫擺，隨之左腳向前上步，腳尖內扣；右腳向右前方斜角上步，腳尖向前；同時身向右轉，面向右前方斜角，隨之右拳臂內扣回收，左拳臂從右小臂下向前橫鑽出，拳心向上，高與口平，目視左拳，成左橫拳。然後再身向左轉，連續上左右步向前走七星步，繼續接練橫拳。

【要點】

（1）轉身時動作不可停頓，步不停，勢不停，手足動作要聯貫。

（2）轉身要快，要穩，身體不可上下起伏。

門內才練「雙換影」

五行拳在行拳走架轉身時，行走擺扣步是順勢而行。講究的是順暢，不拖泥帶水。

在練習五行拳收式時，一般的練法是拳打到原起式處，轉過身後接著就可以做收式動作了。但我們的練法與別門有區別。

我們的練法是，當拳打到原起式處轉身後，不做收式，而是再接著做回身動作。

還是以橫拳為例，如前面走架中，我們打到（起式

處）左腳前，右腳後，同時右拳前出的右橫拳時，向右轉身，隨之右腳外擺，左腳前扣；再上右步打出左橫拳；這時動作不停，身向左轉，隨之左腳外擺同時左拳橫撥；然後右腳向左腳前上步扣腳，身再微向左轉（起式處，身體向正前方），左腳順直，同時右拳從左小臂下向前橫鑽出，成右橫拳。目視右拳。然後收式還原。這是連續向左右兩側轉身的收式，我們門內稱之「雙換影」。

操練時也可以身向右轉出，接著再向右轉回 360°後，退右步前穿左手收式。這樣收式要連續走出擺扣步，對操練者的身法步要求更高。這種收式動作也有人稱其為「倒轉葫蘆頭」。操練者平時練習要學會多種方向的轉身動作，不管上面怎麼轉，下面的步法離不開擺扣步，一轉就擺，再轉就扣。步法活了，身子也就活了。

另外轉身時，兩手臂的動作不可千篇一律。也要有多種變化，如隨轉身前手可走掩肘式，後手可隨身轉走背插式，都是可以的。總之，轉身時身、手、步都要活起來，形式多樣，變化多多。練為用，這樣練習，在交手實戰時可見奇效。

● 敗中取勝

形意拳在交手實戰中「抽身換影」一式，是常用的敗中取勝的招法，這一招式的步法應用的就是「擺扣步」。

如：當我與對方交手時，對方以右拳擊我胸，我以右拳臂從其來手裡側攔截。如對方突然上步以雙手向前猛推我右臂，我可順勢左轉身，同時後腳（左）外擺，然後右

腳向前上步扣腳，同時繼續左轉身，並迅速出左拳擊敵胸肋。這就是「抽身換影」在實戰中的應用，也是退中有攻的打法。

又如：我與對方各自繞走弧形步，左右周旋時，當我繞走至右半環，對方行至左半環時，我左手突發促勁向前穿擊對方頭面。此時對方在我身左側被動接手，甚至其身體還在向前趨進。我迅速右轉身，同時右腳外擺，左腳向右腳前扣步，隨轉身右拳直擊對方胸肋。若對方離我身近，亦可手腳上下並用，齊擊對方，敵必受重創。

【注意】

用此招兩腳的擺扣，步子不可距離遠，所動基本就在原地打磨轉，動作要快，身手聯貫，一擊必中。

「擺扣步」轉身，在實戰中的應用要視對方情況靈活運作，與敵周旋時有時可擺而不扣。如，右擺左轉，左擺右轉，有時轉了再轉。這都要視對方變化而變化，不拘形式，靈活運用，方可制勝於敵。

抽身換影

「換影」一術是河北派形意門的技法，此技又名「抽身換影」，據傳是由河北派形意拳第三代傳人李存義、申萬林等大師吸收融匯了八卦掌的精華創編而成。傳到形意門第四代，當年的形意拳高手已經把此技錘煉得爐火純青。據傳當年李存義弟子傅昌榮與師弟薛顛在東北瀋陽切磋技藝，用的就是這手抽身換影打翻薛顛，這才引出後來薛顛遠走山西五台山，出家十年修得象形術絕技，下山再找傅昌榮比武一決雌雄的故事。

據前輩老師講，形意拳古來練法、打法都是直來直去。傳到劉奇蘭、郭雲深這一代，形意門與八卦門交往甚密。到了李存義這一代，形意與八卦兩門已是基本不分家了，可謂形意拳中有八卦拳的東西，八卦掌中亦有形意拳的精髓。如八卦門第三代高義盛所傳的「後天八卦掌」（直趟八卦六十四掌），基本就是形意拳散手招式的組合套路。而李存義傳其弟子張鴻慶的龍形八卦掌，更是形意、八卦組合的經典佳作。

「換影」一技是形意拳和八卦掌強強組合、精華提煉的結晶範例。換影式在八卦掌的原型是「背身掌」和「烏龍纏身」諸式（讀者可參閱姜容樵著《八卦掌》一書，或有啟發）。而在形意拳，我們可以在張鴻慶先生所傳的熊形、橫拳回身及十二橫捶套路中見其全貌。

● 換影術多種練法

20 世紀 80 年代初，我跟唐山趙各莊礦張蘭普老師學習形意拳，幾年後師父在我練的五行拳每一行練完後，都加了一個回身再收式的動作。當時我很不解，後來師父對我說，李存義老先生當年就是這樣，收式前加的這個回身動作叫「換影」，是練身法的。

以劈拳為例：轉身打出左劈拳，先不收式，而是繼續往下走式，即兩掌變拳（也可不變），左手臂內旋於胸前掩肘，隨之身右轉 180°，右腳外擺，同時右手臂略內旋順右肋向後背插，右拳背和小臂外側貼緊後腰。上動不停，身體繼續向右轉 180°，左腳向右腳前上步扣腳，然後右腳向前上半步，腳尖外撇 45°；隨之右拳臂外撐從後向前鑽出，拳心向上，高與鼻齊，左拳落至左腹前，拳心向下；然後左腳向前上一步，右腳不動，成三體式，同時左拳上提至右小臂內側，拳心向上，沿右小臂上向前翻拳變掌向前推出，左掌指高與鼻齊，右掌收至右腹外側，掌心向下；然後撤左腳收式還原。

其他四行「換影」練法與劈拳回身練法大同小異，讀者可參考此形練法悟之。

張鴻慶先生傳熊形練法，非常生動清晰地展示了換影術的多種練法。讀者若有興趣可參閱拙作《張鴻慶傳形意拳練用法釋秘》中的「熊形拳」。

20 世紀 80 年代末，我跟張鴻慶先生的傳人吳桂忠老師學習形意拳，吳老師傳了我行步拳後，我才知道換影術是有多種練法的。

以行步橫拳舉例：如面向東起式，當橫拳打回原地，打到左橫拳時（右腳在前，左拳在前，面向西北），然後身向左轉約 90°（面向南），隨之左腳外擺，同時左拳內旋沿左肋向腰後插出，拳背緊貼後腰，右拳臂向胸前掩肘，拳心向內；眼向左看。上動不停，身體繼續向左轉 45°，隨之右腳向左腳右前方上步，腳尖內扣；同時左拳外旋從口前向前鑽出，拳心向上，高與鼻齊，右拳擺至左小臂內側，拳心向下（面向東南）；然後身體再向左轉 90°（面向東北），隨之左腳向前上半步，腳尖向前，右腳不動，重心偏於右腿，成左三體式；同時右拳從左小臂下向前擰鑽，拳心向上，高與鼻齊，左拳收至右小臂內側，拳心向下；目視右拳。

此為「左換影式」的練法。打到此處可以收右拳、出左拳，撤左步收式，這也是「單換影」的練法。

如果不收式可以再走一個右回身，即接上式右橫拳，身向右轉約 90°（面向南）。隨之右腳尖外撇 45°；同時右拳內旋沿右肋向後腰插出，拳背緊貼後腰，左拳臂向胸前掩肘，拳心向內，眼向右看。上動不停，身體繼續向右轉 90°；隨之左腳向右腳前上步，腳尖內扣；同時右拳外旋從胸前向前鑽出，拳心向上，高與鼻齊，左拳收至左腹側，拳心向下（面向東北），上動不停，身再向右轉 90°（面向東南）；隨之右腳向前上半步，腳尖向前，重心偏於左腿，左腳不動，成右三體式；同時左拳從右小臂下向前鑽出，右拳收至右腹側，目視左拳。

此為「右換影」，此式與前「左換影」連續打出合稱「雙換影」。這也是形意拳「五行梅花步」的一種練法。

●「換影術」單操與實戰用法

以上介紹的是「換影」一技在形意拳套路中的幾種練法。下面向讀者簡要介紹一下「換影術」在單操和交手實戰中的幾種練法。

1.穿手換影法

穿手一法是形意、八卦門都很常用的一種技擊操練法。八卦掌拳譜中有「天然精術怕三穿，不走外門是枉然」「迎風穿袖用三穿，三穿步法是真傳」的名言。練習者可取馬步站式或行步式練習。

練習時可雙手於胸前交替向前穿擊。向前穿出時要注意兩手臂要擰著勁向前穿，出手為陽手（手心向上），回手為陰手（手心向下）。

行步穿手時，可順步穿手，也可拗步穿手，行進時走直趟。如若回身，左右轉身均可。

以順步穿手右轉身為例：當左腳、左手同在前時，向右轉身，在轉身時，左腳尖回扣，身向右轉 180°，隨之左手臂內旋掩肘，右手內旋貼右肋向後背插，然後隨右腳上步，腳尖外擺，右手臂外旋從胸前向前穿出，手心向上，掌指向前，高與鼻齊，左手收至右小臂內側，眼看右手。這是行步穿手換影回身法。然後左腳上步向前穿出左手，如此左右反覆練習即可。

2.走圈單操法

練習時，習者立正站在圓圈一側，然後左腳向前上一步，右腳不動，成左虛步；同時兩手略外旋從下向胸前托穿，手心向上，手指向前，高與鼻齊，左手略偏前，右手

略偏後，眼看手前；然後身微左轉，同時兩手內旋使手心轉向外，手指向上，左手心朝向圓圈中心，右手旋至左肘內側，坐腕，右手心向左，手指斜向上，食指對著左肘尖。然後右腳向前上步，腳尖略向裡扣，隨之左腳再向前上步，腳尖直向前，兩手不動，如此沿圓圈向前趟步前行，轉身時（換影）可以在圓圈任意一點轉換變式。

當習者沿圓圈走至左腳左手在前時，身向右轉180°，隨之右腳外擺，左腳向右腳前上步，同時隨轉身左手臂內旋向胸前掩肘，右手沿右肋向身後背插，然後身再右轉 90°，隨之右腳向前上步；同時右手外旋從胸前向前穿出，手心向上，手指向前，高與鼻齊，左手收至右肘內側，手心向下；然後左腳向前上步沿圓圈走右式轉圈。此是一種練法。

也可以在上式右腳上步，右手從右背後擰轉向前穿出後，左腳向右腳前上步，腳尖內扣成八字步，身向右轉，右腳外擺，重心偏於左腿；同時左手從右小臂下向前穿出，右手收至左小臂內側；然後左腳向前上步，兩腳沿圓圈向前行走左式轉圈。

【要點】

（1）沿圓圈行步時，前伸之手要始終對著圓點（假設之敵）。

（2）變式可以在圓圈上任何一點，可左可右，不拘一格。

3. 繞樹單操法

單人練習換影，可以選一棵樹作為中心點（假設敵）繞樹進行操練，所行步法與轉身變換手法可以參考「走圈

單操法」。不同的是繞樹練習時可以加練操樹法，即轉身後可以把所繞之樹當作假設之敵，習者可用掌、臂、肩、背、胯等部位貼、靠、拍、撞、摔、打對面樹幹，隨打隨轉，靈活變化。

【注意】

靠打時要由輕到重，注意以內氣催動外形，不可硬撞。另外中老年人要慎重練習。

4.雙人搭手操練法

練習時甲乙雙方相對站立，然後雙方同時上左步，向前伸出左手相搭腕（也可以不搭手），右手護於左小臂內側；然後同時上右步，沿圓圈向左走轉。走轉時一方轉身（換影）變式，另一方隨之同樣轉身變式（走轉方法可參考「走圈單操法」）。

不同的是，雙方轉身時，後插手擰轉後前伸仍要與對方前伸之手相搭，不管如何轉向，轉身後雙方後背穿插之手都要相搭或對著對方。另外轉身時可以用馬步穿手向左右晃動迷惑對方以鍛鍊身形、手法變化，然後再向左（右）轉身換影變式；然後再接手。形式可以多變，練習熟練後，可以靈活變化。

【注意】

轉身時要注意搭左手向右轉，搭右手向左轉身，雙方都要同時這樣去做，才能做到回轉身後自然搭上手。

5.實戰應用法

「換影」一技，在單人、雙人練習時一般都以規定程式練習，主要是經由反覆操練達到純熟之目的。而實戰應用，且不可再按原有規定程序練了。平時練習是按套子整

體練習，實用時則要根據臨場情況隨機變化，往往要整練零用。

如甲乙雙方交手實作，二人面對面踢打摔拿，閃展騰挪是力量、速度和智慧的較量。此時「換影」一技之應用，往往不是使用者主動而為之。一般是在對方進攻時，我借彼力，順勢（勁）轉換身形步法，尋得最佳方位、角度，然後出招給對方以有力還擊。這時的換影，那就不是固定的要轉圈 270°了，也許是 90°、180°、360°，轉身後的招式同樣也不是固定的穿手了，也許是崩拳、鑽拳，也許是虎撲、馬形或是蛇形手。總之那時完全可視對方來手，見招變化（見子說話），五行、十二形之手法隨意運用，使對方防不勝防。

換影術的運用，準確地說應當是一種敗中取勝的戰術技法。由抽身換影、閃化巧打，我們對形意拳的深刻內涵有了進一步的認識。

6. 在形意盤身掌中的運用

平時練習能有對手實作交手切磋，固然對提高練習者身形步法及散打技術有特殊作用，但因為我們平時更多的時間還是個人單獨練習，所以除了前面講的幾種個人操練方法外，還有一種更接近實用的個人操練方法值得學習掌握，那就是形意盤身掌法。

這套掌法沒有固定套路，若有形意拳基礎，我這裡一說，讀者完全可以自行掌握。操練時習者可以把前面講的「行步穿手法」「走圈單操法」「雙人操手法」「實戰應用法」等幾種方法綜合起來操練演習。

操練時最好是走行步、打四面（或八面甚至隨打隨

變，身形、步法、手法隨意變化）。掌握的要點是，只要轉身（90°、180°、270°）就變式，五行、十二形任意出手（招從心出，想都不想）。這種練法，可快可慢，時間可長可短。不拘場地，不講服裝，不拘時間，心念一起即可操練，非常方便。所以說換影術是練好形意盤身掌不可缺少的核心技法。

7. 練好換影術的要領

（1）擺扣步，是練好換影術的竅要。直線行步時走回身換影，前腳先原地扣腳（腳尖內扣），然後轉身，後腳外擺上步。在走圓圈或各式弧形步法時，只要抽身換影就要隨轉身擺前腳，然後後腳上步扣腳成八字步，接著轉身形再上步。

（2）穿手，練習時習者雙手要不停地在胸前交替向前穿出。當然練習熟練時，還可有向左右橫向穿手（如八卦掌的左右葉底藏花式），其他如左右化手、貓洗臉、猴洗臉、鼉形手等手法均可交替使用。

（3）行步，練習時兩腳要不停地走轉，或直行或斜行或弧行，或順步或拗步都可行。要做到身隨步轉，手隨身盤，如影隨形，步不停，手不停，手腳相合，全身一體，內外合一。

（4）搖肩轉胯（包括腰）晃中盤。身形不能僵硬，肩、腰、胯三個關節要活，要隨著步法、手臂的變化而靈活轉動，讓對方找不到你的重心和施力點。

七星步

七星步、龍形步

● 七星步，走斜行

在張鴻慶傳形意拳的體系中，以五行拳練氣找勁、行步拳、盤身掌法為三步重要功夫。

這三步功夫，每一步的成功，都會使練習者的武功有一次質的飛躍。本文僅談形意行步拳的主要步法和形意七星步的具體練法。

學習形意拳的朋友都知道形意五行拳是形意拳的母拳。不管是初習者，還是練功有素的拳師，都把五行拳作為每日必修之課、終生常修之功。形意拳的理論吸收了《易經》的陰陽五行學說。五行為金木水火土，對應人體內臟為肺肝腎心脾，對應拳式為劈崩鑽炮橫。

古人以陰陽五行生剋之道，解析自然界萬物之變化規律。以人論，五臟失衡，疾病必纏其身，五臟中和則百病不侵。以拳術論，五行生剋變化無窮，萬變不離陰陽之理。形意拳以三才式（三體式）為立足之本，古有「萬法不離三才式」之說。

三才者，天地人也。習武者以拳術為功，運周天之法，吸取天地萬物之精華，滋補己身，涵養五臟六腑，充盈中氣，疏通奇經八脈，貫通四肢百骸，以強壯體魄，提高心智，達到益壽延年之功效。

●「七星步」不是「龍形步」

形意拳動作簡單古樸，勁道清晰，步法輕捷靈便。先人有「形意拳功夫出在腿上」之說。靈活多變的步法，在一定程度上成就了形意拳的功夫。張鴻慶傳形意拳的步法有直行步、連環步、三角步、弧形步、四正步、四隅步、陰陽魚步、七星步、九宮步……其中最具特色的是「七星步」。「七星步」是張鴻慶傳形意行步拳的主要步法。

形意七星步的具體練法是三步一組。如以左三體式起式，左腳向前先邁半步，右腳向左腳前直上一步，然後左腳再向左前方斜上一步，此為一組。然後右腳向前直上一步，左腳再向右腳前直上一步，然後右腳向右前方斜上一步，此為第二組。依此類推，左右輪換向前行步，所行線路好似天上北斗星之星位，故有「七星步」之稱謂。

「七星步」與「龍形步」不同，偶見有人練行步拳所走步法與龍形步相似，這是他未得七星步真傳之故。

前面已描述清楚，七星步是三步一組，每一組的前兩步都是直行步，第三步是斜向行步，而不是像龍形步那樣完全走弧線形。這是兩種截然不同的步法，其技擊內涵也迥然不同。

●「七星步」與「雞形步」節奏不同

初習形意七星步，先要有一個走雞形步的過程。記得我剛學七星步時，老是把握不好步子節奏，老是感覺步子發飄，沒有沉穩的感覺。師父看我這個樣子，就教我先練

雞形步，讓我多觀察一下大公雞走步的樣子。他說大公雞走步是拿著腳（爪子）走步，一步一步向前走。重心老是在後腳，從不前撲，冠子頂著，脖頸豎著，身體挺拔，非常威武。有了這個感覺，我們行步時，就要有拿著腳向前趟的意思。

這個雞形步與七星步不同點是在節奏上。雞形步是三步一組（初習時也可以一步一步地體會），但是在走第三步時，要有一個略微的停頓。在出腳前，外形上，要有一個雞形腿（獨立步）蓄勁的感覺，式子要略微停頓一下，再向前出腿前行，我們門內的說法是練「拿放勁」。而七星步行步時是三步的節奏基本相同。雖然也要求拿著腳向前趟著走，但要求走起來是沒有停頓的，給人的是有如行雲流水，一氣呵成的感覺，門內的說法是練「蹬趟勁」。

練習七星步要求上盤虛靈，下盤既沉實又輕捷。行步要沉穩，要坐住胯，不要忽高忽低、起伏不定。七星步是形意門的重要步法，有了七星步的基礎，以後經明師再一點撥，即可任意變化出其他各種步法。

如直行步、連環步、斜行步、弧形步、擺扣步、陰陽魚、四正步、四隅步等。而這些步法的組合應用，也是學習散打技術的必要條件。沒有上述各種步法的熟練應用，只有手法、招式的變化，用於散打實戰是不完善的，也是難以與高水準對手相搏的。

七星步是高層次練法

形意拳是內家拳，老輩人說：練形意拳就是練氣功。

這話頗有道理。比如我們練七星步的基本要求是：提襠吊頂，舌頂上齶，鬆胯屈膝，塌腰正脊、氣沉丹田……這本身就是一種氣功態勢，所以要想練出高水準的七星步，就要首先練出深層次的丹田內功。我們練的內功叫作丹田內氣「提放術」。丹田內氣充實了，身體才會有空靈之感，步子才會越走越輕靈。

應當說，形意拳的普通練法（定步、跟步練法）與行步練法（主要指七星步法）是完全不同的兩個層次功夫。如果說形意拳定步練法，可以把你身上的氣（勁）叫出來，那麼行步練法（七星步）就是把你叫出來的氣（勁）活起來。讓它像流水一樣在你體內流淌，就像拳經所言：「內中之氣獨能伸縮往來，循環不已，充周其間，視之不見，聽之不聞，潔內華外，洋洋流動，上下四方，無所不有，無所不生。」功夫練到這一步，你的拳可以怎麼打都有理，步子怎麼走都順遛，身形怎麼變都流暢，可謂有形變無形，無形任意行，無形無象，一片神行。

褚廣發是唐維祿晚年教出的一個徒弟，後經唐師介紹，褚廣發又到天津跟張鴻慶學習形意拳的氣法、胎息、暗勁打法，學習薛顛的五法，到北京學習尚雲祥的趙子龍十三槍（形意大槍）、各種單操手等。褚廣發拳學得好，教人也有一套。

據褚廣發的弟子吳桂忠老師講：「褚老師教拳特別認真，一開始教你五行拳，他不讓你快練，囑咐你一定要慢練，不怕慢。要一個動作一個動作地耗著，這個式子不到位，不讓你走下一個式子。他看著你，耗得你兩腿發熱發脹，一個勁兒直突突。」「他說練拳甭著急，形意就那幾

套拳，著啥急呀！氣（勁）找準了，功夫紮實了，你想再慢練都不行，到那時氣催著你，不快也得快。」

練習形意拳與練別家拳法一樣，平時練功講架式，但我們又不能執著於架式，如果太執著了，那麼你就會從裡到外都緊張僵硬。內家拳講用意，但意念也不能太重了，要知道意念也是力。你意念太重，也會犯僵的。

練拳的秘訣應當是自然通順，但這個自然是屬於堅持不懈的練功者的。俗話說得好：熟能生巧，巧能生絕。你初一練一下、十五練一下的功夫，身心永遠也不會自然。

那些藝術大家，不論是攻書畫的，還是搞聲樂、體育的，他們的傑作，都有一股融於自然的神韻，他們的成功與平日功夫的積澱是分不開的。搞藝術的都講悟性，習武也一樣。

老輩人常講：練武要有悟性。這個悟性，不是讓你成天坐在屋子裡胡思亂想，而是要靠自己的身心去悟，練武是既講心意，又講形體的。你光說不練，悟從何來？只有經過逐日的千錘百煉，十年苦功，或許能有所頓悟。沒有這個頓悟也就不會有層次，沒有這個層次，就是有明人點撥你，恐怕也是聖手難雕朽木，你也不會成才。練武不能揠苗助長，更不能吃快餐，練武得是腳踏實地，一步一步練出精氣神；一拳一拳修得金剛體。

「七星步」是鍛鍊形意拳高層次功夫的一種步法。要練好、掌握好這層功夫，同樣需要練好形意拳的各項基本功夫。基礎打好了，要練出「看人如蒿草，打人如走路」的上乘形意拳功夫，自是水到渠成之事。

九宮步

據傳當年形意拳前輩郭雲深與八卦掌宗師董海川在京師相遇，苦戰三日未分勝負，互相欽佩。之後二人相互研究數月，始知二人所練拳術名稱雖異，理法則一，可互為借鑑，相輔相成。

不管此說是否確有其事，後來的八卦拳、形意拳傳人確實如同一門，在拳藝傳承上大多是互相交流的。特別是到李存義、張占奎這一代形意傳人，基本上都是兼練八卦掌。

郭雲深的九宮步

「九宮步」這個練功方法，多年來主要在形意拳、八卦掌兩門中傳承。此法不知始傳者為何人，今亦難考出處。一般認為是源於古代「九宮圖」。九宮者，即二四為肩，六八為足，左三右七，戴九履一，五居中央。（圖5）

巽 四	離 九	坤 二
震 三	中 五	兌 七
艮 七	坎 一	乾 六

圖5　九宮圖

八卦掌、形意拳在傳承中基本上都循此圖法。孫祿堂先生著《拳意述真》中郭雲深先生言集的第十四則中說：「余

蒙老農先生所授之九宮圖，其理亦出於此，運用之神妙，變化莫測……其圖之形式是九宮之道，一至九，九還一之理。用竿九根，布之四正四根，四隅四根，當中一根，竿不及粗細，起初練之要寬大，竿相離要遠，至兩桿相離之遠近僅能容身穿行，往來形如流水，旋轉自如，而不礙所立之竿……不會練拳者，行走之時兩手曲伸，可以隨便，要會拳術者，按自己所會之法，運用可也……按一二三四五六七八九，返九八七六五四三二一……九竿如同九人，如一人敵九人，左右旋轉，曲伸往來，飛躍變化，閃展騰挪……莫不有拳術奧妙之遐焉。」

　　這是我們今天所見較早介紹「九宮步」練法的文字資料。下面將本門有關「九宮步」的具體練法及個人感悟，向讀者做一簡要介紹，僅供參考。

● 順逆轉打

　　「九宮步」古稱「飛九宮」，練習時先按四正四隅並當中一點共九個方位，用竹竿九根，插在這九個方位上，一般採用長於練習者身高的竹竿，竿下捆綁鐵釺。練習時將竿分佈九宮，不練時將其集攏收藏。九宮分佈的株、行距，初時略寬，一般各為五尺，隨練習熟練後，再逐漸變窄，直至僅容身體擰轉穿繞其間而不碰竿為妙。

　　九宮步的穿繞順序，採用傳說中的「太一行九宮之法」，即「二四為肩、六八為足、左三右七、戴九履一、五居中央」。按此順序即可畫出被後人稱為「戴九履一圖」，即「九宮圖」的平面圖（圖6、圖7）。

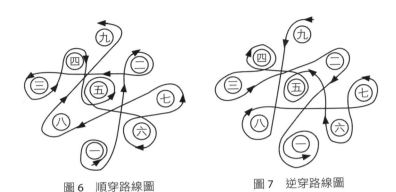

圖6　順穿路線圖　　　　圖7　逆穿路線圖

　　在練習九宮步時，習者先站於圖6中「一宮」下面的「→」標號處，以身體左側對著「一宮」，然後以「一宮」為圓心按照圖6路線向左繞轉（左旋），繞走至身體正對「二宮」時，即循圖6路線向「二宮」穿走，當穿走在身體右側對著「二宮」時，便以「二宮」為圓心按照圖6路線向右繞轉（右轉），繼而以穿走和「左旋」「右轉」交替，循圖6路線穿繞至「九宮」。然後，再循圖7路線，從「九宮」返回「一宮」。如此週而復始地循環練習數遍，於「一宮」下面的「→」標號處收式。從「一宮」至「九宮」的穿繞稱為順穿，由「九宮」返回「一宮」的穿繞稱為逆穿。

　　按照「九宮圖」的方法練習「九宮步」是初習者的練習法，待練習熟練後，習者可以不按以上穿走九宮的方法練習了。可以按一宮、二宮、三宮……任意組合練習。也可以按照自己所學之拳種的特點，隨意走轉盡情發揮。比如練八卦掌者可以用穿手、單換掌、雙換掌諸法行走旋轉；練形意拳者可以用行步拳練法，把形意拳各種步法、

拳式運用其中，在穿走九宮圖中打五行、十二形拳。

　　我曾經教過一個學生，他很聰明，跟我學過八卦掌、形意拳、太極拳，後來我又系統地教他各種內家拳常用步法。在教他九宮步法時，我特意找來九根一人多高的竹竿，每次練功時按照「九宮圖」所示方位插在練功場地上，讓他按九宮步法反覆演習，練了一年後，他跟我說：「老師，我能不能把這九根竹竿當成九個敵人來練呀？」我說：「可以呀，你怎麼練？」他說：「我一個人跟他們（指竹竿）九個人打，隨意轉打，走哪打哪！」我說：「你試試吧。」

　　結果他就這樣練了，效果非常好，練了一段時間，他再跟人交手過招，步子就不再亂了，眼也不花了，手腳也能上下配合了。我想這就是悟，平時練功結合實踐練，那麼功夫一定會有長足長進。

🔵 形意門中的飛九宮

　　2006 年春天，我在江蘇盱眙縣一位師弟家做客。一天中午，師弟夫婦帶我到城內翠屏山上的一座寺廟拜佛，出得山門，我見山門外一片空地邊上有幾棵挺拔的松樹，排列錯綜有序，心中一喜，即興在小樹之間走起了穿九宮。練畢，師弟夫婦問我練的是什麼拳？我說：「這是形意拳。」師弟又問：「形意拳也能這樣練呀？」

　　我說：「這是古傳飛九宮的練法。飛九宮是八卦和形意門練功的一種特殊形式。初習有一定規矩，按九宮方位練習，熟練後即可不拘成法，以我們平時所學之拳技，隨

意演練。」師弟聽後讚道：「師兄這樣練法，我們過去沒有聽過，也沒有見過，這樣練，才真正把拳練活了。」

由於條件所限，在我的家鄉，練習形意拳、八卦掌的同門師友以「九宮圖」這種方法練功的不是很多，但是經常能見到有人在樹林中利用自然生長的樹趟子，走轉穿行演練飛九宮的拳技。當這種有形（有物標）的練法練熟了，就可以放棄物標，按照飛九宮的方法，隨意盤旋走轉練習。

這時的練法是，表面無物，心中有物。步法還是那些步法，招式當然也還是自己所學過的那些招式，只是行走穿行更自然流暢，出招換式更隨心所欲。

這樣練習一段時間，就可以忘掉你心中的物標，練習時完全是隨招就式，純任自然，沒有絲毫牽扯背逆。腳踏九宮，手打八門，四面八方，上下左右，任意行走，任意盤打。若功夫練到這一層，已進入形意拳的高級層次，本門稱之為形意「盤身掌法」。

我對此飛九宮練法甚為珍視，幾十年來一直勤於修練。我個人認為此法不論對懂拳者或不懂拳者，都是一件有益身心健康的體育活動。不懂拳者可以作為一種遊戲健身娛樂，懂拳者可以當作提高身形、步法和應變能力的素質訓練。此法之操練，對於研究散打的學者更為重要。俗話說：「好把式出在腿上。」實踐證明，一個習武者腿上的功夫有了，打拳、交手必勝人一籌。

陰陽魚步

陰陽魚步
弧形步

　　在蜿蜒曲折的渤海灣北岸，有一個美麗的小城，她就是今天聞名海內外的天津濱海新區的一部分——漢沽。漢沽的歷史很悠久，據說三國時的魏武王曹操、唐朝的唐太宗李世民，都曾因北伐、東征駐足漢沽，並留下過美麗的傳說。但歲月悠悠，漢沽留下的令人記憶深刻的東西實在不多，要說鄉土文化在民間流傳久遠的，唯有傳統武術還能使一些老漢沽人，在茶餘飯後津津樂道。

　　漢沽的武術傳承，據說始於清朝末年。據老人們講，那個時代漢沽鎮的很多街道和不遠的鄉村都有「把式場」（民間武師教拳場）。逢年過節各村鎮都有「少林會」走村串街表演，很是熱鬧。而 20 世紀五六十年代，又是民間武術發展的一個高峰時期。記得我上中學時（1965—1968），我們班有四十多人，其中就有十幾個同學會練武術。那時候這些同學經常利用課餘時間在一起交流切磋拳技，很有意思。

　　據我所知，當時我讀書的那所學校（原漢沽寨上中學）習拳練劍的學生不在少數。可惜那時學校沒人組織，校園武術沒有發展。記得當時社會上倒是經常組織武術表演比賽。區裡工會組織有一個成人武術隊。區內各大廠也都有自己的武術組織，他們經常組織活動。那時的武術表演是最受老百姓歡迎的體育娛樂活動之一。

　　漢沽的武術傳承，歷史上主要源於天津寧河縣的武術拳師，寧河縣的唐維祿、張鴻慶、褚廣發等很多著名拳師都曾經親自來過漢沽教徒授藝。多年來，漢沽的很多武術愛好者也都頻繁去寧河學習求教。寧河蘆台鎮的傅昌榮、張景富、楊義清等兩代著名拳師也都曾經為漢沽的武術事業發展付出了心血。值得一提的是，晚清時期曾任清廷御林軍教頭，人稱「全拳王」的申萬林老先生，在離開清廷後也曾來過漢沽傳過藝，並留下了不少武林佳話。

　　實事求是地講，改革開放前漢沽是一個非常閉塞的小城，與外界少有接觸，自給自足的地域經濟，使得本地人保守觀念很重。事有利弊，相對的封閉，多年來使得此地的傳統武術得以原汁原味地保存了下來。

　　幾年前，《武魂》曾連載過已故形意老人李仲軒的武術系列文章，對武林震動很大。讀了李老的文章，我也倍感親切，因為李老與我是同鄉（漢沽在民國時期屬原河北省寧河縣管轄），李老所學形意拳與我所學又同屬一門，都是河北派形意拳李存義這一支系。李老的師父唐維祿、薛顛、尚雲祥、張鴻慶，也都是我的師爺褚廣發的師父。所以讀李老的文章，我感到異常親切，並常有所悟。透過李老的珍貴回憶，我們更加懂得了前輩們留下的這份武術文化遺產的彌足珍貴。

　　由學習、比較李老的文章，我更覺得漢沽的形意拳確實很好地保留了形意拳古樸的練法，也基本保持傳承了李存義、張鴻慶、唐維祿、褚廣發等三代形意拳傳人的拳藝風範。我們張鴻慶這一支形意拳以練氣養生為本，以防身自衛為用。拳理清晰，練法規範，技法精湛。特別是在步

法運用上，內涵相當豐富。前文介紹過本門形意拳直行步、七星步、九宮步的練法，今天再介紹一種本門常用的實用步法「陰陽魚步」。

● 「陰陽魚步」走轉法

走轉「陰陽魚步」是形意和八卦門中秘傳的一種步法，因為這種步法的演練一般不表現於拳套之中，所以一般習武之人很少有機會見到、學到這種步法。但是在形意和八卦門老師教弟子練習散打之時，「陰陽魚步」作為其中一種基本步法，是不可不學的。

初習「陰陽魚步」是有一定規矩的，學者可按師父所傳規矩，認真反覆地練習。

1. 無極式

【動作】

沿一圓圈外側（北沿）併步站立（面向西），兩手臂自然下垂，手心向內，手指輕貼兩大腿外側。目視前方。

【要求】

平心靜氣，全身放鬆，頭頂項豎，鬆肩墜肘，含胸拔背，氣沉丹田，降至湧泉，心神專一。

2. 走轉法

【動作】

（1）左腳向前上一步，腳尖外擺，同時身體略向左轉，隨之兩手臂外旋，使手心向上，向前托舉，左手在前，高與鼻尖齊；右手在後，位至左小臂內側。

上動不停，右腳沿圓圈向左腳前上步，腳尖略扣。同

時，兩手臂內旋，隨身體向左走轉翻撐成掌心對圓心；眼即隨身轉視左手食指前，然後左腳再向前上一步，右腳再向左腳前上步扣腳。（見圖8第1~4步）

【註】

以上四步都是沿著圓圈走左弧線，四步之腳跡正合一個半圓（前三步身體左側對向圓心，上第四步時，扣腳，身體略左轉成身體面對圓心，即面向北）。

（2）左腳向圓心趨出一步，右腳向前趨出一步，左腳再向前趨出一步成扣步落地。以上三步是從南向北穿越圓心，三步腳跡如穿走古「太極圖」的陰陽魚，故腳跡為S形。同時右掌貼於左臂下（手心向下），隨走轉向前撐轉穿出，先向外撐轉再向內撐翻使手心向外，眼隨視右手食指前。以上動作為「左走轉陰陽魚步」。（見圖8第5~8步）

（3）接上動，身體向右轉沿圓圈走右弧線，做「右走轉陰陽魚步」。即右腳向前趨出，腳尖外擺；然後左腳向前上一步，腳尖內扣，然後右腳再向前上一步，腳尖外擺；接著左腳向右腳前上步扣腳，同時身體向右轉面向圓心（即面向北）。（見圖8第9~11步）

（4）上動不停，右腳向前（圓心）上步，同時，左手從右小臂下向前撐轉穿出；左腳向右腳前上一步，腳尖略外擺，身體略向左轉，然後右腳再向前上一步，腳尖略扣，此時正好走到初起式的位置，此為「右走轉陰陽魚步」。左右走轉陰陽魚步，手腳動作相同，唯左右方向相反。初習此法，一次可以左右交替走轉共8次。（見圖8第12步~無極式）

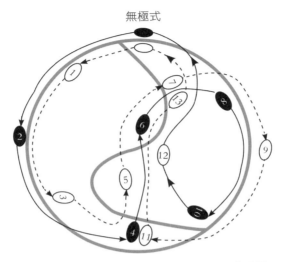

圖 8　走轉陰陽魚步腳跡圖，亦名陰陽魚步法圖

【要求】

（1）走轉動作要聯貫圓活，手腳要協調，不要出現停滯。初習時，按上述介紹的步數練習，學會後，可以每走一圈或數圈，再穿中變向走轉。每圈的步數也不一定是8步，可多可少。如果圈走得大，靠圈內的腳（裡腳）可直著向前邁步落地；靠圈外的腳（外腳），則需略微內扣落地。如果走圈較小，裡腳要外擺落地，外腳要內扣落地，而且圈越小，裡腳外擺和外腳內扣的幅度越大。腳步趟進時，要有人行在淺水中步若蹚泥之意，移動腳先蹬地提離地面（蹬勁），即以從踝部向前踢物之勁促足前移（踢勁）；靠近支撐腳內踝前邁（有磨勁）；至將落地時再向前探出寸許（探勁）；然後全腳掌平平踩踏於地，如踩毒蠍般（踩勁）。此即「一意五勁」之法也。

（2）練習熟練後，可轉半圈變向，也可以走一圈變

向，也可以在圓圈任何一點處隨意變向換式。但走轉時不管怎麼變向換式，前手必須始終朝向圈內中心點。

（3）練習純熟後，可以在走轉變向時，隨意變化出各種拳式動作，此時可以打破規矩，式從心出，任意而行。

3. 收式

【動作】

走到起式位置，後腳上前一步與前腳並立，兩手臂收於體側還原。

呼氣，全身放鬆，身體直立，氣沉丹田，降至湧泉。走轉「陰陽魚步」是形意拳習練者用於交手實戰時的常用步法。在練習這個步法之前，最好先掌握八卦掌弧形步和走圈步這兩種步法，其行步要求可以參照八卦走圈步。在走好弧形步和走圈步的基礎上，再練習走轉「陰陽魚步」效果會更好些。

弧形步走的是半圓形，走圈步是走的一個整圓形，而陰陽魚步走的方位近似 S 形。左右走轉如同太極陰陽圖，故得名「陰陽魚步」。

張鴻慶傳的這支形意拳在技法運用上，一般以走轉為主。與人交手不主張生打硬撞，強調走轉閃化，借勁發力，用暗勁打人。基於這種戰術思想，在步法運用上，它不同於一般形意拳派的直進直退，而是比較多地採用走弧形步、斜行步、陰陽魚步、擺扣步等這些走轉迂迴的戰術步法。如以陰陽魚步與敵周旋時，首先是避開敵方的正面攻擊，從來敵之一側走轉尋找機會。當我用弧形步與敵周旋時，只要我突然換式變方向，向敵身另一側走轉，馬上我的方位就可以直接對著敵方又一側面，這樣我總是搶占

有利方位（我順人背），使對方總是感覺彆扭，有勁使不上。在我與敵方周旋於一個圓圈之中時，我可以在任意一個點變換步法、手法、身法。

任意按照我自己心中的方位，走出陰陽魚圖似的步法以迎敵，這在形意門中叫作「移形換勢」。

就是說與敵交手實戰，你不要墨守成規，你要讓自己心中的陰陽魚圖變活了，你的兩條腿、兩隻手臂就是兩條靈動的陰陽魚，你可以根據臨場情況，自由遨遊。圖是死的，人是活的，千變萬化，總不離一陰一陽之理數。

走轉「陰陽魚步」是一種用於散打實戰的步法，平時我們可以結合形意拳法來練習。比如，我們在練這個步法的同時，上邊配合圈手、穿手、橫拳等手法；也可以用八卦掌的單換掌、雙換掌或象形術中的飛、雲、旋法等拳式來練習。如果把這個步法應用到形意門中的器械演練之中，那麼，我們的器械演練就會更加精彩紛呈，同時也提高了器械的實用性，當然演練器械時走轉的陰陽魚圖相對會更大一些。如在本門絕技「形意盤身刀」和「形意雙棒」的演練中都有「陰陽魚步」的展現，其所展示的效果給人一種出神入化的感覺。

練習「陰陽魚步」不受場地限制，隨時可練，室內室外，只要有一臥牛之地就可以練習。由於演練這種步法要求練習者兩腳要不停地走轉、擺扣；腰胯要不斷地扭動；兩手臂也要不停地穿繞、擰轉，這樣長久地練習，對提高習練者心腦功能，腰腎功能，全身三盤九節之筋骨靈活，全身經絡之通暢都非常有益，從而也達到了強身健體之目的。

五行拳

基礎拳法

起式與收式

🌑 拳自五行出

　　五行者，即金、木、水、火、土是也。古人以五行對應形意五行拳（即劈崩鑽炮橫），並內有五臟（心肝脾肺腎），外有五官（舌、目、鼻、耳、人中）皆與五行相配之論；亦有五行相生相剋之理演練五行拳之法。

　　五行拳是形意拳的基礎拳法，也是最重要的拳法。五行拳動作極其簡單、古樸嚴謹。動作形式是左右反覆練習，循環不已。形意拳其他拳法多由五行拳演變而成，故古人學形意拳多由五行拳開始，由此而打下形意拳的紮實基礎。

　　五行拳雖然拳式動作簡練，但其勁力及技擊內涵相當豐富，形意拳的各種勁道和技擊招式大都出自五行拳的基礎，透過五行拳的鍛鍊，習者可以逐漸領悟形意拳技擊養生之精奧內涵。

　　在健身養生方面，長期練習五行拳可以起到疏通經絡、培補五臟元氣，有針對性地治療五臟疾患的作用。

如練習劈拳，其拳性屬金，氣發於肺，其拳順可以理肺；鑽拳性屬水，其氣發於腎，故久練之，則可以強腎固精；崩拳勢直而疾速，性屬木，氣發於肝，其拳順則可以疏肝養目；炮拳勢猛，性烈，性屬火，其氣發於心，用之得當，則可以養心血；橫拳性屬土，其氣發於脾，故練之可以健脾。

習形意拳者，其演武之動作，要以心為主，以氣為用，以丹田為根本。練好丹田內氣，則腎精充盈，精神旺盛，動作敏捷。

心血足則神經敏銳，腦力充沛；肺氣足則呼吸強健有序，吐故納新，涵養內臟；肝氣足則發力迅猛；脾臟健，則肌肉豐盈，毛髮光鮮，內勁充沛。

拳術之道注重內養、聚氣。然後以形行氣，運氣於全身四肢百骸。此與道家的導引吐納有異曲同工之妙。故拳術修練不在姿勢多寡，在於體正氣順，在於內氣運轉，運轉得法則得道，運轉不順則疾病生矣。

五行拳拳法自然，拳勢古樸簡練，內涵豐富。故自古形意拳家名此五行拳為「形意拳之母」，而形意門養生家則有「五行培元功」「五行真氣運行法」之稱謂。

形意拳脫胎於心意六合拳而自成一系。1856 年後，河北深縣（現深州市）李飛羽，始以「形意拳」為名，在山西、河北等地傳授該系拳技。

後世支派繁多，名家輩出，傳授各一，各有千秋。究其基本練法，拳勢勁道、呼吸之法、技擊功法及袪病養生之作用，則大體一致。習者若能細心精研體認，用功日久，必受大益矣。

● 起式的練法

　　萬事開頭難，練形意拳不懂得起式，就練不好拳。張鴻慶傳形意拳起式的具體練法是：

　　身體斜向前方，立正站好，兩腳跟併攏，左腳尖直向前，右腳尖外撇 45°；兩手臂自然下垂，手心向裡，指尖朝下；身體放鬆，神意內斂，氣沉丹田，降至湧泉；兩眼平視前方。

　　接上式稍停片刻，兩手臂外旋，手心翻向上，從身體兩側經腹胸向上托起，兩手像托著空氣一樣向兩側舉過頭頂；此時兩腳跟離地，以前腳掌支撐全身重量，同時提氣至中脘，百會穴虛虛領起（高血壓患者氣至中脘即可），然後兩手略內旋合至面前，手心相對沿胸前向下捋至腹前，兩手略外旋向腹前下按，虎口相對，手心斜向前下方，眼視手前。隨之身體下坐，要屈膝坐胯，整個人蹲下來。同時要呼氣，氣沉丹田，降至湧泉。

　　我們看有些跳水運動員，在高台跳水一瞬間，也會做類似的動作。兩手臂高高舉起，後腳跟慢慢抬起，整個身體只以兩前腳掌支撐著，站在十公尺高台邊。這一瞬間同樣要的是激發運動員的潛能，全神貫注，準備一跳。所以形意拳的舉手抬腳跟的起式動作，不是為了表演，而是練一種敏感、一種練武人內在的感覺。

　　另外，練好起式的另一個好處是，起式的過程，其實就是一套完整的運氣任督二脈，循環全身的周天行氣之法。按法操練此式，會體會到氣遍身軀之感。習者平時也可以單獨操練此法，作為養生健身之用。

總之，起式要穩，一舉手一投足要有敬畏之心。打拳是莊重之事，來不得半點兒戲。交手講上場如戰場，打拳亦如此，上場就要提起精神，去掉一切雜念，一切心思放在拳上。俗語講：起式沒練好，打拳沒效果。要想打好拳，起式一定要謹慎、全身心投入地去練拳。

初習形意練規矩

張鴻慶傳形意拳以五行拳練氣、練勁、練步、練身法。具體分四個階段來練習。

五行拳是形意拳的母拳，對於形意門來講，五行拳是練氣築基的主要功法。而居五行拳之首的劈拳，在五行屬金，在拳術中打的是陰陽連環成一氣之起落。劈拳之勁有練法和用法之別。

過去形意門老師常講：練有練法，用有用法。練法是用法之基礎，是練氣、練勁、練步、練身法。這些功法不是打法，但它是打法的基本功法，必學之法。本門五行拳有三十六種練法，亦有三十六種打法。

五行拳主要練的是氣和勁，初習五行拳要練明勁。這個「明勁」有兩層道理：

其一是練好拳架，規範拳式動作。要做到外三合（肩與胯合、肘與膝合、手與足合），這是從身外找。再往下練，要從身內找，要做到內三合（心與意合、意與氣合、氣與力合）。這個階段要把沒練拳時的散架子（身架）練成整架子。要逐步做到內外要與拳經八字二十四法對上號，按二十四法慢慢調理好自己的身架。

　　其二，是懂勁。練劈拳始從三體式開始，站三體式樁是讓習者有一個初步知勁、懂勁的過程，由站樁體會拳勁，逐步將身上的拙勁換成活勁。有了這個過程，下一步就是練定步劈拳。定步劈拳亦稱「鷹捉」，是形意拳練氣找勁最重要的練功方法，歷來受到形意門前輩重視。劈拳看似簡單，動作就是一鑽一劈，可就這兩下子，練了兩個拳，練了劈拳還練了鑽拳。

　　學五行拳不要急於學招學打人，要先把拳理學明白。招式好學，老話說：「寧傳一手，不傳一口。」聰明的學子是要把老師的「話」（拳理）學來。不懂拳理練不好功夫，「方法對頭，一生受益」。古人云：「一時之強弱在力，千古之成敗在理。」（明‧馮夢龍）還是那句老話，初習五行拳就是練基本功，功夫是一步一步練得的，急不得。

　　初習五行拳要慢練、柔練、不發勁。就劈拳而論，其拳基本有兩個拳式，上一步鑽一拳，再上一步劈一掌，式子雖然很簡單，但它涵蓋了形意拳勁道的主要精義。

　　拳經云：「起為鑽，落為翻，起亦打，落亦打；起落如水之翻浪，方是真起落。」起為鑽，內含撑、鑽、橫、沉、頂諸勁；落為翻，內含翻、劈、撲、推、搓諸勁。劈拳的勁道雖然很多，但初習還是越簡單越好。形意拳有明勁、暗勁、化勁之分，初習者在此階段，主要弄懂、練好「明勁」就行了。

　　初習形意拳主要是練規矩，每打一個式子，老師要求你要停頓幾秒鐘，從中體會其中之勁道。不要急於跑趟子，這個階段練拳要求動作舒展，呼吸順暢，不可憋氣努

力，求鬆不求緊。說是練拳又似練活樁。透過此段練習，達到拳架規範、抻筋拔骨、通經活絡之目的。

以上所述非常重要，拳架規範是最重要的基礎，練好了一生受用。抻筋拔骨是換勁的手段，是練功的方法。形意拳不練舉重，不練打袋子，練抻筋拔骨，由手足的一伸一縮，氣勁的一吞一吐，舒展筋骨，活絡經脈。俗話說：「筋長力大。」中醫講：「筋長一寸，壽延十年。」五行拳的基礎鍛鍊有這個內涵。

形正氣順，氣順勁實。有了形體的規範，下一步就是「摸勁」（找勁）。形意拳的發勁特點是「整勁」。要想發出這個整勁，就要先練出充盈的丹田內氣。但是這個內氣（內勁）不是一蹴而就的，是要經過一定時日的系統地訓練。五行拳以極其簡單的招式，千萬次地操練，其目的就是要摸（找）準這個勁。「拳法之妙在於運勁」，其實運勁就是運氣。

所謂拳勁，絕不是常人認為的，那一出一猛的所謂剛猛之勁。而是經過特殊方式訓練，人體五臟六腑生化出的一種內勁（內氣），所謂百煉成鋼，驚炸爆發勁。

十個關鍵

五行拳是形意拳的精華濃縮，十二形是五行拳的發揮，五行拳暗含生剋變化之理術，形意拳招式簡單，小動作多，學形意拳要一點一滴都學到。

1. 猴蹲身

猴蹲身是形意拳老派的叫法，在山西心意拳的一支中

仍作為重要拳式反覆出現；而在後來的形意拳派系中，此式重點出現在起式與三體式的過渡動作中。當我們打形意拳時，完成起式動作後，稍停，兩手略外旋收至腹臍兩側，手心向上，然後身略左轉，重心移至左腿，右腳虛著地，隨之右拳略外旋上提沿胸向上鑽至頦下再向前鑽出，小指一側斜向上，高與口平。不停，身微右轉，重心移至右腿，左腳虛著地，隨之左拳上提至右小臂裡側（肘前腕後處），右拳不動。眼視右拳。這個拳式就是形意拳所謂的「猴蹲身」式子。此式老譜講究雞腿、龍身、熊膀、虎抱、雷音諸技在身。

⊙雞腿：

此式是獨立步，看似兩腳都著地，其實一腳是實，一腳為虛，站定時身體重心完全在一隻腿上。如果說前面所練的起式動作，跟技擊沒直接關係，完全是練氣之法，那麼這雞腿一式就內含技擊之術了。在拳術演練中，傳統武術凡虛腿都內含踢、蹬、彈、踹之技。

⊙龍身：

這一式講龍身，或許有人不太理解。人家要說你兩腳未動，不就是身體略往左右轉動了一下嗎，跟龍身有什麼關係呀？就是這麼左右微微一轉動，內功也就在於此。

形意拳一點一滴都有用，練拳時一點一滴都不要忽略掉。前面講了這個式子是起式與三體式中間的過渡動作，接著演練三體式、五行拳各式，其身形都要相應地左右轉動，動勢各形大小不同。這一左一右的轉動就是所謂練「龍身」。中國人自古認為自己是龍的傳人，人體的後身有脊柱，古人稱為「龍骨」。練形意五行拳就是左右晃動

著練這根「龍骨」，脊柱是人身之督脈循行處，總領一身之陽氣。這根脈通了，氣血通體暢通無阻。

五行拳的練法與別門拳種不同，沒有大開大合、大起大落之勢，只是小小的身形轉動就練了功夫，既節省了體力，又得到了東西。

⊙熊膀：

形意拳是象形取義，「物之意以人意悟之」。熊獸看似憨笨，可此物以兩膀的渾力無窮稱雄山野。五行拳的拳式有練臂膀之功，熊形有取物、踏水、抖毛之功，就是為了鍛鍊人體的身、腰、臂膀功力，增強與敵技擊相搏之技能。

⊙虎抱：

形意八字二十四法中有「三抱」說，即丹田要抱，氣不外散，擊敵必準；心氣要抱，遇敵有主，臨變不變；兩肱要抱，出入不亂，遇敵無險。

山中老虎在追撲獵物之時，都是豎起頸項、頂起虎頭、脊骨隆起、全神貫注，特別在撲向獵物之瞬間，它抱攏兩前足凶猛一撲，勢在必得。我們練拳也要有這個虎威氣勢。形意拳的基本要領講：頭頂項豎、鬆肩墜肘、含胸拔背、塌腰坐胯、心無雜念、精神專注……只有這樣拳才能練得好。

⊙雷音：

是內功氣法。不要把打拳時的震腳發聲誤認為是雷音，雷音沒有音。如果說有音，那也是功夫練到一定程度時，體內產生的一陣陣氣感顫動，跟發聲無關。練拳時不要做作，功到自有。

2. 翻浪勁

翻浪勁，從外形上解釋很好理解，以劈拳為例，站好三體式，前手收回來再鑽出去，然後兩手內翻變掌，後手向前推出，前手收回。這就是劈拳的翻浪勁。當然細論，隨著兩手的一收一伸，其身腰、胯膝、踝足都相應有動式變化。

這是有形的身手的翻浪，還有無形的翻浪，無形的翻浪要從有形裡練出來（以外帶內）。關於無形的翻浪，歷來拳家都不願多講。今斗膽向讀者披露一二，其實無形的翻浪是講身內的東西，所謂內練一口氣，就是講內氣的運化狀態。關於形意拳的翻浪勁古拳譜有曰：「內有海水波浪翻，外有珍珠倒捲簾。」這就是練形意拳翻浪勁的隱秘口訣。

【具體操作方法】

內氣的運化，其實就是逆腹式呼吸法（丹田呼吸）的小周天法（具體操作方法請參閱《拳術的呼吸之道》一文）。而「外有珍珠倒捲簾」是指練定步劈拳時外形的身、胯、手、足一伸一收，一起一落的形體變化。

3. 拳從口出

練劈拳有嚴格規定，練習時要求「拳從口出」，上步劈拳要求「三尖相對」「六合一體」。形意拳主要是攻中路的拳，拳從口出，一是要求出拳要有準頭，二是一出手就要占取先機。與敵交手你首先正面出手，對方就被動，就會感覺彆扭（這就像下象棋，你一出手就給對方來一個當頭炮），這樣就造成了我順敵背之勢，守中用中來得快。所以在五行拳中劈拳和崩拳是形意拳的重點，這兩個

拳講究練中用中。

4. 半步為先

在五行拳練法上，上步時，有一個前腳外撇的動作，不要忽視這個動作。這一動作的好處，一是，步子一撇，身子就活了；二是，這一撇暗含腳法，可蹬、可絆。五行拳練習時，小動作多，不可忽視，練習五行拳一點一滴都有用，不要漏掉。

5. 行如槐蟲

「行如槐蟲」是劈拳古老的定步練法，很吃功夫，是練身法。練習時沒有大的動作，但是有很精細的變化。動作時身形一縮一展（同時坐胯、收手、上步、進身、出手），兩腳一墊一進，其動正如樹上毛毛蟲的蠕動而行。

這裡要注意的是，行拳時身子的起伏不能忽高忽低，而是基本在一個水平線上前展後縮。要求腰胯帶動手足前行後縮地蠕動，這是看得見的形體變化。

另外還有不顯眼的身形變化，五行拳有一個隱秘的練法，是練脊柱，即所謂練「龍骨」。

練習五行拳的劈崩鑽炮橫時，都要晃動著身子練，劈拳、崩拳、鑽拳練習時晃動較小，身子左右微微轉動著前行，這一轉動，整個脊柱都活絡了。而炮拳、橫拳的動勢要大得多了，所謂人的身形活，其實是要脊柱活，脊柱活了，人身的大動脈通暢了，氣血得以輸貫全身，百脈通其身自然強壯，打拳交手自然勝人一籌。

6. 跟步練法「三字訣」

在定步練法的基礎上，五行拳進一步的練法是跟步練法。此時上盤手法沒變化，主要是在步法上略有變化。所

謂跟步練法有三字訣，即蹬、蹚、跟。

⊙蹬：

進步時，後腳用力前蹬，蹬勁大小，決定前蹚之步的遠近。

⊙蹚：

即後腳前蹬時，同時前腳向前蹚出，蹚步之腳要平、要直，塌腰坐胯、身子要穩，落腳要有踩、踏之意。

⊙跟：

跟步要穩、要實。跟步時身體不可向前栽，後腳跟進時位置找準，定式時重心在後腿，仍為三體式，但步幅略小。另外當前腳前蹚落步之時，一定要與前出之手同時到位，即腳到手到、神到、意到、氣到、勁到，做到內外整齊一致。

7. 雞形步

定步劈拳，進步是半步為先（墊步），然後才是正式上步，這一步有講究，謂之「雞形步」。進步時可停，可不停，後腳前進要擠著膝蓋，磨著脛骨而行，這個步子是練大腿根的勁力。前行之腳要拿著而行，伸縮自如。這是模仿雞的步子。

我們可以觀察大公雞在尋食行走時，身子總是挺挺的，一腳獨立，一腳前伸行落。它的前行之腳非常靈敏，伸縮自如，而且獨立之腿非常穩重。

形意拳的雞形步就是領悟雞的行走意涵，鍛鍊腿功，增加腿勁，提高下盤的靈敏度。

8. 步如行犁

練形意拳要明白「步如行犁」的道理，犁在地下走，

將土地掀了。形意拳功夫在腳下，勁是自下而上的，一掌劈下去能把對方打倒，絕非一掌之力，而是一氣貫串、手腳相合、氣勁相合之功。

如犁行的另一個講法是，正如拉犁得有個方向，我當年下鄉在農村親自扶犁耕過地，農民犁地是一直道一直道地犁（按著壟有序地犁），這樣一塊地很快就都犁到了。要是沒個準頭地亂來，一塊地就怎麼也犁不完了。犁地鏵頭在壟上要有準頭，比武時步法也要有準頭。身隨步轉，手隨身盤，練拳交手都是有章法的，不能亂來。

行犁步是形意拳在練到行步拳時的常用步法。此時練五行拳不管是採用直行步、連環步還是七星步，其步法之基礎都是行犁步法。

行步拳打法的深入變化有「踩影」（追風趕月）、「換影」（抽身換影），不管怎樣變化，其「步如行犁」的內涵始終不變。

9. 眼神

形意拳是「久養丹田為根本，五行四梢氣攻人」，首重神氣，所以眼神不對就什麼都不對了。過去老師教徒弟，對眼神特別重視，他們要求學生練拳時精神一定要集中，心如止水，神氣內斂，眼神的運用不能有分毫之差，「眼神散也是練拳不整的體現」。

記得我初學形意拳時，老師叮囑我，眼神祇關注身前三公尺以外，五公尺以內的範圍，不許往遠看（老師說人的氣場有限，遠了照顧不到），眼神注視自己的手腳，兼顧身前身後。眼神不能散了，就是在空曠之地，也不要有絲毫分心地往遠看。

打拳時，旁邊一會兒過個人，一會兒飛個鳥，你都要瞟一瞟，眼走了神兒，這個拳就空了一大塊兒。俗話說：眼是心之窗，眼神走了，心意豈在？所以說打拳要心靜、氣斂、神凝，這樣才能打好拳。

10. 意念

形意拳以陰陽五行立論，象形取意。形為陽，意為陰，陰陽互孕，不偏不倚。形意拳古以「心意六合拳」名之。何謂六合？肩與胯合、肘與膝合、手與足合、心與意合、意與氣和、氣與力合。此六合為形意拳功法的核心。內家拳行拳走架講心靜、神凝，以神為主帥，身為驅使，刻刻留意，方有所得。

有人講，打拳、推手憑感覺，感覺是什麼？感覺也是意，感覺不是虛的。打拳不能三心二意，最簡單、最熟習的拳，你打拳時心神溜號，拳就亂套。拳經曰：「前面無人似有人，前面有人似無人。」前一句講的是練法，後一句說的是用法。

我們這裡只說練法，「前面無人似有人」，你打拳要有敵情觀念，舉手投足不能太隨意，手腳一定要擱對地方。

武術與體操、廣場舞不同之處是，後者只是單純的形體動作，武術拳式的每一動作，都有其特定的攻防內涵。這是武術之魂，失了這個魂，武術就是「無術」。

有一種認識，意念也是力。所以打拳意念不可過重。平時人的心思過重，身心會難受。打拳也一樣，意念重了，也犯僵。凡事都有一定火候，物隨人意，無過不及，火候到了，功到自然成。

● 收式萬法合一

我們張鴻慶這支形意拳承襲了李存義先生的打法。練完一趟拳的收式動作，是轉身收式。老輩人講：練拳要走捷徑，但也要踏實。五行拳的功架一點一滴都有妙處，只要練到了，比武時就明白自己練的是什麼了。

轉身是為了求變，五行拳每趟拳的轉身都有講究，平時練拳要揣摩出「拳生拳」的道理，否則就辜負了老輩人留下的這個拳套子的苦心。會轉身就能在任何方向生出劈崩鑽炮橫，隨動都有。只能轉動沒有生發，那是傻轉。五行拳有生發關係，所以是很有靈性的東西，學拳不開竅時，隨時轉轉身，身手就活了。

轉身要快、要穩。轉過身，穩定勢，收式時更要穩。不要像練外家拳那樣，騰地一下子就站起身完勢了。我們形意拳不能那樣練，我們是穩起穩收，起式怎麼起，收式就怎麼收，「起點就是終點」。還是那句話：起式沒練好，打拳沒效果；收式練不好，打拳沒收穫。

我們內家拳練拳講有始有終，收式是萬法合一，一氣歸元，要緩緩收式，把內氣徐徐貫入丹田。然後沿著場地慢慢溜走幾圈，讓心靜下來，讓呼吸平息下來。這時你腹內（丹田）的充盈精氣，自然會隨著氣血的流動向全身輸送，涵養內臟，達到以術養生之目的。

● 練拳貴在活與精

前面我們重點講了劈拳的練法，因為劈拳是五行拳的

重點。我們初習形意拳一定要先下大力氣練好劈拳，這樣就能為以後練好其他幾個拳打下良好基礎。

有人說五行拳的功夫從劈拳出，我認為這不是絕對的，應當是因人而異。如果從拳式演變上講，先練劈拳肯定對後邊各拳的學習，有駕輕就熟的方便。如果從掌握氣法上講，有相當多的練習者比較認可鑽拳和炮拳。這一點習者可從實踐中體會。

有一點我們必須搞清楚，學習五行拳不能只偏重劈拳這一套拳，平時練功五套拳都要練。因為這五套拳各有特點，其身法、步法、勁法各有不同。我們練拳要練精細拳，要搞清楚它們的來龍去脈。

另外，五行拳還有生剋變化關係，我們也要搞清楚，這樣練拳就會越練越有興趣了。

練武要把腦子練活了，不能傻練，要用腦子練拳。拳要多練、勤練，但也不是練得越多越好，而是越活越好、越精越好。要懂得「拳生拳」的道理，五行拳總起來就五個拳套，又是那麼簡單，加起來也沒幾個式子。可是它為什麼名氣那麼大？因為自古以來很多人從中練出了功夫。古人為什麼把陰陽五行學說奉為形意拳的理論總綱，並以五行生剋變化之易理參演五行拳？道理就在五行拳的生剋變化無窮盡，五行拳的招式不是死招，每一個拳式都是活的。其身上頭、肩、肘、手、腕、胯、膝、足、臀處處有招，處處有法，處處有變化。所謂八字二十四法、八門打法、七星步、九宮步、陰陽魚步，等等功法，極大豐富了形意拳內涵。

五行拳是形意母拳，是形意寶庫。用腦子練拳，腦子

活了，拳也就活了。拳活了會生出很多新的拳式，十二形就是五行拳生發出來的。

我們李存義——張鴻慶——褚廣發這支形意拳傳人，都注重五行拳的轉身動作。平時有平時練法，用時有用時打法。每套拳在轉身時都有若干變化，懂得變化，交手時就能主動。

比如劈拳轉身可變成鷹捉，當然也能變成崩鑽炮橫四拳。鑽拳轉身可變成鷂子鑽天、熊形踏水，同樣可變成其他四拳。崩拳轉身可變成龍形，也可變成八卦轉身掌。炮拳轉身變化更多了，什麼虎形、鷂形、鮐形、蛇形等隨意變化。橫拳在五行屬土，土生萬物。橫拳為五行之母，其變化無窮。練時可衍生出各種拳式招法，讀者不可輕視之。

懂得變化，練法、打法的路子就寬了，我們這一支形意拳的收式動作講究轉身收式。門裡人管這一轉身叫「抽身換影」，實際上裡面含有八卦轉身掌的東西。這樣一練，身手步就活了。平時這樣練，用時就會得心應手，掂手就來方便多了。

五行拳從練法上有三十六種，從打法上有三十六手，有興趣者可參閱《張鴻慶傳形意拳練用法釋秘》一書，此處恕不贅述。

劈拳四步功

劈拳四步功
四面劈

　　尚雲祥年輕時在北京城某個大廟裡打拳練功，有把廟裡的地磚震裂一道溝的傳說。晚年的尚雲祥曾說：「老天爺若再給我十年陽壽，我還打十年剛勁。」尚雲祥善打明勁，以剛猛著稱，一生罕見敵手。

　　張鴻慶的練法與尚雲祥不一樣，他傳的拳是讓學生先練柔勁、慢練、調息、摸勁，先不讓你發力（剛勁）。

　　他們同樣是李存義的嫡傳弟子，練的是同樣的拳，但在練法上卻迥然不同。由此我們可以悟出，練拳要結合個人身體、性格諸多方面因素，不可千篇一律，選好適合自己的拳種，方法得當，經過持久之努力，才有望出成績。

　　由於一些張鴻慶先生的傳人在公開場合練的拳比較慢、柔、不發力，有人就說張鴻慶傳的是文拳。這些人看到的只是這個拳的一個側面，其實張鴻慶傳的形意拳不只是光打文拳，只練慢拳、柔拳，實際上這個拳是文武兼備的。

　　一個真正的張鴻慶先生的傳人是既能練慢拳，也能練快拳。慢是練功，快是練藝。從拳勁上來說是明、暗、化三勁都練的。只不過這個拳是先慢練、摸勁（不發力，用身心去體會勁）。繼而練暗勁，最後練化勁。

　　張鴻慶雖然是一個民間拳師，但他教拳很有一套（講科學）。我經過多年對張鴻慶傳形意拳深入研究，感到他

傳的拳非常系統、規範，內涵極其豐富。這可能因他師出名門，受過正統的科班訓練，爾後又多年從事武術教學（辦武館）實踐的關係吧。

張鴻慶傳形意拳以五行拳練氣、練勁、練步、練身法。具體分四個階段來練習。限於篇幅，此處僅以五行拳中的劈拳為例做一簡要介紹。

● 練定步，求規矩

第一步是練死步（定步），要求慢練，不發力。主要是規範拳架，循規蹈矩，進而練調息運氣（練逆腹式呼吸、提放術等）、摸勁（練內三合、外三合，用身心去領悟勁）。劈拳的動作極其簡單，嚴格地講劈拳就兩個動作，上一步鑽一拳，再上一步劈一掌。如果再複雜點說還要加上回身和起式、收式動作。但我們不能小瞧了這兩個動作，它代表的是兩個勁路（若細論它又蘊涵著若干種勁道）。實踐證明，初學者對劈拳勁路的認知不要太複雜了，越簡單越好，搞複雜了一個勁也練不出來。相對來講，在傳統武術中形意拳是比較剛硬的拳種。

但張鴻慶的練法，第一步功是要慢練，練柔、不發力。說是打拳不如說是「擺拳」更貼切。老師一個式子一個式子地「擺弄」你，慢的程度近似打太極拳；又像走「活樁」，極其枯燥但很吃功夫。這種練法要求架子很大、很舒展，呼吸要求順暢自然。這個階段主要是練規範拳架，達到抻筋拔骨、通順經絡之目的。

有了形體的規範，下一步就是「摸勁」，摸勁也可以

說是「找勁」。這又有點像打太極拳了，不是外形的發力，主要是用意。形意拳的拳勁是要求把三盤九節之勁路和五臟六腑之內氣，綜合一體型成一個整勁發出去。「拳法之妙在於運勁」，其實運勁就是運氣。

所謂拳勁，應當是通過特殊的訓練，人體生成了一種內勁。它是有別於人體自身本力的一種活勁。張鴻慶傳形意拳的練法是講究以身運氣，以氣催力，由身體的強化訓練而產生充盈的內氣。需要時靠丹田鼓盪迸發出內力，發招迅猛快捷，絕不拖泥帶水。內氣越足，發力越大越猛，而且是能剛能柔，剛柔相濟，遊刃有餘。

不要小瞧了劈拳的一鑽一劈，就是用這兩個式子，張鴻慶的傳人一代一代練出了拳家夢寐以求的丹田內功。有了這個內功（內氣），既強壯了體魄，也增加了技擊和抗擊打能力，很是寶貴。從某種程度上講，張鴻慶傳形意拳之拳勁不是打出來的，而是「摸」出來的。初步練拳就是練這個「摸」勁。說明白一點，就是打拳時用手、腳、身體去感悟這個拳勁。

當然具體練法有很多，比如說一拳打出去，老師說你的肩要撇開，這個「撇」字是本地方言，外地人可能不懂，實際就是「放開」「鬆開」的意思。再如一掌劈出去，老師說氣要踩在前腳底下，這樣講，初學者可能有點懵，只有經過實際練習達到了一定程度，慢慢才會有所悟（實際練的是內外相合）。

初習劈拳要記住一句話：「劈拳如推山。」不是一下子把掌推出去，是慢慢推出去，在推的過程中你去體會其中的勁（此處注意意念不要重了，意念重了也是僵，要把

握好分寸）。這裡講的也屬於初級練法，動作熟練了，氣勁相合了，練法還要有變化（手腳身，意氣勁的變化）。

練跟步，求整體

張鴻慶傳形意拳的第二步功法是跟步練法。所謂跟步就是行拳時前腳向前趟出一大步，後腳隨之跟進半步。有了第一步功法的基礎（精氣充沛），此時可以試著發力。形意拳發的是整體勁，要求四肢百骸內外合一整體發勁。不能胳膊是胳膊腿是腿，誰也不管誰。對形意拳的發勁，形意門各派練習者各有所得（悟）。

張鴻慶的傳法是：後腳蹬勁，前腳前趟；梢節領、中節隨、根節追；丹田抖動，脊背發力。要求發力瞬間內氣下沉，氣要踩在前腳底下，丹田鼓盪，勁力突發（以上指跟步劈拳之發勁）。

要想得到形意拳的驚炸彈崩之勁，跟步發勁這步功夫必不可少。但前提是要由站樁聚力（渾元力）、定步行拳練氣之練功程序，得到充盈的丹田內氣功夫。其次是要多練單操發力，可以選擇幾個有代表性的單式經常反覆地操練，如：五行手、蛇形手、虎形手、馬形手、刀削手、揮手、立樁手、雙開弓、抖絕等。

單操發力要領是：全身放鬆，頭頂項豎，鬆肩墜肘，直背塌腰，鬆胯屈膝，氣沉丹田，降至湧泉。做到腰襠要下去（鬆沉），問地要力。丹田抖動，脊背發力。發力要短促，發力前全身放鬆，先蓄後發，發力只在瞬間。

發力時要做到：腳蹬地（踏實）、稍打（力點）、氣

沉（內氣鼓盪）。意氣力同時到位，瞬間發出一個短促迅猛的爆炸力。

　　跟步發力是鍛鍊形意拳發力的關鍵一步，一定要有充盈的內氣才能練此步功法，不然盲目操練極易震傷大腦，損害內臟，習者務要慎之。

練活步，求平衡

　　第三步是練活步發力。操練時以左三體式起式，後腳（右）向前上一步，然後左腳向前上一步，最後是左腳蹬勁，後腳（右腳）再向前趟出一大步，隨之左腳跟進半步至右腳後，同時右掌前劈發力。

　　此步功法與跟步發力相比，增加了步子，也增加了發力難度。主要練的是行進中的勁力平衡，身體的平衡（鬆緊適度）。步法宜清晰沉穩，呼吸有序，身法輕靈，行進中身法切忌忽高忽低，一定要在平行中前進，特別是最後一步發力，一定要保持身體的高度協調，這樣才能在發力之瞬間，打出渾厚沉實的形意拳特有的爆發力。

　　活步發力的要點與跟步發力的要求大致相同，關鍵要注意在行進中一定要精神專注，六合一體，勁力順達。

練行步，求變化

　　第四步是練行步拳。有了跟步發力、活步發力基礎後，內氣更加充盈，勁力愈加飽滿，可以進一步練習行步拳，這一步是練暗勁功夫。主要是練氣血通暢，身法輕

靈，步法穩健。其特點是：步不停拳（掌）不停，打拳如行雲流水，一氣呵成。所謂行步拳就是「腳踏七星步，手運乾坤轉」。練到這步功夫，行拳時要求勁力含蓄，由明轉暗，亦剛亦柔，不著意於力，由內而外，順勢而發，勁力順達，進而向無形無象的化勁階段轉化。

　　以上是我們這一支形意門鍛鍊形意五行拳勁力的主要練功方法和程序。由這幾步嚴謹規範的鍛鍊步驟，習者可以少走彎路，能較快地學習掌握五行拳之拳勁基本功。當然嚴格地講，這些還都屬於形意拳基本功範疇（即有規矩的練法）。得到的東西除了養生效果外，一切拳腳及內在的功夫只能間接為散打實戰服務，若要用於散打實戰，還要進一步練習散練五行拳（即盤身掌功夫）。具體地說，就是把前面所練五行拳及以後的十二形拳等形意拳的東西串起來，無規矩地自由隨意演練。

　　形意拳練到這一步，已經是無形無象（忘形忘象），完全是脫胎換骨，什麼定步、活步，都已是明日黃花，此時人即是拳、拳即是人。一經動念，即舉摹練，方圓數丈可練，臥牛之地亦可練。此時走出的東西已不是昨天的架式，可細細品味又都有往日的痕跡。什麼雞腿、龍身、熊取物；虎撲、鷹翻、龍探爪；猴竄、馬奔、蛇吐信、劈拳炮打雙換影，全是在不經意之中走出來。一切都是隨心所欲，隨招就勢，隨意而作。

　　形意拳練到這一步，已入化境，日久功深定會達到「拳無拳，意無意，無意之中是真意」的高深境界。功夫至此，亦不要間斷，練到至虛，身無其身，心無其心，方是形神俱妙，與道合真之境。

行步崩拳

劈七崩九

　　行步崩拳是張鴻慶傳形意行步拳中非常有特色的一個打法。我習練形意拳多年，以前一直是練跟步崩拳（即半步崩拳），就是大家所熟知的前腳前進一步，後腳跟進半步，同時左右拳輪換向前打出的那種練法。應當說這種練法對初習者非常必要，它會幫助你逐步體會、掌握崩拳行拳時內外相合及整體發力的功夫。但是當你有了一定的崩拳基礎功夫後，就不能老是那樣一步一拳地向前打了，應當認識到這種打法的侷限性。

　　過去常聽師父講，形意拳有「劈七崩九」之說，就是說崩拳最少也有九種練法，可惜一直沒有老師將這層道理和具體練法給說透。應當感謝吳桂忠老師，是他老人家毫無保留地傳了我形意拳行步崩拳的練法和用法。

　　在崩拳單操手、半步崩拳等練到一定火候後，應當再進一步加練行步崩拳，這樣崩拳功夫就會有明顯長進。行步崩拳就是要把單操功和跟步崩拳所得之功，在各種步法的行進中充分發揮出來，這樣才會使其所練與以後的散打實戰有機結合。

　　吳老師曾經對我說：「形意拳的勁要練出來，就要多練行步拳法。你站著不動打出來的勁，要用在運動中。只

有在運動中還能完整地把你的勁打出去，這才有用。」

　　大多數人往往是打定步時一個樣，可走起行步來勁就沒了，這樣一旦動起手來就什麼都沒有。所以說練形意拳必須要多練行步拳。

　　行步崩拳不同於五行拳的其他各行，它的步法是多種步法之組合，主要有寸步、尺步、丈步，以及回身時的擺扣步、半馬步、獨立步、坐盤步等。而且每個步法都有與之相應的拳法相配合，比如：寸步打的是十字崩，尺步打的是拗步崩，而丈步打的是過步崩等。

　　相傳形意拳是由先人透過練習大槍術有所悟而創編，而形意拳勁中最與抖大槍（桿）相似的應屬崩拳。崩拳的最大特點是守中用中，古譜曰：「崩拳如放箭」，崩拳出拳快速迅猛。崩拳不但是「拳打中」，其身、步也「首當其中」（占中）。崩拳一旦爆發，其拳、身、步三位一體，六合為一，丹田抖動，腳踏中門，勇往直前，其勢難擋。

　　有人說：「形意拳太簡單了，其招式基本都是直來直去的，就那麼幾下子。」此話錯矣！形意拳傳統的練法，不論哪個形，打出的拳（掌）都不是直來直去的。形意拳講起鑽落翻，起鑽就是手臂外旋，走上弧線；落翻就是手臂內旋，走下弧線。而且形意拳出拳不僅是簡單地鑽翻，它的拳打出去，常常是帶著螺旋勁前進。可以說不懂得形意拳的鑽翻勁（即翻浪勁），就不懂得形意拳；不懂得形意拳的螺旋勁，也同樣不懂得形意拳。

　　已故的形意拳前輩李仲軒老人曾有句名言：「把直來直去的拳打轉了，把轉著的拳打直了，就是崩拳。」這是

對崩拳之形、勁最清晰的描述。

　　具體操練時，崩拳是後手拳擰著勁打出去，前面的拳是擰著勁收回來。擰著勁打出去，是為了增加出拳力度。此時前小臂暗含著搓壓之勁；擰著勁收拳，實際暗含著接手破招，有化解對方來招之意。

　　形意拳的特點是，打出去之拳絕不是一個勁，而是多個勁的組合，崩拳亦如此。崩拳操練時，輪換擰轉出拳與腰肩臂的擰轉（腰肩的擰轉要和順胯上下成一體，這就是「看正似斜，看斜似正」），加之兩足的蹬趟、丹田的抖動，形成上下三盤九節，內外六合的整體發勁。

● 寸步崩、拗步崩、丈步崩

　　形意拳有「寸步為先」之說，「寸步崩」之意亦在於此。與敵交手相距甚近無法進步，此時我前腳即稍進分毫或者只是在原地微微起落，以助其力，同時出拳或手臂一抖，其效甚佳。

　　「寸步崩」也可稱「十字崩」。比如：左腳前進一步，後腳跟進半步，同時打出右拳。對方若接我右拳，我可原地不動，右拳擰轉沾接對方來手，並迅速打出左直拳，對方接我左拳，我迅速收回左拳，同時打出右直拳。此為「連珠崩」。

　　崩拳的尺步練法，實際上就是「拗步崩」。拗步崩是拳打腳踢的練法，也屬於近身打法。如：我出一個左腳在前的右崩拳，敵若接我右拳，我可收右拳同時打出左崩拳，下盤同時用右腳向前橫腳踩踏敵之前腿迎面骨。敵下

肢受創若後撤，我可迅速上左腳跟右腳，出右拳打出一個跟步崩拳，猛擊敵之胸腹。

丈步崩，也稱「過步崩」。如操練時，是打出右腳在前的拗步崩拳後，後腳（左）向前上一步同時出右拳，然後右腳向左腳前再上一步，同時打出左拳，然後左腳再向前上一步，右腳再跟進半步，同時左拳收回，右拳打出，打成一個左腳在前的小三體式步。連續上三步打三拳就是「丈步崩」。這是追打之法，下盤走疾步，兩手打崩拳，這是在對方受挫迅速敗退時，我以兩腿連續過步，疾步猛擊的打法，即老譜云「起如箭，快如風，追風趕月不放鬆」之意。

過步崩在技擊上的用法，是在敵方受到打擊敗退之時，我可順其勢連續上步窮追猛打，不給對方以喘息之機。此拳在操練時，可左右式各練習一遍後，再走回身式。回身時兩腳一擺一扣轉身成半馬步式，同時兩拳變掌，隨轉身走出一個近似八卦背身掌的式子（但轉身時後手反撩，有轉身打陰之意）。上動不停，然後變成前手在身前攔壓，後手變拳外旋從前手臂上鑽出，然後一腿提起走狸貓上樹式，接著前腳向前下落踩踏成半盤步，同時打出鷹捉式。然後上步向前打出一個半步崩拳，接著再連續打出左右行步崩拳，打到初始地後再回身收式。

前人講：「形意拳的功夫出在腿上，腿快的打腿慢的，腿上出了功夫，拳頭的衝撞力就大。」行步崩拳就是練的這種腿快功夫。

另外，它的意義還不僅是練腿快，它也是手腳身心的整體修練。下盤練的是寸尺丈步的連環步法，其勢如同追

風趕月；上盤是連珠崩拳，拳似離弦之箭，一拳快似一拳，拳拳不讓人。

　　常練行步崩拳會感到身輕、步靈、拳重，又有兩臂如同兩桿短槍穿刺自如之感。有了行步崩拳的練習，也會漸漸感悟出崩拳的各種打（用）法，進步崩、退步崩、上崩、下崩、左崩、右崩、轉身崩、連珠崩等崩拳法都不難打出。有了這個感悟，那麼，再進入散打實戰，你的崩拳就會如虎添翼，如魚得水。不論是破是打，是攻是防，只在一拳一步之中見分曉了。

　　崩拳練到這個境界，想一想郭雲深老前輩「半步崩拳打遍天下」之說，並非妄傳！

五行進退連環拳

形意拳能被武術界公認為中國傳統武術三大內家拳之一，自有獨到之處。一般人認為形意拳練法剛硬，打法勇猛，易學實用。其實這只是它的一個方面。

我個人認為心意六合拳（形意拳的前身）自姬隆豐創編至今三百多年來，一直享譽武林而經久不衰，一個主要原因是它套路編排合理、練法科學。與同為內家拳的八卦掌、太極拳相比，形意拳套路短小、動作簡單，招式生動活潑有趣味（如十二形拳），常練此拳既能健身養生，又能防身自衛，且易學易用，更適合廣大群眾學習掌握。

特別是社會發展到今天這個時代，人們工作、生活的節奏更快了，忙忙碌碌的人們，很少有時間用於休閒娛樂，因此那些傳統的武術大套路，就顯得很不適合現代人來學習鍛鍊了（對於有志於專門研習傳統武術的少數愛好者，則另當別論）。這也是近年來一些拳師不斷推出改編版的傳統武術套路的一個重要原因吧。

雖然這些改編版的傳統武術套路的鍛鍊功效，在武術界還存有異議，但它卻為廣大的武術業餘愛好者解了燃眉之急，這也是不爭的事實。

我是一個多年對中國傳統武術，特別是對八卦掌、太極拳、形意拳等內家拳情有獨鍾的學子。應當說這三門拳術各有所長，各有絕活。但若從簡單易學、健身實用、普

及群眾等方面論，我認為應當首推形意拳。

根據我對張鴻慶傳形意拳多年的研究認識，形意拳更系統、規範、嚴謹、科學。張鴻慶的傳人教學生，都是由簡入繁，層層深入。對初習者特別強調築基功夫，起步不怕慢。而築基功夫一旦紮實了，再經師父點撥，學生都會有所頓悟，到那時，一般學子再往下深入修練，功夫都會有一定程度的飛躍。

在形意拳的傳承中，「五行連環拳」是一個承上啟下的套路。一般師父教學生學習掌握了五行拳後，就開始教這套「五行連環拳」了。也有的老師在此之前，還要教一個過渡的小套路，即五行相生拳和五行相剋拳。

「五行連環拳」也稱「五行進退連環拳」，它是一個綜合套路，主要由形意五行拳的劈崩鑽炮橫諸拳所組成，其中也包含有十二形拳中的鼉形、鼉形和馬形腿，但主要以五行拳為主體。

另外在步法上，此拳在高級階段採用了各種活步練法。如進步、退步、跟步、弓步、虛步、雞步、歇步、七星步、擺扣步、獨立步等多種步型、步法。

張鴻慶傳形意「五行進退連環拳」的特點是，進步連環螺旋形前進，邊進邊打；退步連環螺旋形後退，邊退邊打。套路結構嚴謹，技擊性強，打擊敵人勇猛快速，進退迅捷，靈活多變。進也是打，退也是打，乾淨俐索，絕不拖泥帶水。

記得當年吳桂忠老師傳我這套拳，開始是傳的定步練法，一招一式，一步一拳，循規蹈矩一點不含糊。吳老師說這樣練，主要是為了把握好手腳、身法的協調勁，掌握

體會五行拳各拳及相關十二形拳相互變化的規律。在吳老師的嚴格教導下，我一直這樣打了好幾年，後來吳老師對我說：「行了，這拳別這樣打了，我給你改改吧。」其實也不是什麼改拳，就是向我傳授了活步練法。

這活步練法與定步練法確實不一樣，同樣的拳式經師父的進一步點撥，其中勁力、步眼、身法與前時就大不一樣了，說玄了，前後打出的拳，就像兩個不同的套路似的。至此，這套拳才真正可稱之為「五行進退連環拳」了。

如果說，形意五行拳重點是在練法上下工夫（規範拳架、調息練氣、摸勁找勁、練習步法），那麼形意五行連環拳，就是要在用法上摸規律、找體會了。練習五行拳時，老師一般不講用法，只是結合拳式，給你講講拳式的勁別、勁路、力點等。因此說，這個階段練的是功，不是技。那麼，師父一旦教你學習五行連環拳了，師父就會結合拳式，給你逐式拆解、講其用法了。

形意五行連環拳是形意拳傳承中比較古老的一個套路，形意門各支派都很重視這個套路的傳承。形意門十二形拳你可以只學一部分，但五行連環拳你不可不練。

現在社會上流行的五行連環拳套路有很多種，比較經典的是民國時期姜容樵先生編著的《形意母拳》一書中的五行連環拳。新中國成立後，李天驥先生出了一本《形意拳術》，該書中的「五行連環拳」與姜容樵先生《形意母拳》書中所介紹的拳式基本相同。其他形意門各支派也都有此拳的詳細介紹，基本拳式、套路結構並無大異，各有千秋。

　　受家鄉習武之風薰陶，多年來我也跟前輩老師們學習過幾個「五行連環拳」的不同套路。但是，最讓我感興趣的還是張鴻慶先生所傳的這套「五行進退連環拳」。這套拳拳式舒展大方，步法靈活，招式清晰，動作聯貫，節奏鮮明，勁力飽滿，剛柔相濟，氣勢磅礡。

　　無獨有偶，說來也巧，有一次我閒逛書店，買到一本張桐老師編著的武術小冊子《形意拳實戰技法》，書中前半部介紹兩個形意拳傳統小套路，其中之一就是形意拳「五行進退連環拳」。

　　當時我眼睛一亮，仔細閱讀，不覺一驚，原來此書中介紹的這個五行連環拳套路，拳式與張鴻慶先生所傳竟基本相同。

　　後來我又仔細翻閱了書中對作者的介紹，這才恍然有悟，原來此書作者張桐先生原係河南開封人，後來流落到陝西西安市，20 世紀三四十年代，張桐先生在西安向客居此地的李存義高徒黃柏年學藝十一年。

　　他的這套「五行進退連環拳」及書中另一套拳「形意十二橫捶」都是當年學於黃柏年先生。而張鴻慶先生的形意拳技，也是多得於李存義先生。

　　張鴻慶與黃柏年二位前輩既同為李存義門下之高徒，所傳之拳藝基本相同，這應當是很正常的事，說明他們二人所傳的「五行進退連環拳」都基本保持了李存義先生所傳的原汁原味特色，實在是難能可貴啊。

　　過去曾聽有人說：「太極十年不出門，形意一年打死人。」我認為這話不準確，實際練一年形意拳，也只不過是粗通五行拳而已。就算五行拳練得中規中矩，有聲有

色，那也只不過是練習基本功，與散打實戰無直接關係。

難怪過去有前輩講：五行拳練的是嚇人功夫，不中看也不中用。不要以為自己練了五行拳就能拳技在身，橫豎不怕了，那是自欺欺人。形意拳不像太極拳，太極拳是一套拳裡出盡功夫。

形意拳的練法是由簡入繁，層層深入，功無止境。所以老輩人也講：十年一太極。形意拳要想出功夫，又何止十年之功呀！想一想，歷史上有成就的形意拳大師，哪一位不是從小練到老，一生為研究發展形意拳而終生奮鬥不止啊！

我的師父曾對我說：「學了五行拳，你不要急著跟人試手，那點東西你打不了人，面對敵手，你步子都不會邁，你怎麼打人呢？」五行連環拳是一個階梯，學了這個拳，就等於在形意拳上又上了一個檔次，因為「五行連環拳」就是手法（招式）和步法、身法的連環組合運用。如果老師想教你，你又是塊練武的料，那麼在這個時候，老師就會開始系統地給你講解形意拳手法、步法、身法的綜合運用了。並且他也要親自領你（搭手進招）、餵你（餵手），只有在這個時候，你前面所學的五行拳，才會在老師的指導下派上用場，並能在老師的點撥下，初步悟出拳法陰陽生剋變化之深意。

有了老師的這一「引渡」，你會逐步感覺到形意拳絕不是每天劈崩鑽炮橫那一套表面的東西，形意拳的天地，此時才向你真正洞開。

張鴻慶傳形意五行進退連環拳譜如下：

1. 三體式
2. 進步崩拳
3. 退步崩拳
4. 上步崩拳（黑虎出洞）
5. 上步䲳形
6. 退步雙砸（大鵬展翅）
7. 進步炮拳
8. 退步掩肘
9. 退步切掌（特形掌）
10. 退步䶂形掌
11. 退步䶂形
12. 上步雙推掌
13. 狸貓上樹
14. 行步右橫拳
15. 行步左橫拳
16. 半步崩拳
17. 十字崩拳
18. 過步崩拳
19. 回身狸貓上樹

20～37 式與 2～19 式動作相同，唯方向相反

38. 進步崩拳
39. 退步橫拳（青龍出水）
40. 收式

雜式捶

● 師父偏愛有心人

「雜式捶」在形意門各流派的傳承中是一個比較古老的拳套。其中動作內容雖然有所區別，但套路結構基本一樣，主要拳式都是以五行拳和十二形中幾個主要形為主。

我的師爺褚廣發在漢沽的弟子中也傳下了雜式捶這個拳套。吳桂忠老師繼承了褚師爺這套拳，但平時我們很少看老師練這個拳。當時我們都知道有這個拳，都想跟老師學，但又不敢問。吳老師曾經跟我說過這樣的話：「形意拳的東西可以多練些，但平時練功主要還是五行拳，要把功夫下在五行拳上，十二形也不用都練，幾個主要形多練練就可以了。」

吳老師是老派傳法，他教拳是按部就班，按規矩程序教拳，是一步有一步的章法（內容），他最煩那些學了拳不好好下工夫練的學生，學了幾個月還是老樣子，他就不願往下教了。他認為你學了不練，教你多少也沒用。

他喜歡那些下苦功練拳的人，對這樣的學生，他總是多給講。形意拳的架子除了大勢，其中小動作（細節）還很多，同樣是練拳，你不下工夫練，他不細說，你練多少年，那架子也是空的。可人家肯下功的人，練的拳就不一樣了，雖然練一樣的拳套，人家練出來的東西沉穩、充

實、飽滿；你總覺得自己練的東西跟人家比缺少點什麼，可又不知道缺少的是什麼。

有人找吳老師學拳，他一般只教五行拳。他認為一般人要把五行拳練好了，養生、健身足夠了。他很少教人形意拳的其他組合套路，就是跟他多年的學生，他也只是教兩三個拳套就不教了。他要求練五行拳要慢練、不發力。可是到了教組合套路時，他就要求一定要做到剛柔相濟，該發力一定要發力，發力要脆、猛、爆。不可拖泥帶水，不發則已，一發即勁由內起，猝然爆發。

吳老師認為練內家拳的拳師最黃金的年齡是壯年。這個年齡段身體強壯，功夫純正，精氣飽滿，經驗豐富，自己能練拳，也能有精力教好學生練拳。過了六十歲，情形就不一樣了，老師能教學生，但是只能說得多，做得少了。你不能給學生做出正確的示範動作，教拳效果就會大打折扣了。

有人說吳老師對我有偏愛，我還沒正式給老師遞帖子老師就教了我那麼多東西，其實他們不知道吳老師看重的是我刻苦好學的堅韌勁。

我開始跟吳老師學拳在 20 世紀 80 年代末，那個年代人心浮躁，很多人都忙著下海撈錢，沒有幾個人想著練拳。那時我就幹兩件事，一是老老實實上班，二是認認真真練拳。記得那時每到星期天，我們爺兒倆就相約到漢沽河西公園內荷花塘邊上練拳，先是個人練個人的，然後老師再教我新東西。連續幾年都是這樣子，那時我沒看到有幾人跟老師學拳。那是一段難得的清靜時光，我形意拳的大部分東西都是那幾年學的，包括「雜式捶」這套拳。記

得老師教我這套拳時，他口述，讓我筆記拳譜。我沒有紙，他就把香菸盒撕下來給我做記錄。

後來老師曾多次跟我說過，過去拳師都想把自己的東西傳下去，可是好的傳人難遇啊。他還說，一個師父一輩子能教出一個就夠了。

● 雜式捶練用法

吳老師教我的這套雜式捶，主要拳式有五行拳（劈鑽崩炮橫），還有十二形中的虎形、熊形、鷂形、猴形、雞形、蛇形、形等組合。雜式捶是形意拳傳統套路中拳式動作最多的一套拳，全套拳共有 55 個式子。

練這套拳老師要求首先要有神氣，要打出形意拳形神兼備的特點，震腳發力一點不能含糊，演練時要做到剛柔相濟、快慢相間，發力要迅猛、爆脆。

形意拳的幾個小套路，如四把拳、連環拳、八式拳、相生相剋拳、雜式捶、十二形合演拳等都是組合拳。傳統的練法是，這些拳可拆開分組練，也可以連起來整體練。如果要研究散打，還可以把套路中相關的拳式拿出來單獨反覆操練，以提高散打意識和能力。

如這套拳開頭的四個式子，懶龍臥道、蛇形捶、護心肘、安身炮即是先後相連的組合拳式。

具體練法和用法如下。

第 3 式懶龍臥道：

接左三體式，右腳後撤半步，隨之左腳退至右腳前，腳尖虛著地；同時兩掌變拳，左拳臂隨左腳後退外旋向胸

前掩肘。上動略停，左腳向前上步，隨之右腳向左腳前蓋步，兩腿交叉屈膝半蹲成歇步，同時左拳臂劃至腹前，拳心向下，右拳從左小臂上向前下插，拳心向上，目視前方。

【用法】如對方上右步擊我胸腹，我後腳略後退，前腳隨之，以卸對方來力，同時我以左小臂掩肘攔截對方右臂，化解對方進攻來手。右手前插意在擊打對方胸腹部。

第4式蛇形捶：

接上式，左腳向前上一步，右腳不動；同時左拳向前撩出，拳眼向上，高與腹平，右拳收至腹右側，目視左拳。

【用法】上式我以右拳擊打對方腹部，對方必後退以避之，我左腳迅速上步，同時發左拳撩擊對方襠腹。

以上兩勢實戰時要動作聯貫，一氣呵成，不給對方喘息機會。

第5式「護心肘」、第6式「安身炮」：

【練法】同前第3式、第4式兩勢大致一樣。護心肘是後腳後退，前腳隨之跟退半步，同時前手上提內旋向胸前掩肘；

第6式安身炮亦是左腳前進、後腳跟進半步；同時左拳向左前上擰轉架於左額前，右拳直拳向前打出。

【這兩式用法】護心肘是以左拳臂掩肘化解對方對我前胸的進攻；上式不停速出右拳直擊對方前胸，名曰「安身炮」。此式還有一個用法，如對方以右拳擊我頭面，我以左拳臂從其來手內側向外鑽滾擰翻，同時以右拳直擊對方心臟。

第 7、8、9 式「退步虎洗臉」：

下盤兩腿連續退步，同時兩手從外向內向面前連續摟掌。練習時要求以腰帶動手臂轉動，肩要鬆，胯要坐，臂要撐。

【用法】若對方以兩手從正面攻擊我胸面，我以兩手臂連續從來手外環向內扒摟化之。

第 10、11 式，「左右虎撲」：

練法和用法與十二形中虎形活步練用法基本相同。

第 12 式「退步白虎入洞」：

在「雜式捶」中，也有人謂之「三盤落地」式。這一式的練法是：接第 11 式「右虎撲式」，練時兩掌變拳撤至腹前相交，右上左下拳心向上，然後身向右轉 45°，左腳蹬地，右腳向右側橫跨一步，隨之左腳跟進半步，兩腿屈膝下蹲成馬步式；同時兩拳內翻變掌向左右兩側撐開，位至兩胯外側，掌心向下，眼看右掌。

【用法】轉身退步以肩、背、臂、手靠打身後襲我之敵。

第 13 式「鷂子入林」：

兩動練用法基本與前第 5、6 式「護心肘」「安身炮」的練法一樣。不同的是此處「鷂子入林」式第 2 動打出的炮拳是左腳、左拳在前的左順步炮，而第 6 式「安身炮」打出的是左腳在前、右拳直出的拗步炮。

第 14 式「穿林走」、第 15 式「龍虎交遇」、第 16 式「青龍出水」三個式子也是一個小組合拳。

第 14 式「穿林走」：

是接上式的「鷂子入林」式（左順步炮），左腳向前

進半步，右腳跟進至左腳後，同時右拳下落至胸前，然後伸至左小臂內側向前直拳打出，拳眼向上，高與胸齊，左拳收至左腹側，目視右拳。

【用法】左拳下截對方來手，右拳擊打對方心臟。

第15式「龍虎交遇」：

接上式重心前移至左腿，提右腳向前蹬出，腳尖上翹，力達腳跟。同時左拳直拳向前打出，右拳收至腰右側。

【用法】下邊用腳蹬擊對方襠腹，上面速以拳擊對方前胸。

第16式「青龍出水」（右順步崩拳）：

接上式右腳向前下落，屈膝略蹲，左腳隨之向前跟進半步至右腳後，重心偏於左腿；同時右拳直拳打出，拳眼向上，高與胸齊，左拳收至左腹外側。眼看右拳。

【用法】進步追擊，跟步助力擊打對方胸腹部。

以上第14、15、16式是一組連續進攻的組合拳，實戰時可連續進擊對方不停式，拳諺有曰：「招不架，就是一下，犯了招架就是三下」，即是此意也。

依此類推，後面的拳式組合基本就是這個規律。吳老師傳我的這套雜式捶與他在前面傳我的其他形意拳套路，前後是一脈相承的。學好了前面的，後面的東西有的老師簡單一說也就會了。

比如這套「雜式捶」後邊式子中，第17式「上步鮐形」、第18式「退步大鵬展翅」、第19式「鎖手炮」，這三個式子與吳老師傳的「五行連環拳」中的式子完全相同。又如：第30式「轉身右蹬腳」、31式「轉身猴子摘

帽」兩式，就是十二形拳中猴形拳中的式子。

同樣，「雜式捶」後面的拳式，就有十二形拳中的燕形、雞形等大形的相同拳式組合，在此就不一一贅述了。

我前面已經講過，跟吳老師學拳最好是系統地學，按部就班，規規矩矩地學。開始你覺著學得慢，經過一段時日，慢慢你就體會到，這樣學拳實際是快的，這是我的親身體會。

後來我也曾對我的學生講：「你們跟我學拳，一定要靜下心，最好是從頭學，從基礎東西學，一定要先打好基礎，開始不要喜歡什麼學什麼，這山望著那山高，那樣是學不好拳的。」把基礎的東西學好了，後邊的東西很多是不用老師深說的。功夫到了，一說就會，一點就透了。

因為前面的東西（不論是套路還是散手）都是後面的鋪墊。我這話有些人可能不信，可是那些少數跟我幾年的學生後來是信了，因為到了一定程度，就是一層窗紙，一捅即透。

附　形意雜式捶譜

1. 預備式　　　　2. 三體式　　　　3. 懶龍臥道
4. 蛇形捶　　　　5. 護心肘　　　　6. 安身炮
7. 退步虎洗臉　　8. 退步虎洗臉　　9. 退步虎洗臉
10. 左虎撲　　　　11. 右虎撲
12. 退步白虎入洞（三盤落地）
13. 鷂子入林（左順步炮）

14. 穿林走（拗步崩拳）　　15. 龍虎交遇

16. 青龍出水（右順步崩拳）　17. 上步形

18. 退步大鵬展翅　19. 鎖手炮　　20. 退步安身炮

21. 左虎洗臉　　22. 右虎洗臉　　23. 左虎洗臉

24. 退步右穿手　25. 退步左穿手　26. 退步右穿手

27. 金雞啄米（含反背捶）　　28. 接手炮

29. 進左步右崩拳　30. 轉身右蹬腳（猴蹬枝）

31. 轉身猴摘帽　　　　　　32. 蓋步叉手

33. 上步鷂子穿林　34. 進步揣掌　35. 燕形展翅

36. 上步踢腿　　37. 退步披掌　38. 燕子抄水

39. 上步撩陰掌　40. 進步左崩拳　41. 上步右崩拳

42. 風擺荷葉　　43. 轉身左劈掌　44. 上步右劈拳

45. 金雞上架　　46. 金雞報曉

47. 鷹形（拗步左劈拳）

48. 上步右劈拳　49. 反背捶　　50. 金雞啄米

51. 金雞抖翎　　52. 轉身白蛇吐信 53. 左右鑽拳

54. 鷂子翻身　　55. 鷂子鑽天　56. 換影收式

十二形

龍形拳

🌑 技擊用法舉例

有一年春節，我的一位師弟徐春陽遠道來漢沽看我（當年我們曾在唐山趙各莊礦張蘭普老師門下學拳）。練武弟兄到一起，自然談論的多是武藝。在談到形意十二形拳時，我問春陽師弟，師父教你的龍形拳還記得嗎？他說：「張老師就教了我一個龍形步。」說著給我練了一遍。我說這個式子，當年我也練過，不錯，師父就是這樣教的。這個龍形拳是很簡單，就一個「潛龍下降」左右輪換練習。我說，你看我也給你練一個龍形。說著我也給他練了一趟龍形拳。

我練的龍形拳拳式如下：

1. 預備式
2. 三體式
3. 懶龍臥道
4. 青龍探爪（右）
5. 伏龍升天（右）
6. 潛龍下降（右）
7. 青龍探爪（左）
8. 伏龍升天（左）
9. 潛龍下降（左）
10. 黃龍擺尾（右）

11. 青龍探爪（左）　　12. 伏龍升天（左）

13. 潛龍下降（左）　　14. 青龍探爪（右）

15. 伏龍升天（右）　　16. 潛龍下降（右）

17. 黃龍擺尾（左）　　18. 黃龍打旋

19. 青龍出水　　　　　20. 收式

　　春陽師弟看我練了這套形意龍形拳非常吃驚，他說：「形意拳還有這樣的練法，這比少林拳還難練呀！躥蹦跳躍，騰空倒腳，翻身旋打，掌打連環，勢如龍騰虎躍，勇猛神勇。真是好拳！」我說：「我練的功夫還欠火候，練這趟拳要有深厚的內功，內氣充盈，精神飽滿，練習時才能做到起如風，落如雁，身法輕靈，步伐快捷沉穩。」

　　應當說紮實的腰腿功夫，深厚的內功，飽滿的神氣是練好形意龍形拳的三個必備條件。相對來講，形意龍形拳的動作並不多，但要想練好，練出龍形之氣勢、神韻，也不是一件容易的事。

　　我跟春陽師弟講，你們練了十幾年形意拳，為什麼老也出不了功夫，練來練去，練得連自己都沒信心了。原因就是你沒有找到練形意拳的竅要。拳經言：「武藝雖精竅不真，心機費盡枉勞神。」過去我們學的形意拳練法太過剛硬，就知道直來直去地硬練、猛打，只有消耗沒有補充。打來打去，拳勁沒長，自己身體反倒越來越虧空，以致失去了練拳的信心。其實形意拳自古以來並非是專練直硬之拳。形意拳宗法道家之理，講究陰陽、五行之法。陰陽學說是講事物兩個方面的對立統一，剛柔、虛實之變化。五行講的是事物相生相剋變化之規律。陰陽五行學說

是中國古代哲學思想的經典，是古代百學之綱。形意拳宗法陰陽五行之理，怎麼能只講剛硬，不講陰柔變化呢？

傳統形意拳的套路編排主要有五行拳、十二形拳，這五行拳就是古人依據陰陽變易和五行相生相剋之理而進行拳術演練的。對己，強身健體，得修身養性之益；對外，以七拳（頭、肩、手、腳、腕、胯、膝）之千變萬化，收防身禦敵之效。而十二形拳則是吸取天地間各種精靈禽獸之靈性為我所用，以物之特性激發人的自然本性，這是形意拳法之原則。

形意門在個別派系出現的偏剛練法，是個別派系的傳承問題，不是形意門整體的偏差。張鴻慶繼承了形意拳大師李存義的傳統練法，並有所創新，以五行拳為練功載體，要求入門之初習者，慢練，練氣，找勁，重在培元築基。他對形意拳傳統的明、暗、化三種練法有自己獨到的認識。按他的練法，快則一兩年，慢則三四年，習者都能得到渾元真氣的培養。有了這個基礎，往下的各種拳法、技擊功夫，經明師進一步點撥，已不是什麼高深難練的東西了。

下面僅就張鴻慶傳形意龍形拳中幾個主要招式的技擊用法，做一簡單介紹，僅供同道朋友參考。

（1）懶龍臥道，是個拿法。形意拳上手（接手）有三種拿法，即手拿、臂拿、身拿。身拿是用身法拿。「懶龍臥道」一式就是側重用身法拿。如對方上左步同時以左拳擊我前胸，我可上左步，腳尖外擺落於對方左小腿外側，管住對方來腿，同時上邊兩手臂上鑽，從其來拳外環接手，然後身子向左擰轉，隨之鬆胯塌腰下坐，同時兩手

臂內旋向下擰採對方左手臂，以拿之（圖9）。

（2）青龍探爪，如上式我要採拿對方左手臂，對方迅速後撤，我可順勢上右步穿右手擊敵咽喉，此式有如「白蛇吐信」。

（3）伏龍升天，我上右步以右手穿擊對方，對方以右手接我前穿之右手，我右手即可內翻下採捋對方右手，然後馬上欺身上步，以左腳蹬敵下盤，同時左手上穿敵之咽喉。敵若退我可墊步，騰空倒腳（兩腿交替蹬踢），兩掌連續穿擊，手腳並用追擊對方。

（4）潛龍下降，對方以右手擊我前胸，我以右手接其來手，並向後擄其手腕，左掌擊其手臂，同時右腳橫上一步，內含踩踏之意。其勢也可變化為拿法（圖10）。

以上諸式只是因勢而論，實際應用可隨機而變，靈活運用，不可拘於成法。

圖9　懶龍臥道　　　　　圖10　潛龍下降

● 竅要在於得氣

其實在形意拳的二十幾個傳統套路中，相對來講並沒有什麼太高難的動作。形意拳的傳統練法，不講動作的花哨難度。因此初習形意拳，它的動作是很好接受的，但是此拳給人的感覺卻是越往下練越難練。難就難在它的用勁上。形意拳的用勁不只是形體外在的力量，這種力是人的本力。難的是要你練出人體潛在的內勁（內氣），並把這種內勁與自身的本力（外力）有機結合，形成一個整體（內外合一），用於拳式發勁上。由研究可知，同屬內家拳種的太極拳、八卦掌傳統練法與之大體相同。

練好形意龍形拳之竅要，首先在得氣（內氣）。我向春陽師弟講，你別看張鴻慶先生傳的這套形意五行拳，練習時很慢很慢，很像一步一樁地練拳（這個練法就是「調息找勁」），一旦你得了氣，到那時，你想怎麼練就怎麼練。剛也好，柔也好；快也罷，慢也罷，那只是隨你心意而已了。總之，不管怎麼練，我的體會是，張鴻慶傳的這個形意拳，不論練哪個形，應當是越練越有神氣。打起拳來，好像有股氣催你一樣。不能越練越喘粗氣，越練越疲軟。這個練法就叫「內練一口氣」。

這是中國傳統文化的精粹。不但傳統武術這樣練，就是中國傳統的書法、繪畫、雕刻、聲樂、京劇等也都尊崇此道，並作為延續自己藝術生命之法寶。

吳桂忠老師曾對我說，當年褚廣發老師教他們師兄弟練龍形拳時，已是近七十歲的人了，可他老人家一招伏龍升天，著實讓他們哥幾個驚嘆不已。只見老人家上邊一掌

穿出，下邊提膝過胸，隨之一腳蹬出，腳過其口，瞬間這腳一落，即騰空而起，隨之兩腳在空中倒腳，同時兩掌在空中穿梭，此一蹬一騰一躍人已竄出兩丈有餘，又見他老人家一個潛龍下降，身盤掌落，恰似龍潛深潭渺無聲息。

　　吳老師說：「當時我們算開眼了，一個年近古稀的老人，如果沒有渾厚的內功，無論如何是打不出那種高難的拳式的。」

　　現在社會上有些人對形意拳有些質疑，認為這個拳就那麼幾下子（指五行拳），反過來掉過去地打，真沒什麼意思。這種認識在武術界也不乏其人。其實他們對形意拳瞭解研究還是不夠，想一想，形意拳被稱為中國傳統四大名拳、三大內家拳之一，豈是那麼幾下子可為？

　　記得前些年一些痴迷中國武術的外國人，在多年跑院校學拳後，感到收穫甚微。他們又換了一個方式，深入到中國廣大城鎮鄉村，向民間的老拳師學藝後，曾無限感慨地說：「中國的武術在民間呀！」這是外國人由實踐得到的真知灼見。

　　中國廣大的鄉村、城鎮，自古以來就是藏龍臥虎之地。張鴻慶、唐維祿、褚廣發都是學歷不高，隱居鄉野的平民百姓，可是他們又都是身懷絕技的武林高人。

　　他們不事張揚，一生甘於寂寞。他們的練功宗旨是：強身健體，防身禦辱，自娛自樂。他們教育弟子的信條是：自己練功，不要張揚。他們的思想承襲了道家「有所為，有所不為」的古樸理念。他們一生平凡，但卻給後人留下了寶貴的文化遺產。我們後來之人，有責任研究、繼承他們的事業，使之薪火相傳，發揚光大，造福人類。

猴形拳

　　張鴻慶傳形意拳，重在練身法，善用暗勁打人，其中有一絕技——形意「猴形拳」。

　　形意「猴形拳」是形意十二形拳中的一個形。在十二形拳的傳承中，一般一個形都只打兩三個動作，而且動作非常簡單。張鴻慶所傳十二形拳有自己的特色，除了練法上的定步、跟步、行步等各種步法練習外，其中還有幾個形是多種動作組合的小套路。如：龍形、雞形、鷂形、燕形、猴形、熊形（吳桂忠老師說這是十二形中的六大形）等。以上各形與其他形相比，增加了躥蹦跳躍、閃展騰挪的動作，因此也增加了一定的難度。在一般人眼裡，形意拳是比較剛硬的拳，好像此拳對腰腿上的功夫要求不是很嚴格。但張鴻慶傳形意拳中的幾個小組合套路，演練者若沒有相當好的腰腿功夫，實難達到理想境界。

● 一處磕頭多處學藝

　　張鴻慶傳形意猴形拳，非常適合青年人練習。此拳動作舒展大方，變化莫測，是一個典型的形意快拳套路。它難度高、運動量大，要想練好此拳，若沒有一定的內家丹功，打出的拳恐怕也是不倫不類的架式。前輩老師要求練這套拳必須做到：輕而不飄，快而不亂，靈活多變，發力

迅猛，而且特別強調練猴形不是練猴相，是揣摩猴子的靈性，練出神韻來。

　　這套猴形拳由張鴻慶的傳人褚廣發老師傳了下來，所傳之人極少，而且一些傳人，由於種種原因，如今已不能練或已丟了此拳。所以，今天這套拳就更顯珍貴了。前幾年曾有人寫文章，講褚廣發在天津向薛顛學象形術五法、猴形拳。學五法是事實，若說褚廣發的猴形拳是學於薛顛，此事還需研究探討。我仔細看過薛顛的《形意拳術講義》一書，其中所述形意猴形拳的練法與褚廣發傳的猴形拳相差甚遠。雖然有些動作看似相似，但從整體上看，薛、褚二位前輩所傳猴形拳，顯然不是一個路數。

　　我所學猴形拳師從吳桂忠老師。學拳時曾聽吳老師講：「這套形意猴形拳，是褚老師傳給我們（指吳老師及他在漢沽的三位師兄：李西安、董義茂、張次珍）的，褚老師是跟張鴻慶先生學的。」20世紀二三十年代，是京津武術大家武功登峰造極的年代。褚廣發生活在那個年代，並且常住天津城，有幸向尚雲祥、薛顛、唐維祿、張鴻慶、傅昌榮等眾多形意拳大師學藝。

　　過去老輩人有「一處磕頭多處學藝」之說，褚廣發雖說是唐維祿、張鴻慶的弟子，他後來的東西，肯定或多或少也揉進了諸位前輩大師們的拳藝精華。但是，他系統的東西，後來主要還是繼承了張鴻慶先生的衣缽。這是體系，是根本，老輩人是很重視這一層的。說具體點，在拳藝傳承上（指師承、套路、拳譜、功法、技法），應當是有嚴格師承的。但是在拳術技法的實際應用上，一定要能融百家之長，為我所用，這是老輩人的求藝之道。

● 招法重變化

傳說薛顛當年是以猴形拳練功，猴形成就了薛顛的功夫。這種說法是有一定道理的。猴形拳在形意十二形拳中是技擊內涵非常豐富的組合套路。它融手法、腿法、步法、身法為一爐，能從各方面提高習練者用於散打實戰的技能。從手法上有刺面掌、探掌、穿掌、按掌、掖掌、劈掌、撐掌、抹掌、蛇形掌；肘法上有盤肘、立椿肘；還有膝擊、腳蹬等各種技法。步法上有倒行步、直行步、跟步、連環步、蛇形步、擺扣步；步型上有獨立步、坐盤步、馬步、丁虛步、倒插步、半馬步等。

形意拳是技擊性非常強的拳種，張鴻慶傳十二形拳中的這個猴形拳，更具散手特點。這個拳中所呈現的招式多是屬於進攻型的。比如此拳開式的第一個動作「猴子倒行」「猴子掛印」兩式，就是退中有進，步子倒退而兩手卻連續發出刺面掌，而最後的定式「猴子掛印」則是上面發掌攻擊敵面門，下邊提膝擊敵襠腹。接下來的上步猴子獻果，實際也是退中有進，首先跟步探掌如「白蛇吐信」，直取敵之咽喉，故名「猴子單獻果」。緊接著一個裡纏手，這是一個破解對方抓拿的解脫法。而後馬上是雙手直戳（暗含托端、搓之勁）敵項頸，此技亦含拿扭敵項頸之法，名曰「猴子雙獻果」。下邊的行步左右搬枝，實際是對敵中的左右晃法（屬身法），搬枝是接手、化手；左右行步斜行前進是晃繞對方，俗稱「走偏門」，此技在八卦門叫「單換掌」。此拳招招清晰，勢勢相連，連環接打，一氣呵成，不容對方稍有喘息之隙。

　　此拳最精彩處是「猴子摘帽」接「猴子望月」式，其中手法、身法、步法的高度協調變化，令人歎為觀止。「猴子摘帽」前式是「猴子蹬枝」，即轉身後蹬右腳，然後左轉身 180°，右腳下落成半馬步，此式不停，身體再向左轉身 90°，同時左手隨轉身向身前抹掌，然後左手收回，右手從左手上向前穿出（仰掌）如「白蛇吐信」；此動不停，隨即右手內旋，腰向右擰，同時右腳外擺，左腳隨身體右轉上步扣腳，身向右轉 360°，身右轉時左手向右腋下穿掌。此式暗含右肘、左肘的盤帶肘擊之意。右轉身後左掌前探（仰掌），右掌護於左臉外側。右腳在前虛著地，左腳在後成技擊式，重心偏左。此式後緊接著向左一擰腰就是一個坐盤步，同時右掌向前橫削掌（此式名曰「猴子守物」），接著就是連環步、倒插步、擰身雙按掌，此式名曰「猴子回頭望月」式。

　　學了猴形拳，方知劈拳的實際用法。過去形意門有「劈七崩九」之說，這不僅指劈崩二拳的基本練法，也泛指此二拳的用法。這不是一個限數，而是一個理念。一個形（拳式）用於練功，可以規定方法，若用於散打實作，它的變化卻是無窮的。只有無窮的變化，才會打出神奇的妙招。有了猴形的體驗，這一理念就會越發清楚了。在體驗手法之時，

圖 11　猴子守物

也同時體悟了身法、步法的多種變化。

　　張鴻慶傳褚廣發的這套猴形拳，其中步法沒有虛設，步步有法，步步有用。它包含了直進直退、左右斜行、移形換影、擺扣繞行、躥蹦跳躍、翻身劈砍等步法的輕靈多變，以及身法的閃展騰挪，這些都是形意拳其他各形無法可比的。如果說一個習練形意拳的人，有了五行拳各種練法的基礎，若再有猴形拳的感悟，以此拳作為練習散打實作之階梯，我想確有事半功倍之益處，有意者不妨試之（圖 11）。

附　張鴻慶傳形意猴形拳譜

1. 三體式	2. 猴子倒行	3. 猴子掛印
4. 猴子單獻果	5. 猴子雙獻果	6. 猴子撥枝（左）
7. 猴子撥枝（右）	8. 猴子墜枝	9. 猴子搬枝
10. 猴子蹬枝	11. 猴子摘帽	12. 猴子打旋
13. 猴子守物	14. 猴子望月	15. 猴子翻身
16. 猴子叼繩	17. 猴子坐堂	18. 猴子獻背
19～34 式同 2～18 式	35. 換影回身	36. 收式

有歌為證：

　　猴子倒行掛大印，上步獻果雙摘桃；左右撥枝行步走，金猴墜枝盤步臥；長身搬枝蹬玉樹，頑猴翻身摘帽來；轉身打旋盪金枝，老猴守物全神注，擰身回首望明月；騰空一躍叼玉帶，翻身落地坐中堂；轉身獻背倒步行，抽身換影歸一元。

馬形拳

　　馬形拳是形意門十二形拳中的一個形。所謂十二形是指：龍、虎、猴、馬、鼉、雞、鷂、燕、蛇、鮐、鷹、熊十二種動物。古人有「人以身形物之形，物之意以人意悟之」之論。取這十二種動物為拳，象其形、取其意，就是要透過特殊的鍛鍊，借鑑動物的特長，修練出戰勝自然和對敵搏鬥之技藝。

　　拳經云：「馬者，最仁義之靈獸，善知人心。有垂韁之義，抖毛之威，有疾蹄之功，撞山跳澗之勇，取諸身內則為意，出於心源。」故道經云：「名意馬，意屬脾，為土。土生萬物，意變萬象。以性情言，謂之心源，以拳中言，謂之馬形。」

● 張蘭普老師的「馬撞槽」

　　馬形拳在形意門的傳承中，各支派都有各自的練法、用法。20世紀70年代，我在唐山古冶區趙各莊礦跟張蘭普老師學形意拳時，他老人家向我傳授的馬形拳是「馬撞槽」的練法。

　　張老師講這個形是師爺郭孟申先生（郭孟申是八卦掌大師劉寶珍之徒，形意拳學於馬玉堂先生）所傳。

【具體練法】

以左三體式起式，前腳（左）向左前方上一小步，後腳隨之跟至左腳內踝處，不停，繼續向前方略偏右上一大步，左腳跟進半步至右腳後約 30 公分，重心偏於後腿。

當左腳向左前方斜角上步時，兩掌變拳，拳心向下，右拳臂向前從左小臂下向左前方穿出，當兩小臂交叉時，隨後腳（右）沿左腳內踝處向前趟進，兩拳臂向左右兩側劃撥走弧形收至胸前，然後隨右腳上步，兩拳同時向前抖發出去。

此是右式，左式與右式相同，唯方向不同。如此左右輪換打出，回身後再打到原起式處，再回身收式。

【此式的用法】

（1）如對方上右步以右拳擊我胸面，我左腳向左斜角上步，以閃化對方攻來之拳，同時我以右手臂從其來手外環劃撥（暗含碾壓之勁）對方進攻之右臂，並以我右小臂沾黏住對方；此式不停，然後隨對方後撤之勁，我右腳向前上步，左腳跟進，同時兩手臂突然向前抖發，以右手擊對方前胸或頭面，同時以左腕臂碾壓對方右小臂。此招是以單拳擊打對方，故曰：「單撞槽」（圖12）。

（2）若我兩手臂從來敵進攻之手臂外環，向外劃

圖12　單撞槽

圖 13　馬形手

撥敵手臂後，再以雙拳趁勢擊打敵之頭面，又稱「雙撞槽」。

（3）當對方以右拳擊我頭面時，我以右拳臂從對方來手臂外環攔截，並向我右側劃撥，同時我右腳上步左腳跟進，並同時以左拳擊敵右肋（圖 13）。

（4）對方以右拳擊我胸部，我左腳先向左側略進半步閃化敵來力，同時我以右拳臂攔截敵方打來之右拳；同時我以右腳蹬鑹敵之右膝腿，敵若撤退，我即迅速以右拳擊敵頭右側；若離敵太近時，我即以右肘臂或肩膀貼靠敵身，用丹田內勁、腰胯抖絕發之。

以上四組「馬撞槽」打法，所用步法是形意門典型的「三角步」。

這種步法結合上盤的手法，遇勁敵時，不與其正面交手，而是避其鋒芒，以「逃身又逃步」的技法，先閃化來敵之進攻，再後發制敵於瞬間。

不論是「單撞」還是「雙撞」，在向外劃撥對方來手時，不能只靠手臂之功，要以腰腹丹田勁為主宰，帶動雙臂而抖發。上中下三盤九節，內外相合，整體一致，方可奏效。這是馬形拳走邊（偏門）的獨特打法。

● 吳桂忠老師的白馬亮蹄

20 世紀 80 年代末期，我向吳桂忠老師學習形意拳，吳老師傳了我一套張鴻慶先生的形意馬形拳，這套拳練的是「白馬亮蹄」式。

【具體練法】

以左三體式起式，後腳（右）不動，前腳（左）收至右腳內踝處不停，然後向左前方上一步，隨之右腳跟進半步至左腳後約30 公分，重心偏於右腿；同時，隨左腳回收上步，兩掌變拳，右拳不動，左拳外旋使拳心斜向裡，向胸前掩肘，然後回收下劃，以左小臂尺骨處與左肋摩擦，當左拳劃至左肋時，左拳內旋使拳心向下，然後左拳向左後、向外、向左前劃弧收至左胸前，拳心向下；同時右拳上提至胸，然後向前平拳打出，拳心向下，高與胸齊。這是馬形右式。

上式略停，左腳向前上半步扣腳，身體向右轉 90°，右腳經左腳內踝處向右前方上一大步，左腳跟進半步，重心偏於左腿。同時隨左腳上步右轉身，右手臂先外旋向內掩肘吸手，然後向右後劃弧，拳至右肋時，手臂內旋至拳心向下，繼續向右後再向右前劃弧，收至右胸前，拳心向下；同時左拳上提至胸前，隨右腳上步，左拳平拳向前打出，拳心向下，高與胸齊，眼看左拳。這是馬形左式。

如此左右連續向前打出，回身時左右均可，若走左回身，當打出馬形左式後，右腳向左腳前上步扣腳，隨之身體向左後轉 180°，然後左腳隨回身向左前方斜角上步，右腳跟進半步，重心偏於右腿。同時隨回身，左臂後撤，先

以左肘向左後擊打，然後左手臂向左後劃弧再收至左胸前，拳心向下；隨之右拳上提至胸前不停，然後向前平拳打出，拳心向下，高與胸齊，眼看右拳。此為馬形右式。

　　然後再上步打出馬形左式。當打到原起式處，再回身收式。

　　「白馬亮蹄」的具體用法如下。

　　（1）對方以右拳擊我左胸，我即以左拳腕叼住對方右腕臂，同時我迅速出擊右拳擊打對方前胸或頭面。敵若接我右拳，我即出左拳打敵頭面。此為「馬形連環炮」。

　　（2）對方以右拳擊我前胸，我以左拳腕從敵來手臂上方向下、向外劃撥，然後借對方裡合之勁，迅速橫擺回擊對方右額，敵若攔截，我速以右拳直擊敵頭面。

　　（3）對方以右拳擊我前胸，我速以左小臂掩肘吸化。若對方再打左拳，我以右拳臂掩之。這是防守之法，可以在連續掩化之時，突變拳擊或以反臂拳砸敵頭面以敗敵。

　　（4）此處馬形回身有一肘擊，這是對付後面偷襲之敵的招法。如若對方在後邊突然來拳襲擊或偷抱於我，我可以左（右）肘擊後，然後回身接手打右（左）拳，可破敵。

　　張鴻慶傳馬形拳的這套「白馬亮蹄」是一套進攻的招式，一旦與敵接手，連續發招，一招緊接一招，好像連環炮，連番轟炸。在這裡我們也可以看到一些好似西方拳擊的招式，如拳擊中的刺拳、擺拳等。

　　「白馬亮蹄」的打法是張鴻慶傳形意拳散打技法中的一個重要招法，這一招式動作雖然簡單，但卻非常迅猛，

特別是遇敵正面突然出拳擊來，我用此招可即破即打，出手即有，非常有效。

這是張鴻慶傳形意馬形拳的跟步練法和用法，在此基礎上還可以進一步練習馬形拳的行步練法。行步馬形拳的上盤手法與跟步練法基本相同，下盤的步法以形意「七星步法」為主。

前面介紹的只是「白馬亮蹄」這個招法的大勢，在實際交手中，還可以變化出很多小手法（散招）。平時操練者把這個馬形拳揉到形意盤身掌中，則可以不拘形式，隨招變招，前可打，後可打，左可打，右可打，四面八方，任意盤打。練之純熟，一旦與敵交手，勢如烈馬奔騰，雄風驟起，其勢難擋矣。

形意馬形拳，雖然式中內含近似西方拳擊刺拳、擺拳的打法，但在練法、用法上差異很大，這是兩種風格各異的拳術。拳擊素以凶猛、直衝直撞著稱，而形意馬形拳出拳看似直來直去，但仔細觀察，馬形拳每一招出手都走的是弧形，又暗含纏繞之柔勁，只是在纏繞得手之瞬間，猝然爆發。

拳經曰：「此拳外剛猛，而內柔和，有心內虛空之妙，有丹田氣足之形。拳形順，則道心生，陰火消減，腹實而體健。」故在練習馬形拳時，宜注重氣沉丹田和丹田抱氣的鍛鍊。又宜外剛猛而內柔和，心靜氣順。以內氣催動外形，不努氣，不尚拙力，以外形帶動內勁，內外一體，剛柔相濟。練之日久，定能氣通百脈，內養五臟，外壯筋骨，收養生益壽之效。若用於散打實戰，其勢如烈馬疾蹄，與敵交手，獨顯其威。

雞形四把拳

　　在我國北方的京津之地，形意門傳習十二形拳中的雞形拳（亦稱「雞形四把拳」）套路，一般都是大同小異的。其套路編排、拳式結構基本一樣。

　　讀者可參閱李天驥老師所著《形意拳術》一書，此書中所介紹的雞形拳套路是比較有代表性的。另外民國年間出版的《形意拳術》（薛顛著）一書中所介紹的雞形拳卻比較簡單，主要式子只有金雞爭鬥、金雞抖翅等。這套雞形拳在天津地區形意門中也多有流傳。

　　這裡介紹的是由河北省固安縣名拳師郭孟申先生晚年所傳的一套別具風格的雞形拳。

　　郭孟申先生的八卦掌師從八卦掌大師劉寶珍（董海川入室弟子），形意拳學於河北省新城縣（現高碑店市）的馬玉堂先生。郭孟申先生 20 世紀二三十年代曾任南京中央國術館特種班教官，有「郭快手」之稱，南京淪陷後受朋友之邀入川傳習八卦門拳藝，在成都、重慶等地很有影響。20 世紀五六十年代，先生雖已屆古稀之年，仍熱心於傳統武術的傳播，特別是在河北唐山地區留下了許多足跡和傳藝佳話。

　　當年在唐山趙各莊礦有一個他老人家非常青睞的弟子張蘭普。張蘭普老師生前是開灤趙礦工人，八歲習武，精通少林、形意、八卦、太極等多門拳技。張老師曾任河北

省武協委員，古冶區武術協會副主席，退休後多年主持趙各莊礦武館工作。

我於 1967 年隨張老師習武，先學少林六合門，後學形意、八卦、太極拳等拳技，前後長達三十年之久。

20 世紀 80 年代初，張老師傳給我一套形意「雞形四把拳」，這套拳動作古樸、風格獨特，技擊性非常強。

張老師曾對我說，這套拳是師爺郭孟申先生傳給他的。20 世紀 50 年代，因為他練形意拳腳下用力過重，造成腳底經常腫痛，一度雙腳不敢著地。後來經河北省體委的馬文奎老師（民國時期曾任南京中央國術館摔跤教練，新中國成立後為國家級摔跤裁判）介紹，他認識了郭孟申先生，是郭師爺給他調整了形意拳的練法，才使他腳痛之疾得以康復。後來張老師一直按郭師爺所傳方法練習形意拳，直到晚年。

● 郭孟申傳「雞形四把拳」

郭孟申先生傳的這套「雞形四把拳」是個小套路。其拳式名稱如下。三體式起式，金雞獨立、金雞上架、金雞食米（右崩拳）、金雞蹬腿、金雞食米、金雞展翅、金雞爭鬥、金雞抖翎、金雞翻身（翻身炮）、逍遙化手、鷂子鑽天、鷂子翻身（望眉斬甲），然後接金雞獨立，重複演練前面的式子，打到原起式處再回身收式。

張老師曾對我說，郭師爺傳的這套拳是典型的發剛猛拳勁的拳，演練這套拳要求做到：精氣飽滿，動作迅猛，勁力渾厚。不動如山，動如雷霆。手腳並用，勢勢相連，

環環相扣，氣勢如虹。演練時一定要有窮追猛打，打倒了還嫌慢的氣勢。這套拳很適合青壯年人演練（老年人練時可動作放緩，不發力），常習此拳可增強體質，提高擊打能力。

張老師還說，練這套拳一要有氣勢（神韻），二要精氣飽滿（內氣足），三要動作清晰（明招法）。

這套拳招法簡練、實用。一說就明白，學了就能用。平時練習，全套動作可以連起來往返來回打；也可以拆開單個式子操練。可以說這套拳每個動作都是非常實用的技擊用法（招式）。平時可以自己練，也可以兩個人互相餵招對著練。下面就將這套「雞形四把拳」的招式分解介紹如下，僅供讀者朋友參考。

● 「雞形四把拳」招式分解

1.「金雞獨立」：

如對方用右拳擊我前胸，我即以左手從其來手外環接手並下按其小臂，同時以我右手從其來手大臂下（肘後側）向上托之，兩手一上一下用錯骨分筋法可重創其臂手。上動之時，我左腳回收，腳略提懸於右腳內側，對方若後退，我即左腳上步（含跺踏之意），同時左手向前劈擊敵之胸面。

2.「金雞上架」：

如對方用右拳（掌）擊我前胸，我以左手向裡再向外劃撥敵右手臂，同時我以右手（手心向下）從外向裡橫擊敵左頸、面頰或太陽穴；同時提右膝撞擊彼之腹部。如距

敵較遠，可起腳蹬其胸腹。
此式內含金雞蹬腿（圖
14）。

　接上式，敵見我右腳蹬
來，急後退，我即右腳下
落，劈左掌，上左步崩右
拳，連劈帶打，手腳並用，
其勢如追風趕月。此式名曰
「金雞食米」。

圖14　金雞上架

3.「金雞爭鬥」：

　如對方用拳擊我胸面，
我可雙手交叉向上分撥，然後向兩側劃弧收至腹前。上
步，同時兩掌（虎口向上，手心相對，手指向前）用力向
前撞擊敵之胸腹，敵必受創敗之。此式含金雞展翅（圖
15、圖16）。

圖15　金雞爭鬥一

圖16　金雞爭鬥二

圖 17　金雞抖翎

4.「金雞抖翎」：

如對方以右拳（掌）擊我頭面，我以右手接其來手向我身右側採捋之，同時向右擰身，隨之以我左手臂擊敵肋腹（圖 17）。

5.「金雞翻身」（翻身炮）：

是變身（轉身）打法。

6.「左右化手」：

是劃撥對方進攻我上盤頭面時的化解手法。如對方以右拳擊我頭面，我即以左手向外化撥其來手；敵以左手擊我面，我以右手向外劃撥，謂之「逍遙化手」。

此式實用時可即化即打，即我化出對方上盤來手後，立即還以刀手或穿手擊打對方頸項、頭面。

7.「鷂子鑽天」：

是連續進攻對方上盤胸面的招式。如對方以右拳擊我胸，我以左手按之，同時出右拳鑽擊敵胸面，左手亦然。此招可連續上步，亦可連續退步施手，攻防兼可用之。

8.「鷂子翻身」：

是回身打法，如對方偷襲，用拳擊我左後肩背、頭部，我突然左轉身，同時以右手臂從上向下按壓對方來手，隨之以左拳鑽擊對方之頭面。此招也稱「望眉斬甲」。

「鷂子翻身」也是撩擊對方陰部之手法。如上式，我

回身鑽擊敵之頭面，敵若接我左鑽拳，我即以右手向上抓挒其手腕，隨之向右擰身變式，迅以左拳反抽敵之襠腹，敵必受重創。

以上招式簡單明瞭，一說就明，一學就會，習者可細細揣摩，久之定會融會貫通，收技擊之奇效。

當年張蘭普老師得此拳後，備加珍惜，久不外傳。此技至今在他老人家的家鄉恐怕也少有人知。

20 世紀 80 年代初承蒙他老人家厚愛，我習得此技，多年來亦一直珍秘不露。今逢盛世，百業發展，借此之機願將前輩的武術精粹獻之於眾，若此技能對讀者有借鑑啟發，吾將甚感欣慰。

$$\boxed{蛇形拳}$$

　　形意十二形拳是取天地間十二種禽獸之精靈化生為拳，以激發人的潛質和自然靈性，並提高練習者健身益智和與敵相搏之能力。

　　在形意十二形拳中所涉及的這十二種動物（龍、虎、猴、馬、鼉、雞、鷂、燕、蛇、鮐、鷹、熊），除了天上飛的，就是地上跑的，唯有鼉、蛇為水中之物。而這兩種動物中，又僅有蛇既能在水中暢游，又能在陸地爬行，是真正的兩棲動物。

　　形意拳經言：「蛇者最靈活之物也。其性能有撥草之巧，有纏繞之能，屈伸自如，首尾相應。取諸身內，為腎之陽，用之於拳，能活動腰力，通一身之骨節。故擊首則尾應，擊尾則首應，擊身則首尾相應。其身有陰陽相摩之意，因蛇之靈活自如，故拳之命名為蛇形。」

　　在中國傳統武術的傳承中，有很多拳種都以蛇為名，如南省有「蛇拳」、北省八卦門有「蛇形掌」、形意門有「蛇形拳」，等等。另外在武術招式中也大量出現蛇的稱謂，如：白蛇吐信、金蛇盤柳、白蛇纏身、蛇纏手……「蛇形拳」是形意十二形拳中一個重要拳路，歷來受到形意拳家的珍視。他們也稱「蛇形拳」為「蛇形手」，並對這一招式相當看重。很多形意拳家，把這一招式作為散打實戰中的常用手法使用。

● 邵長印老師的「白蛇雙吐信」和「蛇纏手」

在形意拳蛇形手用法上，我的幾位形意拳老師中，邵長印（我的族叔，他是唐維祿和張景富的再傳弟子）和吳桂忠兩位老師對我傳授的較多。長印叔傳我的是「白蛇雙吐信」和「蛇纏手」。

（1）如在兩人交手中，對方用左手擊我胸面部，我先以左手從其來手外環接手攔截，並向下採帶，同時出右手擊敵胸面，敵若接我右手，我之左手可迅速返回穿擊敵面部，此招即為「白蛇雙吐信」。

（2）「蛇纏手」的用法是：

如交手中，對方以其右手擊我胸面，我可用右手從對方來手之外環纏繞其手腕，並向我左側下方採捋之，同時以我左手擊敵面部，敵若接我左手，我可迅速以右手抽擊敵襠腹肋部。（圖 18、圖 19）

圖 18　蛇纏手

圖 19　蛇抖身

　　以上兩個招式的用法，只是就招說招，實際應用時，不可死按招式不知變化。招是死的，人是活的，要知道交手的秘訣就是一個「變」字。與人交手沒有固定招式，你事先設計好的招式，往往在交手之中使不上。交手時不是你想怎麼打，而是你看對方怎麼打，一切都是隨招就勢，順勢而變。前輩老師稱此為「見子說話」「要啥給啥」。比如前面講的「白蛇雙吐信」一招，可以變成「穿手」式或「猴形手」，八卦門也叫「單換掌」。有了更多的變化，招法的靈活性就多了，勝數也就大了。

　　過去練太極拳時，常聽師父講，太極拳的基本手法是順逆纏絲，基本戰術是順勢借力，引而後發，講聽勁、化勁。學了形意「蛇形拳」，覺得這順逆纏絲，順勢借力並不是太極拳的專利，感覺這古老的形意拳與人交手時，一樣重視聽勁、化勁；一樣重視借力打人。而且它更重視陰陽生剋變化。

　　交手時看似剛猛，卻柔在其中，走轉之中虛實莫測、閃展騰挪，往往使對方防不勝防，處處被動挨打。

● 張蘭普老師的獨特蛇形拳

　　唐山趙各莊礦的張蘭普老師是我跟的時間最長的師父，他老人家在 20 世紀 70 年代也傳過我一套形意蛇形拳。

　　這是一套很獨特的蛇形拳，張老師傳的這套拳身法極妙。練習時從三體式起式變蛇盤步，然後上步走一個蛇形手，再上步走一個穿手，然後走一個「白蛇纏身」（好像

八卦掌的背身掌），轉身 360° 後緊跟再走一個蛇形手，這是一組。然後再向另一個斜角打第二組，這樣左右斜角反覆演習。回身後打到原來起式處再回身收式。

據當年張老師講，他的這套形意蛇形拳是由河北省固安縣的名拳師郭孟申先生親傳。

張老師在 20 世紀五六十年代曾多次請郭孟申先生到其古冶趙各莊礦的家中教拳，張老師晚年的太極拳、八卦掌、形意拳都是宗郭先生的練法。

● 吳桂忠老師蛇形拳的三步練法

吳老師教我練蛇形拳分三步來練。

第一步是練定步蛇形。下盤步法很簡單，就是一個蛇盤步。如以左三體式起式。前腳（左）原地外擺，身體向左擰轉 45°，隨之身體下坐成半盤步，同時右腳跟離地，以右腳前掌著地。同時兩手臂左上右下於胸前交叉，左手伸向右臉外側，內旋手心斜向上，右手外旋下插至左胯外側，手心向左後側，右手小臂尺骨一側緊貼左腹肋部，眼看前方，此式為第一式。第二式，右腳向右斜角前進一步，左腳不動，成右三體式，隨之身體向右轉 90° 面向右前方，同時右手向前抖出（內含抽、擰、挑、撩之勁），虎口向上，手指向前，高與右肩平，同時左手下落向左後反手撩打，手心向左後下，手指向前，位於左胯外側偏後。眼看右手前。以上是蛇形右式的兩個動作，蛇形左式與右式動作相同，唯方向不同。按這兩個式子左右輪換向前打，打多少可根據場地和個人情況而定，回過身來再打

到原起式處回身收式即可。

　　這是初級練法，主要練下盤腿勁，蛇盤步要求不能全盤（全蹲），也不能高盤，要不上不下地盤，這樣練很吃功夫，也是為下一步練活步打好腿功基礎。這個練法不要求發明勁，要練含而不露的暗勁，主要是練意，用意找好氣、勁、身法、步法的協調點。簡單地說，就是用意識找準勁（內外合一的整勁），其中手法、步法兩個方面都體現一個簡單、自然順暢，此時不講用法，只講練法。

　　經過一段時間的練習，師父看你已基本掌握了動作要領，外形上也基本通順了，開始教你第二步練法，即跟步練法。這種練法與第一步的盤步（定步）練法基本一樣，只是在步法上改為跟步，就是在第一式盤步後，右腳向前上一大步後，左腳隨之跟上半步，重心仍偏於後腿，成三體式。上盤打法加一個纏手，即左三體式起式後，右手從下向上伸至身前外旋走一個小纏手，然後下劃至左胯外側，同時左手在右手前伸時劃至胸前，然後從右手上伸至右臉外側，此時兩腿是盤步，兩臂交叉與第一步練法的第一式完全相同。

　　然後右腳向前上一步，左腳跟進至右腳後約 30 公分，同時右手臂向前抖出，手指向前，虎口向上，高與肩齊，同時左手劃至左胯後，掌心向下。眼視右手。

　　第二步練法要求打出明勁。經由第一步盤步練法，習者已基本清楚了蛇形拳的勁路與發力點，並且經過五行拳的內功訓練，丹田內氣也很充實飽滿了，不能再含而不露了，要打出一觸即發的既快捷又脆崩的拳勁來。蛇形拳的第二步跟步練法非常重要，這是由靜而動、由慢而快的練

法。也是由定步到活步的過渡練法。

在練習這步功夫時可以輔助練習蛇形單操手，有時間多練單操手，對增加拳勁，以及內臟抗震力、身體爆發力都有一定功效。單操手雖是輔助功，但也是必練之功，因為單操手，可以使你能儘快適應由於拳勁的爆發、震盪而產生的對內臟及大腦的影響。

蛇形拳的第三步練法是活步練法，即行步練法。蛇形拳的行步練法也是走的「七星步」，關於「七星步」練法，前文已有詳細介紹，這裡就不再贅述。

行步蛇形拳的最大特點是剛柔、虛實變化比較突出。行拳時在輕柔纏繞之中，突然伸展抖發，身盤臂繞，瞬間驚彈，充分體現了蛇的盤繞屈伸、靈活突變之能。蛇雖無足，但它不論是在水中還是在陸地上都能飛速前進，靠的是身體的曲折舒展，不停盤旋，此物一旦受到侵害，會迅速從頭、尾、身不同點發力攻擊敵方，非常厲害。

練形重在勢順

形意拳是象形拳，但我們不是機械地模仿。老輩人講學習形意拳，主要是象其形、取其意，我們對蛇形拳的感悟，主要是學習蛇的機敏靈性。蛇之運動雖然是曲曲折折，但是它全體貫通，一動無有不動，行動非常靈活自如。

2006 年春天，我應師弟林乃平之邀到江蘇盱眙縣做客。白天師弟上班，我就到離他家很近的一座叫「寶積山」的小山上練功，此山南坡下就是淮河，山不高，大約

有 300 公尺，滿山鬱鬱蔥蔥長滿綠樹。山頂上面積也不大，東西長不足 300 公尺，南北寬也僅六七十公尺的樣子，山頂風光無限，東面崖上可以看日出，西邊崖上可以觀淮河夕照。山上四周全是各種樹木籠罩，認識的有槐樹、松樹、桑樹……據上山的老人講，此處曾有一座尼姑庵，可惜後來毀於戰火。盱眙縣城依山而建，城中有十座小山，山山有廟，真可謂「山不在高，有廟則靈」。

我在山頂中間一處凹地（尼姑庵遺址）清理了一塊地方，每天到這裡練功，周圍綠草茵茵，野花遍地，非常幽靜。我在此處打了半個多月拳，對蛇形拳有了進一步的感悟。行步蛇形拳打法與其他各形有所不同，打此拳時要求在身盤、步行、臂繞之中突然發力，將己身之力整體抖發出去。外形動作和內功基礎要求都非常高。如果沒有曠日持久之功，很難領悟、掌握此技之精奧。

在「寶積山」上因為沒有外界干擾，我每天練功非常投入，可能也是得益於此處天地之靈氣，所以，我雖然只練了半個多月拳，卻大有收穫，每天練功靈感自出，精氣特別飽滿，練起拳來身輕氣爽，勁力渾厚，心曠神怡，身心都得到了一種超凡脫俗般享受。盱眙歸來，好長時間我一直在體味著在「寶積山」上的練功心得。

我覺得練習蛇形之真諦在於「意靜、心空、氣順、神舒」，有了這八字真訣，練功才會有事半功倍之效，才會達到健身養生之目的。正像古譜所云：「練之形勢順，則能起真精補還於腦，而神經充實，百疾不生。形勢逆，則身體亦不靈活，心竅亦不開朗，反為拙氣所束滯矣。」先賢所論乃至理明言，我輩當深悟之。

熊形拳

　　張鴻慶是李存義的嫡傳弟子，受李存義影響頗深，張鴻慶藝成後也在津門單獨辦過武術館（天津第 25 國術館）。從張鴻慶的教學和傳下的東西看頗有李存義的遺風。張鴻慶的教學特點是系統、規範、實效。

　　很多形意門拳師教人，開始時怎樣練，幾十年過去了還是那個練法。而張鴻慶的東西，每套拳都有幾種練法，拳路結構不變，但手法、步法、身法卻都由簡入繁，由淺入深，引人入勝，讓人越學越想學。

　　張鴻慶傳的形意五行拳、十二形拳，初學時基本上是在一條直線上往復練習，待熟練以後，步法行進的空間、角度就大了。前輩老師講：本門五行拳是練氣、練勁，十二形拳主要是練形、練意、練神，都有多種練法。以劈拳為例，初學先練定步，要求慢練，主要是規範拳架，循規蹈矩。然後練調息摸勁（練暗勁）。有了一定功底後，可練跟步、練整勁（練剛勁）。然後在此基礎上進一步練活步發勁。最後練行步（練化勁）。

　　形意十二形拳練習時，拳家吸取自然界十二種動物，即：龍、虎、猴、馬、鼉、雞、鷂、燕、蛇、鮐、鷹、熊的靈性，激發人的身體潛能。形意拳的宗旨是象其形、取其意，並不只是一味地模仿動物的外形動作。

　　如今人類的進化得離自然環境漸遠，從某種意義上

說，人類越來越多地失去了作為一般動物的那種天然野性及適應自然環境之能力。而形意拳的鍛鍊，是要從生理上、精神上挖掘人的潛能，從而使修練者能更好地適應自然界的變化。

形意拳的練法很有意思，你不能說某個式子就是模仿某種動物的形態，可是當你打出一個形，其形、其內涵所孕育的東西，你想像中的那種動物的形態、神韻盡在其中。張鴻慶傳下的熊形就是這樣一個形。

熊形在形意門一般傳授的是鷹熊一起合演的，所以說形意雖有十二形之稱謂，但一般只練十一個形，因為熊形很少有單獨演練的，就是少數傳人有這個東西，也只是作為單操練一個單式而已。

張鴻慶傳的這個熊形有三個基本式子，即熊取物、熊踏水、熊撅毛。這三個式子分開來可以用單個式子練，合起來兩個、三個式子串起來練也行。

單練時可以身形轉動、兩腳不動原地練；也可以原地換步練；也可以前進後退、左右旋轉地練；還可以轉身90°、180°、360° 地隨意轉身練。在此基礎上，手法、身法也可以隨勢增加動作配合下盤步法增加難度練。其理正如老子所論：「道生一、一生二、二生三、三生萬物。」生生不已，變化無窮。

1. 熊取物

就是兩掌輪換向前探掌。在形意拳裡，這個動作近似穿掌、白蛇吐信（圖 20）。

2. 熊踏水

就是兩腳輪換地踩踏，同時兩手分別上撩下翻（圖

21）。

3. 熊撥毛

練的是人體的整體抖動。其要訣是以丹田為核心，鬆動腰胯，帶動全身的抖撥，其勢如同黑熊出水上岸後，突然抖動身體，毛髮張開，渾身震顫，其勢雄偉（圖 22）。

熊形的三個式子技擊性非常強。練習熊形是取熊的憨厚之態、凶猛內涵。熊形

圖 20　熊取物

練習看似動作緩慢笨拙，但內涵雄（凶）勁十足，行動起來一招一式，身搖膀晃不失沉穩、渾實之內勁。

圖 21　熊踏水

圖 22　熊撥毛

　　熊取物的技擊含義，既可以進攻也可以作為防守招法，攻擊要點在對方的上盤，如穿喉、戳目。若對方攻擊我上盤，也可以作為化手，劃撥對方來手，而且可以邊化邊攻，即化即攻（打）。

　　熊踏水，用意側重於進攻。進攻點在敵方的中盤和下盤。如對方上邊來手，我可以用一隻手攔拿，用另一隻手下踏、掖打對方肋、腹部。也可以上邊接手後，下邊用腳踩踏對方肋、腹、胯、膝、脛等部位。

　　熊撒毛是鍛鍊形意拳的高深功夫，練習此功需要有充盈的丹田內氣。

　　與人交手若手腳部都被對方買（封）住，我可順勢貼緊對方，此時可運用此功，丹田抖絕全身一顫，一緊一鬆，一驚一乍，突然爆發，也能將對方抖彈出去。此勁的主要來源在於龜尾（即尾椎）之急遽轉抖和丹田之內氣的蓄聚吐發。但也不能脫離三節合一、四梢齊起、五行俱閉、六合為一的要領。

　　熊形好學難練，要想學好此形，需要有明師點化和自己的悟性。平時練習可先多操練單式，待單式練熟了，再進一步組合練習，然後再配合多種步法的練習。練習此形可不拘場地，大小場地均可隨意練習。所以平時若有時間，隨時隨地即可演練。熟能生巧，巧能生絕。熊形練好了就是一套小八卦掌，練活了就是變化莫測的盤身掌。

　　拳是死的，人是活的，練習傳統武術不要老琢磨改老師的東西，應當在揣摩前人拳藝之內涵上多下工夫。多向前輩老師誠心求教，多與同門切磋研討，還要肯下苦功修練，如此日久，定能有所成就。

用法

搖法

搖櫓法與抖絕

　　由於歷史的原因，幾十年來很少有拳家公開傳授薛顛的拳。

　　我第一次聽到薛顛的大名，那還是四十多年前的事。記得那是「文革」前一年冬天，我的表兄帶我去見他的一位同事，說這位同事也是一位喜愛練武的人。

　　這位同事叫秦向貴，家住漢沽秦家台街，那時年齡大約有 50 歲，個子很高，腦門很亮，有些謝頂，好像在漢沽鹽場上班。那天晚上，我的表兄和秦師傅談得最多的是形意拳，他倆連說帶比畫談得非常投入。

　　他們的談話，給我印象最深的是：秦師傅的形意拳是跟他哥哥秦向臣學的，而秦向臣的拳又是跟天津縣國術館的薛顛先生學的。秦師傅說，薛顛的形意拳打法，劈拳是打翻肩背，打出三體式後，前手抓回至腹側與後手同時走一個像繫帶子的動作，然後出拳時斜肩帶背。秦師傅給我表兄講薛顛的形意拳用法，還教了我劈拳練法。

　　那次談話之後，表兄特別主張我跟秦師傅學拳，但那時我比較看重的是少林拳，對這話就沒有特別上心。後來

我下鄉到了東北，這事就擱下了，可那次與秦師傅見面留給我的印象，幾十年後依然清晰深刻。沒有想到的是，四十年後，薛顛的拳又進入了我的生活。

　　幾年前，我買了一本薛顛的《象形拳法真詮》，吳桂忠老師知道了此事，對我說：「你有薛顛的書，那好吧，我就把薛顛的《象形術·五法》傳給你吧。」這樣，我因書得法，學了薛顛的五法（圖 23）。

　　吳老師教的這套象形術五法，是他的老師褚廣發傳下來的（圖 24）。

　　褚老師的五法，是當年在天津縣國術館由薛顛親自傳授的。褚老師年輕時拳練得好，功底深厚，尤其身法奇妙，武林稱號「褚燕俠」，深得尚雲祥、唐維祿、張鴻慶、傅昌榮、薛顛幾位大師垂愛，因而也得到了這幾位大師的絕技親傳，如唐維祿的形意拳多種練法，張鴻慶的龍

圖 23　與吳桂忠老師合影　　　　圖 24　褚廣發先生像

形八卦掌、形意拳內氣法、暗勁打法，尚雲祥的單操法、子龍十三槍，傅昌榮的大桿子功以及薛顛的象形術五法等。

　　吳老師與其在漢沽的三位師兄（李西安、董玉茂、張次珍）得到了褚廣發老師的五法傳授後，一直珍秘不外傳。吳老師一生謹遵師訓，淡泊名利，終日以練拳自娛。平日雖然也對一些問拳的後生給以輔導，但大多數是給說說現在社會上流行的國家規定的太極拳套路練法，對傳統拳術功法則是三緘其口，不願多講。

　　他老人家的理念是，講給你也沒用，你下不了那個苦功，說了也是白費勁。

　　也許是人們常說的那個緣分吧，當我跟吳老師學了幾年形意拳後，老人家又把薛顛的五法毫無保留地傳給了我，對此有些人不解其意，吳老師對他們說：「我傳給了義會，是因為他學了我的東西知道珍惜。你們如果能像他那樣痴迷練功，我也可以傳給你們，可惜你們都做不到呀！」

　　當我聽到別人講給我以上吳老師的一番話，我內心非常激動，從吳老師的話語中，我聽到了老一輩人對傳統武術的珍視，以及對我們後輩傳人的期盼。直到今天，吳老師的話仍時刻鞭策我用功不止。

　　薛顛的《象形拳法真詮》一書關於五法的介紹，從理論上看得出的確與形意拳有很深的淵源，但從練法上看卻風格各異。形意拳雖然外形比較簡單，但若細論還是有一些細節（小動作）的；五法卻不然，這是一套簡單得不能再簡單的拳，可以說五法只有大動作沒有小動作。五法與

形意的五行拳有異曲同工之妙，所以說學過形意五行拳的人再學五法是很容易上道的。

　　書上的東西太過拘謹（因為是對初習者而言），不可能把拳術的內涵完全表述出來，所以習者只有經過師父的言傳身教才可能有所感悟。五法和五行拳有一個共同特點，那就是要求學者從看似簡單的拳式動作中去尋求那不簡單的拳意內涵。另外這兩種拳還有一個不同點，五行拳像工筆畫，嚴謹入微；而五法卻好像中國傳統水墨畫的大寫意，抽象朦朧。

● 吳桂忠老師的不同「搖法」

　　在褚廣發先生傳五法中，「搖法」有別於其他四法，區別主要是在步法上。其他四法，步法行進路線都是走斜線，只有「搖法」是走直線的。

　　書上的練法是薛顛寫給初習者的範例，所練步法是兩步一組，手上的動作也比較清晰，總之，學起來比較容易。吳老師教我的「搖法」與書中所述略有不同。

　　開始，無極勢站定，稍停，左足向前邁一步，右足不動，重心在後；同時雙手極力前伸至身前，左手在前，右手至左腕下，手心均向上（此為無極接手）。

　　上式略停，右足不動，左足前邁半步，足尖略外展，同時左手內旋，右手先內旋再外旋，雙手呈陰陽裹抱之勢經胸前向左弧形捋至左胯旁，右手胯前，手心向上；左手胯後，手心向下；兩膝微屈，身拗胯坐；目視右前方（圖25）。

圖 25　搖法左式一

圖 26　搖法左式二

　　沉氣蓄勢，左足不動，右足向前邁一步，重心在後。同時雙手從左胯旁向右前方極力伸出，手心均向上，眼看手前。此為搖法左式（圖 26）。

　　上動不停，右足向前半步，足尖外展，隨之雙手呈陰陽裏抱之勢經胸前向右弧形捋至右胯旁，左手胯前，手心向上；右手胯後，手心向下；屈膝坐胯，頭頂身拗。目視左前方（圖 27）。

圖 27　搖法右式一

　　上動不停，左足向前邁一步，右足不動；隨之雙手由右胯側向左前方極力伸出，手心均向上；眼看手前。此為搖法右式（圖 28）。

　　如此反覆操演。回身左

圖 28　搖法右式二

圖 29　搖法回身式

右均可，如左轉身，當右足在前時，右足向左足旁回扣步，成大斜八字步（圖 29），身向左轉，隨之左足向前邁步，足尖外展，兩手隨轉身陰陽裹抱合力向左弧形捋至左胯旁，目視右前方。動作與前式相同（參閱圖 25），唯方向相反。右回身同此法，拳打到原起式處再回身，收式。

　　以上為定步練法，在我「定步搖法」練熟後，吳老師又進一步教了我行步搖法。步法是三步一組，還是直線前行，行步搖法的特點是：

　　手晃身搖左右擺，勢勢相連不停步。與定步搖法不同的是，上盤動作在身體左右搖擺的大勢下，後手前探有一個晃的動作，這個晃的動作很朦朧，實戰時可以變化成纏手、撣手、蛇形手等招式，這種變化全靠個人的靈動，一晃之瞬間也可以變成虎形手。

　　這只是一個瞬間，即演化成向左右劃擺，極像用一支

木槳左右劃動小舢板，就這一劃，此時招式很像形意拳的「鷹捉」「懶龍臥道」，這是一個大勢，用之得法其中踢打摔拿都有了。上動略停，即上步向前，同時雙手向前托起，這其中又可變化成形意拳的虎托形手了。

搖法的變化

五法與五行拳不同，五行拳練的是功夫，而五法練的是技藝。五法就是用法，是伸手就有的東西，一伸手就可以打出蛇形、虎形、鷹捉，也可以打出吸手炮。一伸手就有拿、有打、有摔，這全是意象。

練有練法，用有用法，「運用之妙，存乎一心」，五法就是用法，但總體是講巧打。一般以步法、身法的走化為主，不以發力見長。

但「搖法」有所不同。吳老師教我時說褚老師當年教「搖法」，還教了一個抖絕的練法，就是拳式中那個近似形意拳虎托的動作。這個動作有兩種練法：一種是練發力，另一種是練手法變化。

練發力時不管你是練兩步一組，還是練三步一組都可以發力練，這個發力，褚廣發師爺叫抖絕。這是個極具爆發力的動作，發力時氣沉丹田，雙腳踏實，頭向上頂，腰挺胯坐，丹田抖動，兩胯叫力，兩手臂向前突然抖發。

實戰中這一招式的直接用法是：當對方以右拳擊我胸部，我可用右手纏拿對方右手腕，同時以左手拿住對方右大臂下方，順勢向我身右後方採挒之；對方受力若向後退，我即可順其退勢上步，同時雙手向前抖發其臂。其中

第一招走纏拿時，兩手暗含抓筋拿脈；第二招抖發時，暗含分筋錯骨。

這些都是薛顛書中沒有講的東西。習者練時可以慢慢從中體悟，但不可隨便試手，免出意外。

第二種練法是**練手法變化**。這種練法是在步法不停的走勢中變化的手法，近似形意拳的行步拳練法，步法活，但手法不像形意拳那樣循規蹈矩，手法的變化和身法的變化都很活泛。特別是手法的變化，前面講了它一動就能變化出不同招式來，用於交手會使對方有變化莫測的感覺。這種練法在步法上強調的是聯貫性，要求手法、身法、步法在不停頓中走轉。

練習「搖法」，我的體會是要多注重身法的變化，如果把握好身法的變化，那麼手法和步法的變化可以不用特別去著意。練到純熟，在身體的一搖一擺之中即有所得，手法的變化也在其中了。

五法的共同特點之一，都是走大身法。這種大身法變化要求腰胯部運動幅度大，加之運動中丹田內氣的收縮鼓盪，對腹部內各種臟器無疑起到了良好的按摩作用，對加大腰腹部肌肉力量、提高胃腸道消化系統功能、改善腎臟功能、刺激性腺激素增強生命之活力，都會收到意想不到的良好效果。

褚廣發先生傳下的象形術五法，還有一個不同於《象形拳法真詮》一書的明顯特點。書上的東西是便於初習者學習，所述身法、步法、手法都是一板一眼的，這樣編排，剛入門練習可以，若長久那樣練，肯定不行，不會長功夫。

　　這就像小孩子學走路，會一步一步蹣跚走了，而後就要練習大步走、快步走。學拳也是同理，五法的高級練法是在步法的轉換上，步法一定要活，步法的變化要和手法、身法、氣法高度協調。手腳相合、神意相合、內外相合，這樣練下去相信象形術五法的神韻定會上身的。

　　初習五法可以一法一法地練，練至純熟可以把五法串起來演練，薛顛的書中稱其為「五法合一連珠」。

　　薛顛講：「五法分演謂之闢，合演謂之闔，單習謂格物，合而謂修身。單習不熟，且莫合演，因內中神化難得貫通一氣。且拳法貴乎一氣呵成，不可中間斷意。五法合一演習，勢如連珠箭，不論地址大小皆可為之。小者，用八字步進退、轉身；大者，飛行九宮之步，使之游身化影、縮身藏形。其大無外，其小無內，狹小之地，且不覺其小，方圓寬大之處亦不見其大……依圖悟象形，神妙禪機，點穴妙法，劍術神化，諸器械應用，無不含藏其中，知此術可以通神明矣。」

　　功夫練到此程度，就可以變化無窮了，正所謂「無法立法，有法忘法，無法即法」，以術修道，樂在其中。

單操手法

刀削手、撢手　　虎形手、馬形手　穿手、沾衣捋　　五行手
蛇形手、對拉弓　　馬形炮、鮐形手　袖、貓洗臉

　　練拳者人皆盡知，打拳是要用力的，有的拳式還要隨
著拳套安排發出強力、爆發力。但是由於人的體力限制，
我們不能把拳套中每個拳式動作的力都充分發出來，如果
那樣用勁練拳，時間長了任何習練者的身體都將會受到損
害。

　　因此自古以來，很多拳家都會在堅持操練拳架的基礎
上，拿出拳套中一些適合自己的拳式單獨進行操練，此即
所謂「單操手」之由來。

　　說到形意拳，有人要問形意拳有多少單操手，這個問
題不好回答。前面講了，練用單操手是因人而異的，籠統
地講，形意五行拳、十二形拳中主要的拳式都可以單獨拿
來作為單操手法訓練。但是這要看每個習練者的選擇了。

　　具體地說，當你與別人交手實戰時，經常善用的那些
手法，即可以單獨選擇拿出來強化訓練。任何技法經過千
萬次的反覆操練，最簡單的招式也有可能成為你最厲害的
殺手鐧。

　　話說回來，我們練習單操手還是要結合平時練習拳套
來選擇為好。

　　比如說我們練習形意拳的人，每天必練五行拳，這樣

「五行手」就應當是我們熟練應用的。十二形拳雖然我們平時不見得每天都練習，如果其中某些形你特別喜歡，那麼也可以把這些你喜歡的式子拿出來經常練練，練熟了不也就成為你的絕招了嗎？

所以說，所謂「單操」，就是缺什麼，練什麼；什麼不足，練什麼。先賢有言：「要在單式中反覆習練，使自己做到『要哪兒有哪兒，渾身無不是處』，便是功夫」。

前面講了，練習單操手一定要跟練習拳架相結合。練單操手要有樁功、拳架的基礎，這些基礎給予我們無窮的底蘊，是單操手的源泉。另外，單操手還要與散打實作結合好，說白了，我們練習單操手的最終目的，還是要用在散打實戰上。當你把選好的單操手練到熟之又熟，幾近自動化程度了，那麼與人交手時，就會伸手就有，真的要哪兒有哪兒了。

● 師友相從氣義同

學習單操手要誠心向老師學習，只有尊師重道的學生才會得到老師的真心傳授。另外也要虛心向有造詣有功夫的同道師友請教，「各家有各家的高招」。

記得四十年前我剛從黑龍江農村返城，分配到一個化工廠上班。剛上班時，同車間一位姓李的師傅也是練武的，當時這位李師傅比我大十幾歲，他聽別人講我的功夫不錯，有點不相信，總想找我試試手。後來他透過我的工長捎話，要跟我比畫比畫。

我當時二十多歲，血氣方剛，什麼都不怕，聽說有人

要和我試手，我就答應了。一天下班後，我們就在廠裡一間舊工棚裡比畫上了。不比不知道，一比嚇一跳。與人家一交手，我才知道自己的功夫與人家不在一個層次，根本不是人家對手。我不得不對李師傅的散手功夫表示欽佩，李師傅也對我的拳術功夫表示欣賞。

不打不相識，從那以後我和李師傅交上了朋友，這位李師傅也可以說是我的半師半友吧。李師傅也是自幼習武，而且他是痴武成癖，酷愛散打，不懼強手。

後來他對我說，他的散手功夫得到過唐維祿先生的弟子董佩庭老師的親傳（董老師是漢沽人，武林綽號「董胳膊」，擅長散手。20世紀70年代退休後常住天津和平區，常在天津黃家花園與人試手，從無對手）。李師傅後來和我很投緣，那時他上常白班，我上三班倒。每次輪到我上白班，李師傅都下班後先不回家，在廠裡等我交班後，帶我到他們工段的工棚裡練功，主要是打散手。

我們從夏天一直打到入冬，這期間我虛心向他請教散手的技法。李師傅跟我講，練散手也要系統地學，也要在練好拳架的基礎上再進一步學習散手。學拳是基礎，學散手是應用，二者相輔相成。他說，你五行拳打得再好，沒練過散手，你的劈崩鑽炮橫一個也用不上。但是要想打好散手，開始一定要學習單操手和各種實用步法。

這期間李師傅毫無保留地把當年董佩庭先生傳授給他的形意單操手法都傳給了我。

李師傅教我的單操手有：刀削手、揮手、蛇形手、雙拉弓、掖掌、五行手、虎形手、鮐形手、馬形手、立樁手、貓洗臉、穿手、白蛇吐信、沾衣抖袖等。

單操手練用法

下面將上述各單操手練用法簡述一二，僅供參考。

1. 刀削手

【練法】

此式亦稱「刀手」。練習時站定左三體式，然後左手臂逆纏外開，左手開至左額外側，手心向外，臂呈弧形；不停，手臂再順纏裡合，手心向上，向面前橫削，力到小指一側，墜肘，手臂不可伸直。目視左手。上動略停，左手臂再向外開，然後再向胸前橫削掌，如此連續操練，左右式可以輪換進行。

【要求】

操作時要用整體勁，如左手外開時身微左轉，向裡側橫削時身微右轉，以腰胯轉動帶動手臂的開合運轉（切忌單耍胳膊勁）；外開時吸氣，裡合時呼氣。

【用法】

如對方以右拳正面擊我頭面，我以左手臂從其來手裡環攔截，向外開其手臂，隨即快速變向，手臂旋轉裡合，以手掌小指一側用力削擊對方頸項。

另，此法也是主動進攻之法，如我與對方交手，我可用兩掌連續、連環、快速削砍對方頸部，故名「刀手」。

2. 撣手

【練法】

左三體式站定，左手腕裡折，然後突然向前抖腕，手指斜向前，虎口向上，高與口平，力到掌背，右手位置腹右側。目視前手。上動不停，左手腕再折回，然後再向前

抖發，如此反覆操練。

　　此式練習時，可以一手反覆操練，也可以兩腳不動，左右手輪換連續向前抖發。

　　【要求】

　　練習時手腕、臂的抖動要靠腰胯的左右微動、重心前後的移動（兩腳位置不動）帶動，手臂要有一定彎度。沉肩墜肘，氣沉丹田。

　　【用法】

　　如對方以左手擊我胸部，我即以右手從其來手臂外環攔截下壓，同時我快速出左手向前抖彈對方頭面。對方若攔截我左手，我速出右手揮擊對方胸或頭面。

3. 蛇形手

　　【練法】

　　左三體式站定，身微右轉，重心後移，身略下坐，隨之兩手臂左右相交合抱於胸前，右手臂在上，右手伸至左肩前，手指向上，手心朝外；左手伸至右胯後，手心朝後。吸氣蓄勁。目視身前。

　　略停，身微左轉，隨之左手臂向身前抖出，呼氣，虎口朝上，指尖向前，力達小臂前部，高與胸齊；同時右手撤至右胯後，手心朝下。目視左手。略停，重心後移，左手收回與右手臂再相交合抱於胸前，然後身微左轉，左手臂再向身前抖發，同時右手仍撤至右胯後。依次反覆操練。練習時可以左右式輪換進行。

　　【要求】

　　練習時以腰身旋轉，丹田內氣催動，帶動手臂向前抖發。此動手臂猶如一根鞭子，甩出去要又軟又硬。

【用法】

如對方以右手擊我胸，我即以右手從其來手臂外環接手，向我身右後採抒其腕臂，同時我速出左手抽擊對方腹肋。

4. 雙拉弓

【練法】

習者馬步站定，兩手從身兩側托至胸前，手心朝上，吸氣蓄勁；略停，兩掌下翻手心向下，突然向身兩側橫撐抖臂，呼氣發力，兩掌高與腰平，力達小臂尺骨一側，兩臂呈弧形，目視身前。略停，兩掌上翻，手心向上，收至胸前。稍停，兩掌下翻，手心向下，再快速向兩側橫抖。如此可反覆操練。

【要求】

兩手臂向兩側發力，要有橫撐之勁。抖臂時要先抖動腰身，由丹田內勁催動兩手臂的抖顫，內外要形成一個合力。

【用法】

假設有人突然從身後抱住我腰身，我要立即縮身坐胯，同時兩手臂隨縮身微向裡合，然後兩手臂突然外撐，腰身一抖，可將身後人抖出。

5. 掖掌

【練法】

兩腳橫開一步，略比肩寬，立定站好。重心右移，隨之左腳收至右腳內側不落步；同時左手提至左胸前，掌指朝上，掌心向裡。上動不停，左腳向左側橫跨一步成半馬步，重心略偏右；同時左掌下翻，隨左腳跨步向身左側橫

擊，掌心朝下，手指向前，力到小指一側，掌與腰平。右
掌位置腹右側，掌心朝下。目視左手。

　　上動略停，重心左移，右腳收至左腳內側不落步，隨
之右手提至右胸前，手心向內，掌指向上。不停，右腳向
右側橫跨一步成半馬步，重心略偏於左腿，同時右掌翻掌
向身右側橫掌擊出，掌心向下，力到小指一側，高與腰
平。左掌收至左腰側，掌心朝下。目視右掌。

　　【要求】

　　此式操練時是左右連續動作，向左掤掌身向左轉，向
右掤掌身向右轉。手、腳、身動作要協調聯貫，不可斷
續。掤掌時，兩胯要鬆沉，腰要下踏，兩臂要撐圓，氣要
下沉。

　　此式練熟後可以練習活步操法，即兩腳開步站定後，
左腳向右腳前扣步，身向右轉 90° 或 180°，隨之右腳向右
側橫跨一步成半馬步，隨之右手向右側橫擊；然後右腳向
左腳前扣步，身向左側轉動 90° 或 180°，隨之左腳跨步左
掌擊出。

　　【用法】

　　設對方從我身左側上右步出右掌擊我胸部，我隨來勢
收左腳並以左手從其來手臂外環攔截。敵若後退，我即順
勢以左掌橫擊對方腹肋，同時可以左腳蹬踏對方膝足。

　　6. 虎形手

　　【練法】

　　兩腳併攏立正站好，左腳向前上一步，重心偏於右
腿，隨之兩手上提至胸前，手心向上，吸氣蓄勁；略停，
兩掌內旋，掌心向前，指尖向上，然後雙掌向前突發抖

勁，呼氣發力。目視兩掌。上動略停，重心略後移，胯微下坐，隨之兩掌外翻，手心向上，收至胸前，吸氣蓄勁。略停，然後再向前抖發雙掌。如此反覆操練。次數多少，根據個人情況自行掌握。此式可左右勢輪換練習。

【要求】

兩手出掌收掌要上下翻轉而動。發力時重心前後移動、腰胯左右微動、丹田抖動、兩腳蹬力，瞬間發出爆炸力。

【用法】

虎形手也稱雙劈、雙推手。實戰時如對方以雙推掌推擊我前胸，我可用雙手從對方兩手臂外環攔截其來手，我兩手一接觸對方來手，即沉氣略下壓對方手臂，以卸對方來勁，隨之我兩掌內翻突發爆炸力向前猛擊對方前胸。

7. 形手

【練法】

兩腳跟併攏，身體斜向右 45° 站立，身微左轉，隨之左腳向前上一步，重心偏於右腿。隨左腳上步，兩手從腹前向前抖發，掌心斜向前，掌指斜向下，高與腹平。目視兩手。上動略停，重心略向後移，身微右轉，隨之雙手收至腹前，手心向上，吸氣蓄勁。略停，身微左轉雙手再次向前抖發，呼氣發力。如此反覆操練。

【要求】

收掌聚氣，鬆肩墜肘，塌腰坐胯，重心略後移，腰身轉動，內氣催動雙手向前抖發，力達掌心。

【用法】

如對方上右步、出右手擊我頭面，我可向對方正面上

左步，同時我左手從對方來手內側攔截向外劃撥，右手同時向右側劃弧。上動不停，我兩手向外向下弧形劃至對方腹前，然後腰身突然一抖，向前猛擊對方腹部。

又如，對方上步用雙峰貫耳的招法雙拳擊我兩耳門，我可同樣用上式手法迎擊，不同的是此時我要雙手臂皆用力，從下向上、向左右各劃一圓圈收至腹前，然後突發抖勁，猛擊對方小腹。

此一擊用掌、用拳均可。

8. 馬形手

【練法】

兩腳跟併攏，身體斜向右 45° 立正站定，身微左轉，左腳向前上一步，雙手握拳上提至胸前，拳心朝下，然後雙拳向前（略偏上）伸出。不停，再向下弧形收至胸前，再向前抖發，力到拳面，高與胸齊。目視雙拳。上動微停，然後雙拳向下弧形收至胸前，再向前抖發。如此反覆操練，左右輪換練習。

【要求】

兩拳臂前去回收要上下走弧形。收為蓄勁，出為發力，發力要由腰身抖擻、內氣催動發抖力。

【用法】

如對方上右步以右拳擊我胸，我左腳上步至對方右腳後，同時我兩手從對方來手臂外環攔截，黏其腕臂，隨對方來勢向我右後採挒。敵若後退，我可順其勢突發彈抖之力，抖擊對方手臂。

也可以攔截採挒對方擊來右拳後，突發爆發力抖擊對方胸面。

又如，對方上左步出左拳擊我胸面，我身向右轉，右腳向對方左側上步，然後上左步至對方左腳後，同時我兩拳臂從對方來手外環向下攔截採捋，然後突發抖勁擊打對方頭面。

9. 立樁手

【一種練法】

左三體式站定，身微左轉，隨之左拳臂外開，臂呈弧形，拳心朝外，拳至左額外側。上動不停，身微右轉，左小臂立肘裡合至胸前，勁到小臂尺骨一側，拳心朝裡，拳高與鼻齊；右拳位於腹右側，拳心朝下；眼看身前。上動略停，左拳臂再向左側外開，然後再向胸前裡合掩肘，右拳位置不動。

【要求】

要以腰胯的旋轉帶動手臂的外開裡合，以內（內氣）帶外（外形），不能只單獨擺動胳膊。

【此式另一種練法】

如上式左三體式站定，重心略後移，隨之兩掌外旋變拳，左拳臂略向胸前回收，立肘，拳高與口平，拳心朝裡；右拳至腹右側，眼視身前。上動不停，重心略前移，隨之左拳臂向前靠肘，立肘，拳心朝裡，高與口平，勁達小臂外側，右拳不動；眼視身前。然後重心再略後移，隨之左拳臂回收，重心再略前移，左拳臂立肘前靠。如此反覆操練。

【要求】

立肘前靠要以重心的前後移動、兩腳蹬勁、腰身催動的整體勁向前發力。

【用法】

如對方以右拳擊我前胸，我以左小臂尺骨一側從其來手外環立肘格攔。攔截時手臂要有旋轉勁。

又如，對方以右拳擊我胸面，我以左拳臂從敵來手臂內側向外撐開其手臂，然後我左拳臂迅速從外向裡合擊對方頭面右側。

再如，對方以左拳擊我胸，我以右手下按對方左手臂，同時以左拳臂立肘向前靠擊對方前胸。

10. 貓洗臉

【練法】

左三體式站定，身向右轉 45°，隨之左手臂豎肘向胸前裹肘，掌心向內劃至臉右側，掌指向上；右掌置於腹右側，手心朝下；目視左肩前。

上動不停，身向左轉 45°，左掌下劃至腹左側，掌心向下；右掌上劃至臉左側，掌心向內，掌指向上，目視右肩前。如此反覆操練。

【要求】

此式練習時，兩腳不動，兩手臂的左右撐裹劃動，主要靠腰胯的旋轉帶動運作。

【用法】

貓洗臉一式主要是守勢，保護自己的頭面、胸部不被對方擊打。但守中亦有變機，如對方以兩手連續向我胸面進擊，我即左右手向裡劃撥對方來手以化解對方進攻之勢。所謂守中有變，即如果對方一側進擊之手稍慢，我向裡劃撥之手順勢向前反彈敵之頭面，也可用橫肘進擊對方胸肋。

11. 穿手

【練法】

馬步站立，兩手於胸前交叉，向前連續穿擊，一手前穿，一手回收。穿擊時後手從前手腕臂下，擰轉著向前穿，即由掌心朝下擰轉著翻向上，掌指向前，高與鼻齊，勁到指尖。眼看前手。

【要點】

兩掌向前穿擊時，腰胯要活，穿左手腰向右轉，穿右手腰向左轉，以腰為軸帶動兩手左右前穿。

上式是定步操練法，也可以練習一種直行步的穿手操練法。練習時可以順步穿手（上左步穿左手，上右步穿右手）；亦可以拗步穿手（上左步穿右手，上右步穿左手），不管是順步穿手，還是拗步穿手，步法都是向前直線行步，轉身時前腳扣步，回身繼續前行穿手即可。

上式熟習後還可以練習斜行步的操練法，練習時與上式一樣，可以順步穿手亦可以拗步穿手，不同的是斜行步是走三步一穿手。

【要求】

行步穿手步法要聯貫，手腳相合，坐胯塌腰蹬步前行，身體不可上下起伏。

走斜行穿手時要走出身形（左右微微晃動身子），步要斜，身子也要斜（身體側面朝前）。

【用法】

穿手是典型的進攻手法，與人交手時，我可用穿手法正面穿擊對方頭面，不管對方接手不接手，我的穿擊頻率要快速剛猛，不給對方喘息機會。

斜行穿手是從側面穿擊對方的進攻方法。

12. 白蛇吐信

【練法】

兩腳跟併攏立正站好，左腳向前上一步，右腳不動，重心偏於後腿。右手提至胸前下按掌，同時左掌從右掌上向前穿出，掌心朝上，指尖向前，高與喉齊，勁到指尖。右掌收至腹右側，掌心朝下；目視左掌。上動稍停，左手收至腹前，掌心朝下；隨之右掌劃至胸前按掌，左掌從右掌上向前穿擊。如此反覆連續穿擊操練。

【另一種操練法】

兩腳站定，右掌向胸前按掌，左掌從右掌上向前穿出；不停，左掌翻掌，掌心向下，撤至胸前，右掌翻掌手心向上，從左掌上向前穿出。如此左右手交替向前穿出。

【要點】

向前穿掌要以丹田內氣催動身腰、脊背發力，使內勁貫注到掌指，發出抖勁。

【用法】

設對方以左掌擊我前胸，我以右掌下按對方來手，同時我上左步穿左掌擊敵喉目。

敵若攔截我左手，我速以右手向前穿擊敵之喉面，兩掌連環出擊，不給對方以還手之機。

【註】此招為毒手，易給對方造成傷殘，故知可知，用慎用。

13. 沾衣挎袖

【練法】

此式有單人操練法和雙人操練法，這裡向讀者介紹的

是雙人操練法。練習時甲乙雙方馬步相對站立，雙方間距一臂遠，同時向前伸出左手，兩手腕相搭。然後同時用力扣腕，向下向回採挒，右手位於腹右側，手心向下，眼看左手腕。稍瞬兩手鬆開各自收回至左腰側；然後雙方同時向前伸出右手，兩腕相搭，扣腕向下向回採挒。稍瞬，兩手鬆開各自收至右腰側。再同時向前伸出左手。如此左右反覆連續向前搭腕採挒。

【要點】

向前伸左手，身微右轉；向前伸右手，身微左轉；雙手腕相搭要扣緊，向下採挒時，左手採身微左轉，右手採身微右轉。採挒時做到氣沉丹田，塌腰坐胯正脊。

【用法】

設對方以左拳擊我胸腹，我即以左手（卡子手形）向前搭在對方來手腕臂上，順其來勢擰腰坐胯，身微下沉，內勁貫於手指，突發淬勁，向我身左側採挒敵之來手。搭手之時，能抓腕即抓腕，抓不著腕即抓衣袖，抓哪兒採哪兒。故謂之「沾衣挒袖」。

14. 五行手

五行手即指形意之劈、崩、鑽、炮、橫五行拳常用手法，此五行手法已在拙作《張鴻慶傳形意拳練用法釋秘》一書中有詳解，此處不再贅述。

實事求是地講，李師傅教我的這些形意單操手法，對我後來散手技術的提高起到了非常重要的作用。多少年過去了，一想起那段難忘的時光，我依然由衷地感謝李師傅。

散手入門練法

　　形意拳是一種重技擊的拳術。過去學形意拳的人，一般學會了五行拳，就要學一些所謂的散手招式，與同門人或外門人進行「摸手」試招。

　　我年輕時也是這樣過來的，那時學了幾套形意拳，就覺得可以了，像一隻小公雞似的每天總是躍躍欲試地想找人試試手。其結果是總被人打得鼻青臉腫。現在回想起來，那就是瞎打，毫無章法地亂打。

　　後來經過師父的多次訓斥，慢慢明白了些道理，沉穩了，也就不輕易與人交手了。

　　再後來我接觸了幾位形意拳老師，他們給我講，形意門的散打，不是你想打就打的，學拳這事是有章法的，拳是拳、技是技。學拳是學套路，練功夫；學技擊是技藝，是實用技法。套路有套路的章法，技擊有技擊的章法。一切都要按規矩來，不能亂來。

　　關於技擊（散手）的入門練法，我們漢沽的形意門內，一直傳承著一種特殊的練功方法，即所謂「撕扒術」，也有人稱「抓蛤蟆」。

　　而在練習這個「撕扒術」之前，師父先要教兩個推手功法（現在叫推手，過去不是這樣稱呼），過去的叫法一個是「推磨」，一個是「磨盤轉」。

● 推磨

推磨就是推小石磨。這個物件，現在的年輕人是見不到了。倒退五六十年，在我們這一代人小的時候，常見到一般人家都有一個小石磨，用來推碾子磨粗糧。這小磨是兩個直徑四十多公分、厚度十多公分圓形的石盤子，用時兩塊石盤子上下扣住，相合處都有條形刻槽，下方的磨盤中心有一個凹槽，上方的磨盤中心有一個臍槽凸出，兩方磨盤上下相合時，臍槽正好扣在凹槽裡。另外上方磨盤頂有兩個孔，推磨時一個孔往裡添糧食，一個孔安個立柱，推磨時操作者一手扶住立柱從外向裡推轉小磨，另一隻手隨時向另一個孔裡添加糧食。

我們這支形意門就是模仿民間推小磨的動作，練習推手功法。練習時甲乙雙方相向站定三體式，然後雙方各以一隻手腕相搭於身前，另一手置於腰胯外側，手心向下。操作時雙方像推小磨一樣，你來我往來回推轉。

【要求】

（1）推轉時要慢，用勁要均勻，不要使強力。互相摸（聽）著勁推轉。動轉要劃平圓，不能出硬角。

（2）推轉時雖然是手臂在推轉，但實際是由腰胯主軸帶動手臂的運轉。整體運作。

（3）推轉時兩腳不動，但隨著身手的運轉，兩腿的重心要隨著身體的動轉而推移換位。

（4）練習時，兩足、手要輪換練習。

這個推磨法看似簡單，但要練好也不容易。雙方經常研習揣摩，可以從中體會對方的勁路變化，並根據對方的

變化合理調整自己的勁道，練習知己知彼的功夫。這個功法也可作為健身娛樂方法經常練練，很有好處。

● 磨盤轉

有了推小磨的功夫，下一步就可以學習磨盤轉的功法了。這磨盤轉其實就是推小磨的升級版。推小磨是兩人步子不動，原地推轉；磨盤轉是兩人手腕相搭，以搭手點為圓心，沿圓圈走轉。

【要求】

（1）走轉時兩人各伸一隻手，兩腕相搭，手指向上，手心向前，另一手置於前手肘內側，手心向外，指尖向上。目視相搭之手。

（2）走轉時，屈膝坐胯，腰要塌，臀要溜，脊要正，背要拔，項要豎，頭要頂，肩要斜（側面對著圈內），氣要沉。

（3）相搭之手不可用勁，兩手若即若離，要聽著對方勁走轉。目視相搭之手。

（4）邁步要均勻，走轉時步法雖然不像八卦走圈那麼刻意，但步子不可亂來，也要走蹚泥步。每一伸腿邁步有雞形步的含義（拿著腳前行）。

（5）走轉時可隨時轉身換形。轉身時，後腳向前上步扣腳，身向裡轉，同時前腳擺順；隨轉身，後手從前手小臂下向前穿出與對方來手相搭，然後上步身微外轉，繼續走轉。

（6）走磨盤轉，雙方一定要搭手相轉，不能斷手，

此功就是練習雙方兩手相搭走轉時的聽勁變化之功。

（7）走磨盤轉，時間長短可根據雙方體力情況而定，隨轉隨停，收式結束。

● 撕扒術

有了以上這兩種搭手推轉的功夫後，下一步就可以練習「撕扒術」了。

形意拳這個「撕扒術」練法，現在看來有點像陳式太極拳的散推手（亂採花）。可它又比散推手複雜一些，太極拳散推手中的東西它都有，另外它的練法更接近於散打實作。可以說散打中的手法你都可以用，唯一不允許的就是雙方在撕扒時，絕對不可出冷手（毒手）。

在我學習撕扒術時，有兩個人對我影響很大。一個是劉澤起老師，我跟劉老師學拳時剛上中學，年齡在十四五歲的樣子。我開始跟劉老師學的是少林拳，後來學了五行拳。劉老師原是唐山開灤趙各莊礦井上的檢修工，20世紀50年代中期調入漢沽的天津化工廠工作。劉老師在唐山老家時已是精通內外兩家拳術的名拳師，後來劉老師入了漢沽形意門唐維祿的弟子張文耀門下。

我跟劉老師學拳時他五十多歲，那時劉老師門下也教了幾個學生，他們都比我大一二十歲，老師經常帶他們打手，也教我一些散手，更多的是教我推磨和磨盤轉。後來就教我練「撕扒術」，老師說練這個安全，不會出意外。

這個撕扒術真像抓蛤蟆一樣，練習時兩個人抓在一起，你推我揉，你拉我拽，開始時老較勁、頂牛。慢慢懂

得點奧妙了，就不再犯頂了。開始琢磨如何使巧勁了，你勁推來了，我能用手劃開就用手，手劃不開，就用身形轉動化解，身子化不開，就動轉步法化解對方來勁，然後順勢借力再還擊對方。

撕扒時有抓、有打（放）、有肩靠、肘靠、胯靠；還有腿纏、腳絆；也有纏拿、指點、背摔等技法。總之，除了不許出冷手外，能用的招法盡量都使上。一場撕扒下來，感覺是淋漓盡致，痛快至極。

練撕扒術的好處：

一是由於沒有怕遭毒手的戒備，雙方可以放開手腳盡情發揮自己的技法，越是高手相搏，越感覺趣味無窮。

二是經常練習撕扒術的人，體力、耐力明顯增強，因為撕扒時比一般推手能量消耗大得多。

三是練習撕扒術雖然雙方相搏激烈，但由於意外傷害情況少，相搏雙方不會因為產生矛盾而傷感情，對拳友間增進友好團結有益。

我遇到的另一位撕扒術高手是一位姓馬的師傅。1991年的時候，我在一家化工廠做車間主任，一次與同在一起共事的小馬閒聊，得知小馬的父親會武術，尤其擅長形意撕扒術。我聽後很高興，遇高人不能失之交臂。後來經小馬介紹我見了他父親，一聊得知老馬師傅也是唐維祿先生的晚輩傳人，和我同一輩分，但老馬師傅比我長十幾歲。他也是自幼習武，雖然練的拳術套路不多，但練得很精，尤其是形意撕扒術和散手很有功夫。因為都好此道，一聊就近了。那時我在廠裡剛買了一套合建房，因為是給孩子買的，當時孩子還小，也沒裝修，一直空著，我就約老馬

師傅去那裡練撕扒術。

因為是夏天，我們到了那裡就脫掉上衣，光著膀子，只穿一個短褲。因為怕蚊子咬，屋裡也不開燈，就藉著星光，兩人開始撕扒，每天一練就是兩個多小時。後來我們又練散打，其間老馬師傅還帶過他的一個師弟來跟我打散手，就這樣，我們一直練了一個夏天加上一個秋天。這段時間與老馬師傅的接觸，對我當時撕扒術和散打技術的提高有莫大的幫助。

老馬師傅對我說，這「撕扒術」門內人叫「抓蛤蟆」，練習時外人看就像兩個大狗熊在那「掐架」，充其量就是瞎抓、亂打。其實不然，這裡道道多了。不懂竅要的人，抓一會兒就練得呼呼喘粗氣。懂竅要的人，借力使力，與對手周旋就如同玩一個大皮球似的，收發自如，旋轉有度，吞吐得法，得心應手。

如果兩人水準都高，功夫都好，那麼玩起來更是趣味無窮，你來我往，步轉身移，手推臂繞，身貼肩靠，你中有我，我中有你，來來往往，真是其樂融融。

太極「亂採花」與形意「撕扒術」

經常練習「撕扒術」，對太極推手，特別是太極拳散推手技術的提高很有幫助。1999 年我參加馬虹老師在北京解放軍報社大院內開辦的太極拳培訓班，其間老師教大家學習各種推手方法。其中教大家學習「亂採花」推手時，很多學員都學不會，老師讓我和保定來的一位師兄練這個「亂採花」推手（當時這位師兄是老師的推手助教）

給大家看看。這個「亂採花」我也是剛學，可是我上場和那位師兄一推起來，就遠遠超出了所謂「亂採花」的範疇。沾黏連隨，不丟不頂，隨走隨轉，你來我往，上下相隨，進退有致，閃展挪轉，游走龍蛇。當時在場的學員們都看得驚呆了，很多人走到馬老師面前問：「老師您怎麼沒教我們這個推手呀？」還有人後悔說：「哎呀！怎麼今天沒帶錄影機呢？」

其實老師教我們的「亂採花」，跟普通的太極推手打輪類似，上盤手基本一樣，只是下盤步法有些變化，不僅有進退步法，還增加了斜進斜退和弧形步法等。而我當時與那位師兄推的所謂「亂採花」，是隨著對方的進退攻防變化，把我過去學的「撕扒術」的技法、步法、身法全都揉了進去。所以大家看我的這個推法既像太極拳的「亂採花」散推法，又不完全像，大家當時都有點懵頭，不知這是何種推法。後來馬老師很認可我的這個推手方法（我後來把這個推手方法總結成「太極行步游身推手法」，並寫出專文論述），他老人家還對他的很多學生講：「邵義會的散推手很好。」

學了形意「撕扒術」再進而學習散打，就容易多了。如果能得到老師的步法傳授，再經老師說手、餵招、領手的訓練，那麼進入散打實戰，就是水到渠成的事了。

器械

抖大桿子

　　形意拳有一種勁叫「抖絕」，俗稱「抖顫」勁。在形意十二形拳中，熊形的演練中有一式叫「熊撒毛」，練習時馬步站好，兩手掌分踏至兩胯外側，手心向下，兩臂呈弧形。站定後，以腰胯帶動全身突然一抖，發出一個顫抖勁。這是「抖絕」勁在拳套中的練法。

　　當然在練習此功時，要經過一定時日的丹田內功的修練，修得丹田內氣充盈後才能發此功，不然沒有功底地去練，極易造成腹內臟器的損傷，習者宜慎之。

　　在用法上，當與人交手時，「抖絕」功常於近身相搏時發揮作用。如當對手在我身後突襲抱住我身，此時我腰胯下坐，身形一縮，然後突然身形一抖，同時兩臂外撐，對方不堪此擊，定會跌出身外。

　　又如，當對方上右步以右拳向我前胸擊來時，我可身微右轉，閃身躲過彼之來拳，同時我以右手從其來手外環攔截其小臂，迅速上左步至對方右腳外側，以我之左腳買（封）住對方右腿，隨之我左手臂從對方右大臂下穿出，以我左手臂外側貼緊對方右胸，這時我以腰襠發力，並配

以兩臂膀叫力，全身一抖，可使對方跌出。此招名曰「金蛇抖身」。

以上練用之法，抖勁之來源皆出自丹田之內功。而得此功最佳途徑，可藉助形意拳抖大桿子練習法。

● 無處不螺旋

抖大桿子所用的桿子叫白蠟桿，北方一帶係產於山東一地的白蠟樹為上品。選材時要選長而不彎，沒有裂痕且光滑少節筆直的為佳。切記桿子表皮的蠟質不可刮去，用時可用粗布蘸溫熱水，反覆擦洗即可（此法可除去表皮黏液）。長以九尺至一丈二尺，依各人身材高矮、力量大小而定，粗細以手握尾端滿把為宜。

大桿子要選分量沉實的（每年冬季三九前後砍伐的蠟木最佳，此時的樹桿沒有跑漿，故樹幹沉實），還要有韌性，勁一使在桿子上，桿子會亂顫，桿子一顫會帶動持桿者的身子隨之顫動。這就是你練桿子，桿子的顫勁抖動了你（練了你）。初練時一般人是把持不住桿子的，練習時間長了，桿子的勁到了你身上，你身子不抖了，可桿子照樣在抖，而且你一用勁它會顫動得越發厲害。至此，可以說抖大桿子的功夫初步上身了。

抖大桿子是一種輔助功法，其法由形意槍法演變而來，久練可使丹田內氣充實、力整，增長爆發力，對提高拳術水準有很大幫助。

抖大桿子脫胎於槍法，操練時把槍法中的精華提煉出來練，故其招法遠少於槍法。一般練大桿子僅練類似外家

槍法中的攔、拿、扎的纏、拿、崩三法。招式類同，但勁法各異。外家槍法多用雙臂直力，而形意槍法講究螺旋之力，練習時從身到桿無處不螺旋，練至純熟可使桿身如銀蛇出洞，柔若籐條，全身之力由桿尾傳至桿首，堅逾鐵石，柔中有剛，剛中蘊柔。

自古形意門相傳，先祖山西人姬隆豐，以大槍之術參悟《武穆遺書》而創編心意拳。以槍演拳法，歷來是形意門老師指導學生操練形意拳的練功之法。槍拳一理，以抖槍（抖大桿子）增加功力，是形意門練功求藝的一條重要途徑。我們這支張鴻慶先生的後學傳人，歷來重視以形意大桿子練功夫，代代相傳，沿襲至今。

下面將本門操練大桿子的方法及要點介紹如下，供同道朋友參考。

（1）持桿站位取三體式，左腳在前，右腳在後，重心偏於右腿，屈膝坐胯，身形略右轉，側身而立。兩手握桿於身體右側，桿子後半部緊貼腰側，左手在前持桿於身前，右手在後，右手握桿尾部，桿尾不要露頭。右手心朝下，左手心朝上，左把要鬆，右把略緊，此即所謂「陰陽把」。

【要求】身體放鬆，洗心滌慮，神意內斂，氣沉丹田，兩眼目視前方。

（2）向前出桿時身微左轉，重心略前移，但仍保持三體式站位（兩腿勁是前四後六）。此時兩腳蹬勁，右手外旋，手心轉向上。左手托住桿身，利用兩腿、身腰、手臂的整體旋轉將桿子送出。桿子前出之時右手勁略大，左手把要活，不能死握桿子，當兩臂伸直時兩手緊握桿尾

部，以內氣催動將內勁貫注到桿頭。

　　此式起動前左手微外旋，右手微內旋，桿梢從右向上、向左劃一半圈（謂之「攔法」）。不停，右手外旋，左手內旋，桿梢隨之從左向右劃半圈（謂之「拿法」）。然後兩手持把將桿子送出，桿身要平，桿頭高與胸齊（謂之「中平槍」），此為「扎桿」。

　　【注意】上式攔拿之法要以腰身帶動手臂旋動，桿梢的劃圈限定在碗口大小為佳。扎桿時要坐住胯，身體保持中正，不可前撲，兩手臂極力前伸，重心略前移，但定式不能成弓蹬步，仍保持三體式姿勢。

　　（3）接上式不停，身微右轉，重心略後移，隨之兩手內旋收桿於身體右側，桿子後部緊貼右腰側。隨著桿子回收，塌腰坐胯，氣沉丹田，兩胯叫力，兩手下按，此時桿子前身會驟然抖顫不止。此式與上式連續動作，即所謂「抖桿」。

　　【注意】撤桿、重心後移、塌腰坐胯、兩手下按，一氣呵成，有急剎車之感。

　　抖大桿之法的傳統練法有很多，我的形意拳老師當年要求我們主要練好這個抖大桿之法，每天都要練，一次抖100遍（分幾組練習）。

　　「抖大桿子」是習拳者利用一根大白蠟桿子操練內外功的一種方法。實用、得功快，深受練家青睞。武術界很多門派都有操練大桿子的傳承。方法各異，目的都是透過操練大桿子，增強練習者內外功力，為提高拳藝打好堅實基礎。

形意盤身刀

　　褚廣發的形意拳、八卦掌練得好，在漢沽武術界無人不曉，可是極少有人知道他的刀術也練到出神入化的境界了。因為他平時在人前從不擺弄刀槍。寧河一帶鄉土文化甚濃，一到年節，鄉里社團常常組織民間娛樂活動，少林會是必不可少的一個重頭戲，一到這個時節，縣城周邊四六八莊的少林會競相表演，甚是熱鬧。就是在這種場合，也難得見到褚廣發的身影。

　　吳老師曾對我說：

　　「我跟褚老師練了幾年拳，從沒見過他老人家練過什麼器械，我以為他老人家不會練器械。那時我年輕，看人家少林門的整天刀槍劍棍耍得熱鬧，我也很眼熱，就偷偷跟別人學了一趟雙刀。一次去了豐台鎮的褚老師家，到了那兒，一看老師沒在家，我就自己在院子裡練起來，練了一會兒，老師還沒回來，我又把雙刀拿了出來，在院裡練起來，正舞得來勁兒，褚老師回來了。他老人家一見我在練雙刀，就說：『可以呀！你長本事了，練起雙刀了，過來讓我看看你的刀。』我收了刀，把雙刀遞給老師，褚老師接過刀，看了看說：『行，這口雙刀不錯，是對好刀。』又說：『你練的那是啥呀？練那個沒用，那是出會練的，你看我練練。』說完他老人家就練了起來。不練不知道，這一練可真把我嚇了一跳。當時我可是看呆了，就

　　見他老人家雙刀上下飛舞，纏頭裹腦，左劈右砍，前穿後撩，身盤步繞，刀隨身轉，步隨刀走，直看得我眼花繚亂。練完刀，褚老師對我說：『那個刀你別練了，明天我教你練刀。』那天從褚老師家回來，我高興極了，立刻把這事跟我的兩個師兄說了，他們也很驚訝，說敢情咱們老師也會練雙刀呀！」

　　不久褚老師來到漢沽，把這形意盤身刀傳給了漢沽的幾個弟子。

　　這形意盤身刀與少林、太極等門的刀術練法不同。初學這趟雙刀不是練套路，而是練單式。

　　為什麼叫形意盤身刀呢？是說練這趟刀要有形意拳的基礎，而且必須要有本門獨特的行步拳的基礎。這趟刀最大亮點是練到最後階段，刀隨身盤，身隨步轉，勢勢相連，如行雲流水，一氣呵成。

　　盤身刀的單式動作主要有十個。如：左右穿刀、雙撩刀、懷中抱月、獅子張口、纏脖刀、追風趕月、青龍擺尾、十字披紅、金魚挑翅、金絲纏腕。這十個式子最不好練的是金魚挑翅這個刀法。

　　記得十年前吳老師傳我這套刀法時，僅就這個金魚挑翅一式，我就練了兩個月，也沒有練到家，後來經過幾年的不斷揣摩、練習，才算有了點眉目。

　　這個式子練時是用兩手的大拇指和食、中三指輕握刀把，然後左右、前後、上下繞花，刀的纏繞舞動，一定要用腰身的旋轉來帶動。另外，在雙刀舞動之時，下邊步子要一刻不停地隨著刀的舞動而走轉。

　　有了以上十個單式的練習基礎，再進一步練習梅花

步,即上邊是雙刀的左右纏頭裹腦,下邊是步走梅花形,邊纏邊繞,邊繞邊走,邊走邊轉。然後再練陰陽魚步法,即以左右穿刀的刀法,配合陰陽魚步的步法,練習刀法、身法、步法的游身變化,以及抽身換影,左右靈變的各種刀法(圖30~圖32)。

圖30　白猿獻果

圖31　獅子滾球

圖32　鷂子入林

　　以上就是形意盤身刀的基本功訓練。有了這些基本功,下一步就可以學習這趟刀的基本套路了。這趟刀的基本套路是以形意五行(劈鑽崩炮橫)刀法,加上前面所講的十個單式為基礎,配合形意拳各種靈活的步法而組成。

形意盤身刀譜（基本套路）

1. 雙刀起式	2. 錯刀式
3. 回身舞花藏刀式	4. 上步穿刀
5. 回身穿刀	6. 回身上步劈四刀
7. 轉身上步撩刀	8. 轉身右獨立劈刀
9. 上步撩刀	10. 退步龍形刀（懶龍臥道）
11. 上步橫抹刀	12. 古樹盤根
13. 翻身劈刀	14. 轉身橫掃千軍
15. 馬步橫刀	16. 轉身右撇刀
17. 轉身左撇刀	18. 追風趕月
19. 十字披紅	20. 轉身右撇刀
21. 轉身左撇刀	22. 龍形刀（潛龍下降）
23. 鳳凰展翅	24. 浪子踢球
25. 上步舞花	26. 轉身藏刀式
27. 行步撩刀	28. 左右懷中抱月
29. 轉身金魚挑翅	30. 轉身金魚挑翅
31. 左右纏脖刀	32. 退步左右削刀
33. 轉身右撇刀	34. 轉身左撇刀
35. 轉身懷中抱月	36. 金絲纏腕
37. 轉身纏頭裹腦	38. 上步舞花
39. 左雲撥刀	40. 上步舞花
41. 右雲撥刀	42. 左右梅花刀
43. 懷中抱月	44. 轉身穿刀
45. 龍形刀（神龍游空）	46. 撤步收刀式

　　所謂基本套路，是為了練習時有這麼一個規矩可循，從而進一步練習身法、步法與各種刀法的協調配合。當這個基本套路練熟以後，再練時就不要以這個固定套路來約束自己了，可以不按這個固定套路去練。固定套路是用於表演給外人看的，若是自己練功夫，那就無所謂什麼套路不套路了。

　　你想練刀，那麼你拿起刀就練好了，想怎麼練就怎麼練。當然這個隨心所欲的練法，是要有一定紮實的基本功基礎的。只有那些具有形意拳和雙刀基本刀法基礎的人，才能達到這一步。

　　形意盤身刀練習時，沒有躥蹦跳躍的動作，但是卻有非常豐富多樣的步法穿插其中，如：直行步、三角步、連環步、七星步、龍形步、擺扣步、陰陽魚步、梅花步，等等。有了這些靈活的步法，加之前面所述各種刀法，就可以任意組合演練。一旦你掌握、悟透此套刀法竅要，自然會刀隨身盤，步隨刀轉，上下左右，四面八方，游身閃化，無處不刀，處處是刀。

　　最後說一點，若是再得到本門傳授的絕技盤身掌，把盤身掌的練法揉到盤身刀法之中，那麼這趟刀法更是錦上添花。只要肯下工夫，細心揣摩，久練此刀，不但能使自己的身心得到良好鍛鍊，還會悟出不少更加奇妙的雙刀技法。

形意六合劍

　　我從兒少時就對練習劍術頗感興趣，先是看小人書，後來讀武俠小說，對書中那些騎馬挎劍指揮千軍萬馬的大將軍、仗劍走天涯除暴安良的江湖俠客由衷地崇拜。我九歲學少林拳，十歲跟族叔邵芝玲（傅劍秋的再傳弟子）學劍術。芝玲叔教我的是「太極行劍」，這是形意大師傅劍秋先生傳下的名劍術。那時候我人小拿不動鐵劍，叔叔邵國彭給我做了一把木劍、一把木刀讓我練功。我很喜歡芝玲叔教我的那套「太極行劍」，那時每天放了學到家扔下書包，就在營城老家的小院裡練劍，院外是滔滔的薊運河，院內的我一個人揮汗舞長劍。多少年過去了，那個情景至今仍記憶猶新呀。

　　後來我又陸續跟多位老師學拳，每次學拳我都要跟老師學一兩套劍術，練劍成了我那時每天的必修之課，簡直到了痴迷的程度。

　　我跟吳老師學劍是 20 世紀 90 年代初的事，那時我已經跟吳老師學了兩三年拳了，但吳老師沒教我練劍，他知道我會練劍。一天，一位中年人來找吳老師學劍，過後吳老師跟我說，這個人三番五次找他，非要學形意劍，可是他基礎不好，他不願教。以後這人老來找，吳老師磨不開情面，就勉強教了。後來吳老師對我說：「義會呀，你也把這套形意劍劃（練）下來吧，這套劍中有形意門的獨特

劍法，值得研究。」這樣我就開始跟老師學形意六合劍。

　　吳老師教我跟前面那個人不一樣，每天只教我兩三個劍式，不多教，但每次都給我詳細講解這套劍的多種練法和獨特的劍術用法，每次教完了，總是讓我先練兩天，練熟了再教下面的劍勢。吳老師這樣教，開始學時感覺好像是慢了點，可是現在想起來，這樣教很好，直到今天吳老師當年教我的東西都牢牢記在心間，很難忘掉。不像現在有些人看 U 盤、從網上學武術，學得快，忘得也快，只學皮毛，不求甚解，到頭來什麼也不是。

　　傳統就是傳統，我們跟老師學的東西瓷實，而且不單是學老師的東西，跟師父時間久了，那種師徒如父子的情感自然而然地滲透在師徒之中，這種情義也永久地留在了老師教的一招一式的劍（拳）勢中。陳鑫說：「打拳心中有情有景，自然打出神情矣。」我覺得，你的拳中有骨有肉，有情有義，自然是有生命的，也一定會薪火相傳，歷久彌新。

結緣吳師

　　中國人做事講情感、講緣分。有些事緣分不到，你急也沒用，緣分到了，事從人願，一片新天地。

　　我是 20 世紀 80 年代末開始跟吳老師學拳的，其實我早在 1976 年的冬天就與吳老師有過一面之緣。那年冬天我從下鄉插隊的黑龍江農村回家探親，一天我去看望教過我少林拳的劉澤起老師。劉老師原在唐山開灤礦工作，50年代初調入廠址在漢沽的天津化工廠工作，劉老師會的拳

種很多，尤其對少林六合門的拳械很有造詣，當年漢沽有很多年輕人跟劉老師學少林拳。後來劉老師拜在唐維祿在漢沽的弟子張文耀的門下。

聊話時劉老師給我講了很多漢沽武術界的事，那是我第一次聽劉老師講褚廣發先生在漢沽幾個徒弟的事，還講到褚先生傳的形意拳有獨到的練法。

這年春節前的一天晚上，劉老師帶我去拜訪褚廣發先生的徒弟董玉茂老師，那時董老師住在漢沽二街一處臨建房內（當時是唐山大地震剛過去半年，漢沽的老百姓絕大多數都住在簡易棚內）。董老師與劉老師同在天津化工廠工作，他見劉老師來訪，非常熱情地接待了我們。後來兩位老師分別在董老師家簡易棚前的小院內演練了太極拳和形意拳。劉老師還請董老師教我練了褚先生的劈拳架子。這是我第一次接觸褚先生的拳。正當我們師徒三人在院裡練拳時，吳桂忠老師也來了（吳老師也住在這條街上），劉老師請吳老師也練套拳，吳老師謝絕了。董老師說：「桂忠心情不好，這場大地震他毀了三間大正房，還沒了一個兒子，現在他哪還有心氣兒練拳呀。」

後來劉澤起老師跟我說，褚廣發先生在漢沽有四個徒弟（李西安、張次珍、董玉茂、吳桂忠），除了吳老師，其他三位在跟褚先生之前，曾跟唐維祿在漢沽的一位姓李的弟子練過拳。吳老師起步就跟褚先生練，他練的拳最像褚先生的架子。吳老師身架好，人也聰明，拳也練得好，20 世紀 50 年代曾隨漢沽武術隊參加天津市武術比賽拿過獎。

劉澤起老師在唐山老家練過形意拳，來到漢沽後非常

崇拜褚先生的形意拳，曾幾次託人請褚先生教拳，並曾親自到離漢沽九十多里地的寧河縣豐台鎮褚先生家求教。不知什麼原因，褚先生一直也沒傳劉老師形意拳。

劉澤起老師一生酷愛武術，他是我見到的最下工夫的練武人。他六十多歲時作為天津市選拔的武術隊員之一，到北京參加 1985 年全國武術觀摩表演大賽，憑一套「梅花雙刀」獲得大賽優秀表演獎。遺憾的是由於過重的生活負擔，加之長年超負荷練功，劉老師晚年得了肺氣腫，過早離世，終年不到七十歲。

劉澤起老師也是將姚馥春、姜容樵二位先生所傳「太極長拳」（北太極）傳入漢沽的第一人。「太極長拳」作為漢沽地區流傳的重要拳種，已經載入 1984 年版的《漢沽區志》一書。劉澤起老師生前為漢沽的武術事業發展做出過一定貢獻，我們後學之人不會忘記他。

劉澤起老師是見過世面的武術行家，當年漢沽地區那麼多練形意拳的，他老人家為什麼那麼崇拜褚廣發先生呢？用吳老師的話講：「褚先生教的拳既養小、又養老，練這個拳不傷人，養人啊。」可能我也是受了劉老師的影響吧，在我練了二十多年多門拳械後，三十六歲那年託人拜入吳桂忠老師門下，開始跟吳老師系統地學習褚廣發先生傳的張鴻慶的形意拳。

吳老師年輕時有個性，心高氣傲，一般人他都瞧不起。他們那個年代，驗證練武人功夫好壞，一看你練的拳，二看你散手功夫，而主要還是看你散手功夫。你練的拳再好，一旦與人交手，沒幾下你就被對手打趴了，人家就說你練的拳是花拳繡腿，不但你自己丟人現眼，連教你

的師父也讓人家瞧不起。

　　吳老師拳練得好，在散打上也下了一定工夫。那時他不但在本門內與幾個師兄弟操手，還經常與別的門派的散打高手過招。多年的實戰鍛鍊使他積累了豐富的散打經驗，一次在廠裡與外地來的幾個搞運輸的人發生了口角，那些人仗著人多勢眾，對吳老師動了手腳。哪知吳老師不吃這個，一頓拳打腳踢，幾個照面就把這幾個人打得亂滾亂爬，甚是狼狽。這一下吳老師名聲大振，後來慕名前來找他學拳的人多了起來。

　　我的師兄劉志勇早年是練八極拳的，他一米八五的個子，人高馬大，很有力氣，大腿粗的樹幹他用後背一靠，樹枝亂顫。劉師兄八極拳練得好，也特別喜歡散打。他是來者不拒，有人找他交手，他特別高興，凡與他交手的人基本都是乘興而來，盡興而歸。

　　劉師兄和我投緣，但我倆從來沒有真正交過手，都怕一旦交上手，雙方控制不住情緒傷了我們的這份情誼。但我們私下裡經常切磋打手經驗，劉師兄一次對我說：「吳老師有功夫啊，那年他老都七十歲了，我和他老搭手，我怎麼就撥不動他老的胳膊呢？」對此我也有同感。

　　當年我和吳老師搭手，我用勁，吳老師的胳膊軟綿綿；但我一進招，吳老師的手早就變在我前面等著了；如果我和吳老師較勁，有時吳老師不變招，也故意和我號一號勁，這時我會瞬間感到吳老師的胳膊變成了鐵槓子，那種感覺就像他的胳膊灌了鉛，沉重得很，讓你受不了。我曾問過吳老師：「我沒見過吳老師站樁、打樁、打沙袋，您老的這個功夫是咋練的呀？」吳老師說：「我沒專門練

過站樁、氣功，也沒打過樁，我就是五行拳，按你褚師爺的法子練五行拳，慢慢功夫就有了。」他還說：「褚先生也是這樣練的，你師爺說過，功夫到了，伸手就有。」

● 典型劍勢

　　吳老師傳的形意六合劍是我見過的形意門劍術套路中最長、劍法最豐富的一種。此劍全套共有 73 個式子。其中既有工體劍招式清晰、形端勁遒之特點，又有行體劍縱橫揮霍、流暢無滯的風格，演練起來可謂洋洋灑灑，大氣磅礡。

　　武術行的人都知道，刀好練，劍不好練。刀是大劈大砍，刀的路數一看就明白；劍不一樣，使劍高手絕不會像用刀那樣與對方直磕硬碰。劍走偏鋒，劍講究的是靈、巧、妙、絕。運用起來是上下左右、四面八方無處不劍，如蛇似蟒，出神入化，神乎其神。

　　下面僅就「形意六合劍」中較典型的劍勢做簡單介紹。

　　第 4 式　　虛步刺劍

　　接上式，右腳向右前方斜角上一步；左腳不動，重心偏後成右虛步，同時右手劍向前下方直刺，力達劍尖，左手訣護於右手腕上，目視劍前。

　　【要點】右手劍直刺與右腳上步，動作一致，力透劍尖。

　　【用法】劍刺對方膝、腳。

　　第 5 式　　轉身截劍

　　接上式，身向左轉 90 度，右腳撤至左腳後下落震

腳，左膝提起成右獨立式；同時右手持劍略內旋向右上方提抖，手心向外，劍尖向下，劍柄提至右眉外側，左手訣劃至左膝外側偏前，手心向下；目視身前。

【要點】轉身震腳、兩臂發力、抖絕同時進行。

【用法】右手劍上抖，彈崩對方上盤砸來的器械。

第6式　上步點刺

左腳向前落步成左弓步，同時右手劍向前點刺，力達劍尖，右手略低於肩，劍尖偏下，左手劃至右腕下，手心向上；目視劍前。

【要求】落步點刺同時到位，點刺發寸勁。

【用法】下盤左腳可蹬踢對方腹、膝。劍刺對方胸腹。

第7式　轉身劈劍

左腳回扣，右腳外擺，身向右轉 180° 成右弓步；同時右手劍隨轉身向前劈劍，劍身要平，高與胸齊，同時左手訣上架至頭頂，手心向上；目視身前。

【要求】轉身動作要穩，兩腳擺扣要清楚。劍隨身運，力達劍身。

【用法】翻身劍劈身後敵之偷襲。

第8式　虛步帶劍

重心後移，右腳回撤半步，身體向左轉 45°；同時右手外旋帶劍至胸前，手心向內，劍刃向上，左手訣收至右腕內側，手心向外，目視身右側。

【要求】以身帶劍，劍走弧形。

【用法】對方以槍劍擊我胸部，我以劍身劃帶彼之來械，化解其來力。

第9式　獨立架劍

（1）身向右轉 135°，隨之左腿屈膝下蹲右腿向右後僕出；同時右手劍隨僕腿向前下方刺出，手心向上，左手訣劃至身體左側方，手心向上，目視劍前。

（2）上動稍停，重心前移至右腿，身向左轉 45°，左膝提起成右獨立式；同時右手劍橫劍上架至頭頂，劍尖向左，左手訣護於右小臂內側，目視劍尖前。

【要求】轉身僕腿下刺劍，動作輕靈迅捷，獨立架劍要穩。

【用法】轉身下刺敵之下盤膝腿，橫劍上架對方攻我頭頂來械。

第10式　獨立刺劍

（1）身向左轉 45°，左腳下落外擺，右手劍向下向左掛劍，左手訣護於右腕內側；上動不停，右腳向前上一步成右虛步，同時右手劍翻腕下壓，劍柄鎖帶至腹前，手心向上，劍尖高與胸齊，左手訣護於右腕內側，手心向下，目視劍前。

（2）右腳向前上一小步，左腳提起成右獨立式；同時右手劍向前（偏上）平劍刺出，力達劍尖，左手訣劃至左側頭上，手心向上；目視劍前。

【要求】

（1）右手劍下落掛劍要走弧形。翻腕鎖扣帶劍至胸前是吸劍法。

（2）上步刺劍可發力，以身催力，力透劍尖。

【用法】

（1）掛劍是攔截對方迎面刺來之兵器，然後順勢右

手外旋鎖劍扣壓對方來械，此為吸劍法。

（2）順勢刺敵之咽喉，此為吐法。

第11式　轉身抖劍

身向左轉 180°，左腳後落成左虛步，同時兩小臂右上左下於胸前相交，右手心朝上，左手心朝下，然後兩手臂向身體兩側撐（抖）開，兩手心均朝下，位至兩胯外側；目視身前。

【要求】轉身後兩手臂要先合於胸前（蓄勁），然後抖臂外撐，沉氣、塌腰、坐胯、背靠，以身催力，丹田抖動，內勁猝發。

【用法】以我右手劍彈崩對方擊我中盤來械。

以上八個式子的演練，初步展示了「形意六合劍」劍勢工整、步法清晰、劍道勁道的特點。

形意六合劍不像一般形意門的刀劍套路那樣，招式簡單、動作粗獷。這套劍路從其身形、步法到劍勢技法各方面，都彰顯出其劍勢獨特、技法細膩。

● 化身運劍

形意六合劍屬於形意門的劍路，演練此劍不能脫離形意拳的基本特點，其步型、步法、勁道都要宗形意拳的法則，不如此，練出的東西就會變味，失去形意的精粹。

另外，「形意六合劍」也有自己獨特的東西，如劍路中的「化身運劍」「轉身六劍」等都是這套劍中特有的獨到劍法。

下面就此簡單介紹一二。

第28式　上步刺劍

接上式，右腳向前方斜角上步，左腳不動成右虛步；同時右手劍向前平刺，劍尖高與喉平，左手訣劃至頭上，手心向上，目視劍尖。

【要求】上步、刺劍要同步到位。

【用法】劍刺對方咽喉。

第29式　陽手解按

接上式，身向左轉90°，左腳向左前方上步，腳尖外擺，同時右手劍內旋，手心向下，劍尖向左橫擺，劍尖高與眉齊，左手訣護於右腕內側。上動不停，身體繼續左轉90°，隨之右腳向左腳前上步扣腳，兩手不動。身體繼續左轉90°，左腳後退一步成右弓步，同時右手向外旋腕，使劍在頭前雲劍一圈，然後向前平削劍，力到劍刃，劍尖高與頸齊，左手訣劃至頭上，手心向上，目視劍前。

【要求】盤步雲劍，身向左轉 270°，兩腳隨身轉動，擺扣清晰，身法靈活，劍、身、步要協調一致，右腕要靈活，先雲後削劍，劍法詭異流暢。

第30式　陰手解按

接上式，左腳向前上一步成左弓步，同時右手劍向右劃撥，然後內旋轉腕，逆纏反手向前捅劍，劍身高與肩平，劍尖略低；同時左手訣先向外劃，然後順纏向裡收至右腕下，手心向上，目視劍前。

【要求】左腳上步與右手劍旋腕逆纏（劍向外向內劃一小圈）反刺動作協調一致，力達劍尖。

【用法】先纏劍化開對方來械，然後順勢反手劍刺對方胸喉。

● 轉身六劍

第 42 式　上步刺劍

動作與前第 28 式相同，唯此式上步刺劍的方向是正前方。

第 43 式　右轉身平刺

（1）身向右轉 90°，右腳向後撤一步，左腳內扣，隨之右手劍內旋，手心向外帶劍至頭上偏前，劍尖向左，劍身要平，同時左手訣劃至右腋下，手心向上，目視左前方。

【要求】右腳撤步與右手帶劍動作一致。

（2）上動不停，身繼續向右轉 90°，隨之右腳外擺，左腳向右腳前上一步扣腳，兩手位置不變，眼看右側，身再向右轉 90°，右腳向前上一步，重心先左再向右移成右弓步。同時右手劍略外旋下落至胸前再向前平刺，左手訣向左後方展出，手心向上，劍指向後，目視劍前。

【要求】轉身要穩，劍隨身轉，上步刺劍輕靈快捷。

第 44 式　陰手解按

右腳尖外展 45°，左腳向前上一步成左弓步；同時右手劍向外略平擺，然後手腕內旋向前刺出，虎口向下，劍尖略低於肩，同時左手訣從後向前劃至右腕下，手心向上，眼看劍前。

【要求】右手劍前刺與左腳上步要動作一致，步到劍到，鬆肩探臂，力達劍尖。

第 45 式　退步刺劍

左腳向後撤一步，重心偏左，成右虛步；同時右手劍外旋，手心向上，右劍略回收，然後再向前平刺，劍高平

胸，同時左手訣向左後方展開，手心向上，目視劍前。

【要求】收劍蓄勢，劍尖走小圈，然後向前平劍刺出。

第46式　左轉身陰手解按

（1）右腳內扣，身向左轉 90°，左腳外擺，同時右手劍略外旋，手心向內帶劍至頭前上方，劍尖向右，劍身要平，左手訣劃至右腋下，目視右後方。

【要求】以身帶劍，身劍合一。

（2）右腳向左腳前上步扣腳，身繼續向左轉 90 度，兩手位置不變；目視左側。

【要求】身隨步轉，上下相合。

（3）身再向左轉 90°，左腳向前上一步，成左弓步；同時右手劍向前捅刺，虎口向下，劍尖略低於肩，左手訣劃至右腕下，目視劍前。

【要求】轉身上步刺劍，以身帶步，劍隨步運。

第47式　陽手解按

右腳向前上一步，重心偏後成右虛步，同時右手劍先向左、向後再向右在頭前雲劍一圈，劃至手心向上，然後向前平削，劍高同頸。左手訣劃至頭上，手心向上，目視劍前。

【要求】右手劍在頭前先逆後順劃一劍圈，然後再向前平削。要求腕要活，勁要順，力達劍刃。

以上第 42～47 式是「形意六合劍」中的重點劍勢，名曰：轉身六劍。此六劍是連環劍法，應用於實戰，當我被敵人前後夾擊時，可運用靈活的身法、步法，多變的劍法，化解敵人刀劍的攻擊。化中有進，進中有化，沉著應戰，險而不亂，以技勝出。

附　形意六合劍譜

1. 預備式	2. 分手刺劍	3. 上步托舉
4. 虛步刺劍	5. 轉身截劍	6. 上步點刺
7. 轉身劈劍	8. 虛步帶劍	9. 獨立架劍
10. 獨立刺劍	11. 轉身抖劍	12. 上步劈劍
13. 轉身劈劍	14. 套步坐盤劍	15. 轉身抖劍
16. 上步劈劍	17. 雲劍掃腰	18. 蛇形劍
19. 行步反刺	20. 上步陽手解按	21. 插步劈劍
22. 轉身反刺	23. 撤步撩劍	24. 退步劈劍
25. 撤步下截	26. 翻身劈劍	27. 轉身抖劍
28. 上步刺劍	29. 陽手解按	30. 陰手解按
31. 上步反撩劍	32. 懷中捧劍	
33. 轉身陰手解按	34. 陽手解按	35. 懷中抱月
36. 轉身下砍	37. 躍步刺劍	
38. 轉身陽手解按	39. 陰手解按	40. 轉身劈劍
41. 轉身抖劍	42. 上步刺劍	
43. 右轉身平刺	44. 陰手解按	45. 退步刺劍
46. 左轉身陰手解按	47. 陽手解按	48. 懷中抱月
49. 轉身下砍	50. 退步平刺	51. 左轉身陰手解按
52. 右轉身劈劍	53. 右獨立掛劍	54. 上步撩陰
55. 退步劈劍	56. 歇步帶劍	57. 套步坐盤劍
58. 左轉身上步劈劍	59. 虛步帶劍	
60. 上步陰手解按	61. 上步陽手解按	
62. 轉身陽手解按	63. 獨立掛劍	64. 上步撩陰
65. 退步劈劍	66. 翻身劈劍	67. 虛步帶劍
68. 獨立帶劍	69. 左套步劈劍	70. 翻身劈劍
71. 轉身抖截	72. 上步點劍	73. 收式

形意雙棒

　　形意拳屬於短打拳術，在歷代傳承中一般以傳拳為主，宗旨是「強身健體，防身禦敵」。它的套路編排短小精悍，動作簡單古樸，不尚花招，力求實用。一套拳少則三五個動作，多則一二十個招式。在傳統形意拳二十幾個套路中，僅有雜式捶的動作相對多一些，也只有五十幾個動作而已。

　　我們知道的，歷史上形意門前輩也大多是以拳術稱雄武林的。如形意拳的創始者李洛能，武林號稱「神拳李老能」，形意拳的第二代名師郭雲深有「半步崩拳打遍天下」之美譽，其後的張占奎更有「閃電手」之稱，再後的韓慕俠、尚雲祥、孫祿堂、薛顛、張鴻慶、唐維祿、傅昌榮等近代形意門大俠，個個都是身懷絕技的拳術大家。

　　仔細想來，形意門人以拳技名播天下，是時代變革的結果。自明末以來，西洋火器大量進入中國，逐漸取代了軍隊中的冷兵器，而作為過去軍隊中主要作戰武器的刀、槍、劍、棍等自然失去了它往日的威力。這些冷兵器被淘汰是歷史發展的必然結果。

　　武術家順應時代的變化，把武藝的重點放在拳技研究發展上，是順應時代變化之需要。可以說，時代發生了變化，但武術「強身健體、防身自衛」的作用，至少在今後若干年也不會消失。

　　形意拳是順應歷史不斷發展變化而演變成長起來的一個優秀的傳統武術拳種，她發展到今天，不知凝聚了古今多少代英雄豪傑的心血和智慧。

　　有人說，形意拳是南宋的岳飛為了提高抗金部隊的戰鬥力而創編的，這也可以理解。

　　形意拳的拳械套路都是以五行拳為母式，其動作簡單、實用，易於一般人學練。明代的戚繼光、民國的尚雲祥都曾有過變拳械招式使之適於軍隊擊敵的實踐。他們傳授士兵的武藝，在戰場上確實顯示了殺敵報國的威力。

　　其實，目前有歷史依據可考的「心意六合拳」（形意拳的前身）創始人，當屬明末清初山西蒲州人姬隆豐。

　　心意六合拳脫胎於少林拳，當年姬隆豐曾在河南登封少林寺學藝多年，後以大槍術悟出心意六合拳法之理，創編出心意六合拳。

　　此拳傳至河北深州人李洛能又有所發展，李洛能得此技時已三十七歲，後經十年苦修，技藝大成。當時先生在原心意六合拳基礎上，加之自己所悟，又創出了形意拳，至此，李洛能始開心意六合拳北派。

　　應當說在形意拳的傳承歷史上，也並非沒有器械傳承。在形意門的傳承中，也曾有過各種刀、槍、劍、棍以及六合大槍、鳳翅鏜等長短器械的傳授。而且到郭雲深、李存義這兩代，還創編了形意鞭、朴刀、月牙鏟等多種器械套路。其後的一些形意門派系中，還曾出現過諸如白虎鞭、判官筆、峨眉刺、麟角刀等一些稀有器械套路傳承。這些都大大豐富了形意門拳械技藝內涵。應當說，這些稀有兵器套路的創編，大多是吸收、借鑑了別家門派拳藝精

華，為形意門之所用。

　　我曾經練過形意門的判官筆，但我也知道，在中國傳統武術的拳種中，有很多門派都有這種器械傳承，所練招式都是大同小異，互有借鑑。而形意門所傳承的判官筆，顯然是吸收了外門所改編的東西，所以不能算是獨具特色。

● 形意雙棒的製作

　　當我學習了形意雙棒以後，我才覺得這才是形意門的獨家兵器。它的招式使用，完全符合形意拳動作簡單古樸、易學實用的特點。

　　形意雙棒，顧名思義，既為棒，則比棍要短，既為雙棒，肯定又比單棒更短。

　　首先雙棒的製作，沒有固定規則，它完全是根據個人自身特點所製。比如，製作時先要考慮個人的身高、力量等。一般人，可以使用長 50 公分左右的棒。棒的粗細以自己手能握住為宜。若用白鋼管製作，可以考慮用直徑 3.2 公分的管子為佳。

　　製作時先切割好一根 50 公分的管子，兩頭用氣焊火烤紅，然後用小錘子搗成鼓圓，待冷卻後，用細砂輪打磨棒頭，然後用細砂紙打磨整個管棒，使其增加光亮度，即可使用了。為了增加雙棒的觀賞度，還可以在棒的一頭套扣（或銲接），裝上一個小箍頭，掛上幾個鐵環，再繫上兩塊綵綢就更有觀賞性了。如果沒有鐵管，也可以用相同長度的硬木棒製作。

● 唐維祿與形意雙棒

漢沽形意門所傳承的雙棒，源於天津寧河縣豐台鎮的形意名師唐維祿先生。嚴格地講，漢沽地區的形意拳，最早也主要是由唐維祿先生在民國年間傳入的。一般人都知道唐先生是形意大師李存義的傳人，其實唐先生初學少林拳，後學形意拳，而先生的形意拳啟蒙師父則是河北深州的申萬林老先生，申萬林是郭雲深的傳人。申先生也是寧河縣傅昌榮、張景富（人稱「果子張」）等名師的形意拳啟蒙老師。因此，至今天津蘆漢兩地的形意門人，都對申萬林老先生敬仰有加。

唐維祿先生是民國年間北方有名的形意拳大師。他一生授徒很多，但多以傳拳為主，所傳兵器不多。在唐先生所傳的器械中，給我印象最深的有兩種。一是「三十六棍對打」，二是「形意雙棒」。

前幾年唐先生的一位弟子李仲軒老師曾寫文章披露說：「唐師獨到的兵器是判官筆，在形意門中判官筆就是雙槍，有一條胳膊長，槍頭是圓的，練嫻熟後再縮成一條小臂的長度。我特意打造了一對銅的，也不用點穴了，這種分量不管捅在哪兒，人都得趴下。」

這段話雖僅寥寥數語，但卻道明了此物的出處、性質及用法。

李老的話使我們進一步瞭解到，唐門所傳的雙棒，應該是吸收了別門的判官筆技法，在此基礎上結合形意拳的特點，創編出的一套形意獨門兵器。

不過此技在後來唐先生的傳人中又有了不同側重的傳

承發展。比如李仲軒老師的練法是將此技向雙槍技法上發展。但在我們漢沽的唐門傳人中所演練的這套東西，技法可就豐富多了。因為此物（指雙棒）可長可短，所以其內涵就不僅只有雙槍之技了，它也可演練出諸如刀、劍、棍、棒等多種兵器的技法。

另外像李老所講，將雙棒縮成一條小臂的長度，那又變成另一種練法了。

小時候見到過一位唐先生的再傳弟子善練雙棒，每當節慶時候，這位老師就出場演練一番，人們見他的雙棒長短和形狀很像舊時婦女們捶衣服用的棒槌，後來就稱這位老師是「練棒槌的」。

棒出有名

我的形意雙棒，初學於我的一位同事的父親。記得他當時教我時，教學雙方都不得要領，一開始，他今天教我這樣練，明天又教我那樣練，老是變樣兒，搞得我很糊塗。開始我以為他不願教我，故意搞亂，沒有程序，使我難記。後來在我再三追問下，他才說，形意雙棒本來就是沒有固定招式的。

雙棒的演練是以形意五行拳的劈崩鑽炮橫為母式，其中夾帶著一些十二形拳的招式，演練時可以隨意組合。但僅記這些還不能練好形意雙棒，因為僅懂這些，形意雙棒的演練始終脫離不了固定套路的程式。而我在這個階段，則老想著能記下幾個固定招式練習才好。現在想來，這是不得要領的初級練法。

　　後來我學習了形意盤身掌法，這下子練習雙棒的問題一下子就解決了。原來要想練好形意雙棒，同樣也要掌握好形意拳特有的各種步法。

　　形意雙棒是在各種身法、步法的變化中演練的，它和形意盤身掌一樣，沒有固定招式。但棒出有名，絕不亂來。棒式源於形意五行、十二形拳之母形，隨意組合，任其發揮，千變萬化，萬變不離形意拳之拳式特點。

　　我自幼練過少林拳械，對刀槍劍棍各種器械略有研究。但我覺得這形意雙棒的確是一件難得的武術運動器械，它既能健身娛樂，又能防身自衛，而且老少咸宜，使用廣泛。

　　它製作簡單，攜帶方便，不張揚，但又很實用。現在的人都很喜歡練劍，但劍術之應用多已失傳。今之劍術多為健身表演之用。當然這也是一種藝術，無可厚非。

　　最早引起我對形意雙棒的興趣的是一位年近古稀的老人。記得那是 1978 年秋天的事。那時我剛從東北農村返城，在一家化肥廠當臨時工。在每天上班的小路旁，我無意中發現一位老人，在距小路不遠處的鹽田埂埝上，演練一種兵器。

　　我仔細觀察，原來老人家練的兵器是兩根半公分多長的短木棒，棒的一頭繫著兩塊綵綢。只見他老人家就在那麼一塊狹小的田埂上，雙手握棒，隨著身形、步法的不斷變化，向四面八方，上下左右，劈、砸、截、打、撥、攔、挑、掛、捅、點、掄、掃，勢勢相連，棒打連環，氣勢磅礡，非常神勇。

　　我每天上班路過那裡，都要遠遠地看上一會兒。當時

我非常羨慕這位老拳師，他偌大年紀，身手如此敏捷，精氣如此飽滿，實在難能可貴。後來，我經過打聽才知道，那位練形意雙棒的老人名叫董丙華，是唐維祿的再傳弟子。就在那個時候我暗下決心，以後有機會我一定也要學會這套棒法。

過了兩年，機會終於來了。我的一個同事的父親會形意拳，透過接觸，我發現他也會練形意雙棒。交往久了，他願意把形意雙棒的練法傳給我。因為我會形意拳，又加上我曾經多次觀摩過董老師的練法，所以這位同事的父親教我雙棒時倒也沒費什麼事。

只是這套棒法沒有固定招式，一開始也讓我費了些心思。後來我逐漸掌握了練習這套棒法的竅要，再往下練習就容易多了。

後來我有幸結識了吳桂忠老師，向吳老師系統地學習了張鴻慶傳的形意拳。吳老師又將自己練習形意雙棒的心法傳授於我，並指點我練好雙棒要有悟性，要不拘一格，盡量發揮自身特長。

他說練習時一定要結合盤身掌的練法，要多走身盤，還可以把形意身盤雙刀的招式揉入棒法之中，這樣棒法就更活了，也大大增加了這套棒法的觀賞性（圖 33～圖 35）。

圖 33　炮打

圖 34　移形換影　　　　　　圖 35　上步劈砸

　　過去常聽前輩老師講，兵器是手臂的延伸，拳練好了，器械自然就會練了。老師們的話，當時聽了很讓我恍惚。我常想，拳術練得再好，沒有器械的編排套路，你再有本事也不可能各種兵器隨手拈來就能演練吧？學了這形意雙棒，我方頓悟，武術之道始於成規，終於脫規離法。無規無法即是真法。真是感嘆前人的智慧，一對短短的小棒，讓我們後人深刻感悟到這一通百通的玄妙。就像那劉三姐的家鄉小調，不變的是那甜美的鄉音，萬變的是那歌中的詞意。讓人回味無窮呀！

白虎鞭

● 長印叔的《形意寶庫》

記得我在上中學時（1965 年前後）就聽人講，在漢沽練形意拳的某流派中秘傳著一種器械叫白虎鞭。那時我年幼無知，一直以為這白虎鞭肯定就是唐朝開國大將尉遲恭使用的那種帶節的鋼鞭了（因少時在小人書中見過尉遲恭將軍的鋼鞭，印象很深）。

時光流逝，到了 20 世紀 80 年代末，我的一個族叔邵長印（長印叔是唐維祿和張景富的再傳弟子）教我形意拳。長印叔是從小看著我長大的，很喜歡我。當時他老人家有一個想法，想用兩年時間把他的拳法傳給我，他說自己年紀大了，身體又不太好，希望我能繼承他的東西，然後讓我帶帶他的一些學生（圖 36）。

圖 36　與邵長印老師（後排中間）及師兄弟合影，後排右二為作者

圖37　形意寶庫一

我跟長印叔學了不久，他老人家把一本手抄本的形意拳書交給我，對我說：「這本書你拿去複印一下，裡面的形意拳理論知識可以學習參考。」那本手抄本沒有書名，書面有長印叔自己用毛筆寫的「形意寶庫」四個大字（圖 37～圖 39）。

圖38　形意寶庫二

圖39　形意寶庫三

　　後來得知那個手抄本實際是民國年間出版的薛顛著作。也許因為當時那個年代，邵叔是一個國營廠的黨委書記，可能忌諱薛顛這個名字，所以他沒有抄寫書名和作者名字。

　　後來我在這個手抄本裡發現了邵叔抄寫的「楊氏太極劍」老譜和「白虎鞭譜」。這本楊氏太極劍譜跟唐山張蘭普老師傳給我的楊氏太極劍譜基本一樣，對那個「白虎鞭譜」，我當時也沒太在意，想邵叔以後會教我的。不幸的是過了兩年，長印叔病故了，我也就把學白虎鞭的事淡忘

了。

　　時間到了 2006 年，我退休五年後又重返廠裡上班。一次與廠裡一位同門師弟閒聊形意拳，無意中談到了白虎鞭的事，我的這位師弟對白虎鞭頗有研究，對白虎鞭的來源出處也有一些瞭解。

　　我聽後很高興，就說自己珍藏著一套白虎鞭譜，只是我不會練。那位師弟對我說，他也有一套白虎鞭譜，我們可以對對譜。這一對照，竟一字不差。後來我請師弟把這套鞭法教給我，師弟同意了，在教我鞭法時他還跟我講了很多關於白虎鞭的傳聞逸事（這位師弟的父親是張景富的再傳弟子）。後來作為回報，我把自己學的一套八卦龍形劍傳給了這位師弟。

　　記得那位師弟曾對我說，這套白虎鞭是當年由郭雲深的弟子申萬林帶到天津寧河縣的（原屬河北省管轄）。申先生在寧河縣傳的弟子有：唐維祿、傅昌榮、張景富等多人（也有人寫書說張鴻慶也是申先生的弟子）。他說申先生在傳授形意拳的同時，還向他的愛徒張景富傳了白虎鞭、紫金鞭、回龍劍等技藝。後來張景富又把這些技藝傳授給了漢沽的弟子劉慶祝。漢沽的傳人對此技珍愛如寶，多年來秘不外傳，就是在 20 世紀七八十年代武術運動蓬勃發展的時候，也難得在比賽（表演）場上看見有人展示此技。

　　在那個年代，人們雖然保守，但我偶爾還能聽到有人談論此技。可近幾年，卻很少有人提起此技，更不用說公開演練此技了。我也曾向一些老人打聽，他們都說現在會此技的人大多忘記了，有人能練也是對不上鞭譜了。惜

哉！老一輩傳下的好東西，特別是那些被人們珍愛的所謂獨門絕技，更是有它的獨到之處，多麼希望有條件的後來之人能夠珍惜，把先人的好東西完整地保留並傳下去。

世界上的事有時很奇巧，我少年時的一念，竟在四十年後才得以圓夢。

人生很多事都在一個「緣」字。我學了這套白虎鞭後，發現這套白虎鞭真是一個難得的好套路。全套七十二個式子，不但式名雅緻，動作也是非常瀟灑飄逸。並且很少重式，雖有重名，動作卻不一樣。我覺得前人創編這套鞭法，確是費了很大心血和智慧。而且創編之人，必是精通多門拳械的高手。

首先我認為白虎鞭雖然近百年一直在漢沽形意門中流傳，但此套鞭法並不屬於形意門的本門器械。如果你硬套形意拳的特點去演練那就錯了。

應該說白虎鞭主要源自少林門。我學習過少林六合棍、槍，也一度研習過山西的鞭桿、少林瘋魔棍等器械。讀者也可以研究一下少林短杖的演練風格，不難看出，白虎鞭的許多式子及演練風格與以上諸家同類器械的演練特點，有很多相似之處。

這也不奇怪，在寧河縣首傳此套鞭法的清末武術大家申萬林先生，當年江湖人稱「全拳王」。先生在拜形意拳大師郭雲深之前，已是清末宮廷的武術教頭，並拜同樣在宮內當差的八卦掌祖師董海川為師學習八卦掌。所以我們可以看到在白虎鞭的演練中，也有一些八卦掌的痕跡。特別在步法上，八卦掌的行步、擺扣步更是顯而易見。

學了白虎鞭，才知道這個所謂的鞭，並非是尉遲恭使

的那種有節鋼鞭。說是鞭，其實只不過是一根小木棍而已。其粗細長短可根據各人身高、力量情況而定，一般長度在 1 公尺左右。白虎鞭製作簡單（用白蠟桿、藤子條、墩布把均可），攜帶方便。

演練此套鞭法可快可慢，式子可高可低，步法可簡可繁。這套鞭法可作為一般人健身娛樂操練，也可以作為防身禦侮的技擊之術深入研究。總之練習難度可根據個人情況自行調整。

另，為了方便同道朋友深入研究此技，我願將先師當年秘傳之白虎鞭譜，借此文之便奉獻給大家，以供參考。

附　申萬林傳72式白虎鞭譜

1. 背鞭起式	2. 青龍探爪（圖40）	3. 白蛇伏草
4. 提步背鞭	5. 海底撈沙	6. 反臂撩陰（圖41）
7. 餓虎撲食（圖42）		8. 白蛇伏草
9. 點指剪腕（圖43）		10. 白蛇入洞
11. 點指剪腕	12. 青龍轉身	13. 直符送書
14. 橫鞭探耳	15. 黑虎捲尾	16. 當頭棒嚇
17. 跨鞭彈腿	18. 過渡流星	
19. 夜叉探海（圖44）		20. 直符送書
21. 青龍擺尾（圖45）		22. 孤樹盤根
23. 勒馬聽風（圖46）	24. 金雞點頭（圖47）	
25. 泰山壓頂	26. 九品蓮台（圖48）	
27. 猛虎乘風	28. 退步三鞭	29. 猛虎乘風
30. 飛燕歸巢	31. 換步三鞭	32. 流星趕月

33. 十萬橫抹　　34. 旋風掃葉　　35. 左右揚鞭

36. 二郎擔山（圖 49）　　37. 白虎入洞　　38. 二郎擔山

39. 白虎入洞　　40. 金輪雙轉　　41. 白虎入洞

42. 右勢剔鞭　　43. 烏雲罩頂　　44. 弓勢群攔（圖 50）

45. 左勢剔鞭　　46. 烏雲罩頂　　47. 弓勢邊攔

48. 右勢掃堂　　49. 烏雲罩頂　　50. 弓勢群攔

51. 左勢掃堂（圖 51）　　　　52. 烏雲罩頂

53. 弓勢邊攔　　54. 直符送書　　55. 青龍擺尾

56. 纏鞭挑刺　　　　57. 湘子挎籃（圖 52）

58. 左右翻打　　　　59. 右勢獻花（圖 53）

60. 纏攔掃打（圖 54）　　61. 旋風掃地（圖 55）

62. 金雞點頭　　63. 進步撩陰　　64. 大蟒翻身

65. 當心直刺　　66. 十萬橫抹　　67. 湘子挎籃

68. 蛟龍戲水　　69. 金龍纏身　　70. 烏龍擺尾

71. 連環轉身（圖 56）　　　　72. 捲鞭收式

圖 40　青龍探爪

圖 41　反臂撩陰

圖 42　餓虎撲食

圖 43　點指剪腕

圖 44　夜叉探海

圖 45　青龍擺尾

圖 46　勒馬聽風

圖 47　金雞點頭

圖 48　九品蓮台

圖 49　二郎擔山

圖 50　弓勢群攔

圖 51　左勢掃堂

圖 52　湘子挎籃

圖 53　右勢獻花　　　　　　圖 54　纏攔掃打

圖 55　旋風掃地　　　　　　圖 56　連環轉身

白虎鞭演練

習練白虎鞭，要先打好腰腿的基本功。首先要練好步型，如：弓步、馬步、虛步、仆步、丁步、歇步、獨立步

等；然後是步法，如：跟步、套步、蓋步、跨步、連環步、擺扣步、弧形步、走圈步等。白虎鞭名曰鞭，實際學習時要明曉其中內含的刀、劍、槍、棍諸法，如刀法中的撩、劈、裹、劃、撥，劍法中的刺、抹、扎、撩，棍法中的纏、絞、蓋、點、掃、疊、推、挑、架、攔、截、砸、捅、壓、舉等。

　　白虎鞭步法清晰多變，時而直出直入闖中門，時而弧形繞轉走偏門，時而連環蓋步身倒轉。「白虎鞭」演練中多含短棍技法，如套路中有很多短棍上下絞動的棍法，如：黑虎捲尾、青龍擺尾等式都是習者兩手持棍隨步法行進而上翻下絞。

　　其中「黑虎捲尾」一式，習練時下盤要連續走三個倒行歇步，同時上盤兩手上翻下絞，難度很大。

　　再如，「弓勢群攔」一式，上接前式「白虎入洞」，重心左移提右膝成左獨立式，此式名曰「右勢剔鞭」；隨之兩手左上右下持棍向右膝外側下截棍，然後身向右轉120°，同時右腿後撤一步，隨之左腳跟步至右腳左側成左丁步；隨左腳跟步，兩手橫握鞭向前橫攔，鞭與眉齊，目視前方，此式名曰「烏雲罩頂」；稍停，兩手活腕使左側鞭頭向下、向後、向上、向前纏繞一圈，左腕為主，右腕輔之。

　　然後提左膝成右獨立步，隨之兩手持鞭向左膝外側下截鞭，走「左勢提鞭」，然後撤左步，身向左轉120°，跟右步成右丁步，隨之兩手持鞭向前橫攔，然後兩手活腕再從下向上劃一小圈纏點右側鞭頭，走「烏雲罩頂」「弓勢邊攔」。這是走上盤鞭法。

接下式走下盤鞭法，身略右轉，左腿屈膝下蹲，隨之右腿向右後撤步成右仆步，隨之兩手握鞭向右下方橫掃，右手在前，左手在後，右手側鞭頭與右腳同一方向，此式名曰「右勢掃堂」。上動稍停，重心前移，身略上起，向右轉身 90°，重心移至右腿，隨之左腳跟進至右腳左側成左丁步，同時兩手持鞭向前橫掃，鞭與眉齊，目視前方，此為「烏雲罩頂」。稍停，兩手活腕使鞭左側前端向下、向後、向上、向前纏繞前點，此式名「弓勢群攔」。稍停，再左轉身走「左勢掃堂」「烏雲罩頂」「弓勢邊攔」三式。

以上兩組動作可謂「白虎鞭」中典型的短棍招式，動作中步型包含了定步、仆步、獨立步，步法包括有跟步、撤步以及身法的輾轉起伏，鞭（棍）法的下截、上攔、纏繞點擊，下盤的仆腿掃打等。步法多變，鞭（棍）法細膩，耐人尋味。

「白虎鞭」中最明顯的刀法路數是下面兩組動作。

一是「退步三鞭」，此式演練時步法連續後倒步，隨之單手握鞭（刀）隨倒步連續下撩上劈，然後再翻身上步掄鞭向前劈鞭（刀），連續幾個式子，步隨身轉，身帶鞭行，上下聯貫，一氣呵成。

二是「蛟龍戲水」「金龍纏身」「烏龍擺尾」「連環轉身」一組收尾動作。此式從第 67 式「湘子挎籃」始，先是下盤雙腳連續沿著圓圈走擺扣步，上盤隨之兩手持鞭上下攪動，走過一圈後，突然身向左轉雙腳沿圓圈逆行走弧形，同時上盤右手持鞭（如單手握刀）隨行步鞭走纏頭裹腦下掄（掃）鞭（刀）。如此走過一圈後，再向左斜角

上左步下掃鞭（刀），然後撤步收鞭走「捲鞭收式」結束。

這一組動作，（步）左右盤旋，（鞭）上下翻滾，身法、步法、鞭（刀）法，協調聯貫，動作優美，觀之賞心悅目。

「白虎鞭」技法豐富，勁力內含，全套動作沒有躥蹦跳躍，大劈大砍招式，演練時要注意以下幾個要點。

（1）連接動作多做虛步纏點，以蓄勢（勁）承接來勢，如套路中多處出現的「點指剪腕」「直符送書」「白蛇伏草」諸式，即是此意。

（2）動作纏綿含蓄，翻轉擰動，套路中多處顯現兩手上絞下翻滾動而行的動作，如「青龍轉身」「黑虎捲尾」「青龍擺尾」諸式，下盤步法各異，而上盤翻攪之勢基本一樣。以上幾式看似纏綿有餘，剛勁不足，其實這正是此套鞭法的一大特點，此法外柔內剛，螺旋滾動，一往無前，勢不可擋，更彰顯出「白虎鞭」絕妙的靈動技法特色。

（3）「小木棍，大智慧」，屈屈一公尺短棍在習練者手中能演練出以上豐富細膩的刀、劍、槍、棍之法，沒有深思熟慮、沒有刻苦求索，何以為之。此技一旦練之純熟，一鞭（棍）在手，何謂刀法、劍法、槍法、棍法、鞭法，統統化為烏有，到彼時你定會伸手即有。

「白虎鞭」綜合了傳統武術內外兩家拳械技藝之精粹，是前人智慧的結晶，我們後學之人如能下大工夫深入學習研究，日久定會體悟出其中更加深奧之內涵。

三十六棍對打

● 形意對打棍之謎

從民國年間至今，在漢沽地區的形意門中，秘傳著一套對打棍法（亦稱三十六棍）。我很小的時候就聽人講，形意門有一套棍法，實用性非常強，說這套棍法對打起來，假打就像真打一樣，所以又極具觀賞性。平時人們很難看到有人公開演練這套棍法，只有在每年出「少林會」時（舊時民間的一種娛樂組織形式），才偶爾能看到有形意門高手演練這套對打棍法。這已是舊話，自「文革」始人們再也難得一見這熱鬧的場面了。

應該說這套形意對打棍是一套非常珍貴的棍法。這套棍法可兩人對打，也可以單人練習。這套棍法招式繁多細膩、動作靈活。全套棍法包含了戳、截、撥、攔、雲、穿、拿、架、擋、扎、掄、掃、劈、撩、蓋、磕、捅、靠、擠、涮以及舞花等多種棍法。

主要步法有上步、退步、跟步、行步、盤步、虛步、擺扣步、弓步、丁步、躍步、仆步等。

我的形意對打棍法是跟吳桂忠老師學的。在學這套形意對打棍法之前，我練過少林六合門拳術。我的六合拳師父是唐山趙各莊礦的張蘭普老師，張老師的六合拳是他的義父——河北遵化縣（現遵化市）八間房的李振江老師所

傳，而李振江老師的六合拳師承天津薊縣盤山腳下的老商家。2007 年 4 月 12 日《天津日報》有報導稱，少林寺計劃用 8～10 年的時間與天津聯合重建被日本侵略者燒燬的千年古剎——薊縣盤山「北少林寺」，並要把它建成世界名寺。文中提到今日盤山腳下確有一支商氏家族，而且北少林武術文化，今天仍在此家族中傳承。

據我的師父張蘭普老師當年講：老商家的少林武術得於盤山少林寺的圓空長老，圓空長老是得道高僧，武學淵博，他晚年以自己平生所學創編了許多組系列拳械套路，主要有圓空拳三套、圓空棍三套、圓空槍一套、圓空劍一套、圓空刀一套、雙鑔三套、大鑔一套，還傳下一套世間罕見的兵器：短把鏈子雙手錘。這些拳械套路當年大多有圖文書籍流傳。

我的師父張蘭普老師家當年就秘藏有一套圓空長老的拳械秘本。那是一套黃紙墨筆小楷配有圖文的藍皮線裝古籍冊，可惜「文革」中此古籍被師母偷偷給燒掉了。

我所學的少林門拳械套路有六合拳、圓空拳、六合槍、圓空刀、劍、棍以及雙鑔、大鑔、短把鏈子雙手錘等。其中的棍法、槍法與形意對打棍法有許多相似之處。形意對打棍法雖說是一套對打棍法，但這套棍法中明顯夾帶著許多槍法。說來也不奇怪，古傳槍法中也是多夾帶著不少棍點的，如馬家槍法、少林六合槍法、陳式太極槍法（梨花槍加白猿棍），都是槍裡有棍，棍中有槍的。因此，我覺得這套棍法（形意對打棍法）與古傳諸家槍法、棍法有一定淵源。

隨著時間的推移，我的這個想法越來越重。幾年後的

圖 57　演練棍法

一次機會，我終於將自己的想法說出來向吳老師請教。由於我尋根問底，吳老師終於向我揭開了形意對打棍的謎底（圖 57）。

吳老師說，漢沽地區形意門所傳形意對打棍，原本不是形意門的東西。這套棍法是寧河縣的形意門前輩唐維祿先生，從功力門（一說燕青門）吸收過來，加以整理後變成了形意門的東西，後來一代代傳承下來了。

吳老師說，他是 1959 年在寧河蘆台鎮跟劉寶鏡老師學的這套棍法。劉老師武術綽號「劉三丫子」，是練功力拳的，功夫很好，特別是鐵襠功練得很純。據說當年唐維祿、傅昌榮等形意門前輩都敬他三分。據劉寶鏡老師介紹，他的這套對打棍法是從河北滄州傳過來的，一直在功力門內傳承。在功力門內叫作「三十六對打瘋魔棍」，後

來傳入了形意門。這套棍法步法靈活、棍點多、活把多、棍裡加槍，並有很多桑家棍點。

劉寶鏡老師晚年在蘆台鎮開了一家中醫氣功診所，以中醫氣功療法給人治病。當年漢沽有一姓秦的年輕人，因患滑精病到處求醫不治，後來經人介紹，經劉老師精心治療，並傳鐵襠功，挽救了生命。

劉寶鏡老師於 1961 年在寧河蘆台鎮因病去世，終年70 餘歲。

漢沽形意門傳三十六棍

唐維祿先生是漢沽地區形意三十六棍的首傳之人。先生一生傳拳為主，很少教授學生器械。他雖然學歷不高，但思想開放不保守，最大特點是善於學習。比如，他老人家曾經吸收了外門的判官筆，並豐富了技法，使之更加靈活，成為唐門形意拳的一門絕技。

本篇介紹的形意三十六棍也是經過先生吸收改造後，傳於唐門的一套形意對打棍法。這套棍法經過先生加工整理後，實用性非常強，雖說是對打套路，但若練習純熟，你可以從中悟出許多槍棍招法，用於臨陣，即可隨心使用。一旦情況危急，可以隨手抄起棍棒以迎來敵。我想當年形意前輩肯定是看中了這一點，所以能拋去門戶之見，將此棍法納入己門，並作為看家技藝代代相傳。

20 世紀 90 年代初，吳老師將這套珍貴的對打棍法，傳授於我和吳老師的一個族侄。吳老師常說這套棍法是不可多得的寶貝，我也認為這套棍法是傳統武術中的珍品，

圖58　對打棍法

不想讓這寶貴的東西在我們這一代失傳，除了傳於有德之人，又幾經整理，草擬成文，以供朋友們鑑賞（圖58）。

形意三十六棍，演練時分兩部分，前半部分為過門棍法，甲乙二人各走各式，但棍式相同，唯方向相反。後半部分為四節，為兩人對打棍法。初練時一定要按部就班，步法、棍法要中規中矩，一板一眼，不能隨意亂打。練之純熟，可以逐漸加快速度，增加力度，步法上也可以根據兩人演練情況，可進可退，可大可小，但不論快慢，都要棍法清晰、節奏分明、打法逼真、練出神韻。

　形意對打三十六棍譜

（一）前半部過門棍法

1. 預備式　　　　　　2. 轉身上步坐堂

3. 進步下中槍　　　　4. 撤步橫攔槍

5. 上步劈棍

6. 上步舞花坐堂

7. 進步上下斜劈

8. 上步撩陰棍

9. 回身上步撩陰棍

10. 轉身坐堂

11. 轉身敗式

12. 轉身劈棍

13. 上三步上下擊棍

14. 二郎擔山

15. 穿梭舞花棍

16. 上步上下擊棍

17. 順風扯旗

18. 回身套步擊棍

19. 轉身下擊棍

20. 舞花回身上中平槍

（註：過門棍法為上下家過門演練棍法，棍式相同，唯方向相反。）

（二）上下家對打棍法

第一節

1. 乙方上左步刺上中槍，甲方上左步上攔槍

2. 乙方活步刺上中槍，甲方右轉身雲棍上拿槍

3. 乙方活步刺上中槍，甲方躍步掄棍上劈

4. 乙方躍步掄棍上劈，甲方上右步橫架棍

5. 甲方右仆步下掃棍，乙方躍步上劈棍

6. 甲方裡（右）撥棍轉身下掃，乙方撤步坐堂

7. 甲方左弓步上劈，乙方退步架擋

8. 甲方下戳棍，乙方下截棍

9. 甲方倒把上砸，乙方上架棍

10. 甲方上右步下戳，乙方退左步攔截

11. 甲方倒把上砸，乙方上架棍

12. 甲方上左步下戳，乙方退右步攔撥

13. 甲方倒把上砸，乙方上架棍

14. 甲方上右步下戳，乙方退左步下壓棍

15. 甲方原地左上斜挑，乙方原地左上攔截

16. 甲方上左步擠靠錯棍，乙方上左步擠靠錯棍

17. 甲方上步舞花回身刺上中槍，乙方上步舞花回身上攔槍

第二節

18. 甲方活步刺上中槍，乙方右步轉身雲棍上拿槍

19. 甲方活步刺上中槍，乙方躍步掄棍上劈

20. 甲方躍步掄棍，乙方上右步橫架

21. 乙方下掃棍，甲方躍步劈棍

22. 乙方裡撥轉身掃棍，甲方撤步坐堂棍

23. 乙方左弓步上劈，甲方退步架擋

24. 乙方下戳棍，甲方下截棍

25. 乙方倒把上砸，甲方上架棍

26. 乙方上右步下戳棍，甲方退左步攔截

27. 乙方倒把上砸，甲方上架擋棍

28. 乙方上左步下截，甲方退右步攔截

29. 乙方倒把上砸，甲方上架棍

30. 乙方上右步下戳，甲方退左步下壓棍

31. 乙方原地左上斜挑，甲方原地左上攔截

32. 乙方左上步擠靠錯棍，甲方左上步擠靠錯棍

33. 乙方上步舞花回身上右步橫掃，甲方上步舞花回身左弓步立棍攔截

第三節

34. 甲方右上步橫架，乙方右撤步折打

35. 甲方左上步橫架，乙方左退步折打

36. 甲方右上步橫架，乙方右退步折打

37. 甲方左上步橫架，乙方左退步折打

38. 乙方原地捅棍，甲方原地下壓棍

39. 乙方右撤步斜劈，甲方右上攔截

40. 乙方右轉身舞花回身躍步掄棍，甲方右轉身舞花回身進步架擋

41. 乙方上右步擠靠錯棍，甲方上左步擠靠錯棍

42. 甲方上步舞花回身上右步涮棍（橫掃），乙方上步舞花回身左弓步立棍攔截

第四節

43. 乙方上右步橫架擋棍，甲方右退步折打

44. 乙方上左步橫架，甲方退左步折打

45. 乙方上右步橫架，甲方退右步折打

46. 乙方上左步橫架，甲方退左步折打

47. 甲方捅乙腹，乙方橫棍下壓

48. 乙方轉身上步舞花回身上步架擋，甲方轉身上步舞花回身躍步掄劈

49. 甲方上右步捅乙腹，乙方下壓輥

50. 甲方上左步擠靠錯棍，乙方上左步擠靠錯棍

51. 甲方上步舞花回身上左步進上中槍，乙方上步舞花回身上左步進上中槍

52. 甲方右轉身退步抱棍收式，乙方右轉身退步抱棍收式

太極篇

　　1999 年 5 月，馬虹老師應解放軍報社傅大慶老先生之邀，赴京城舉辦了陳式太極拳全國第十五期教練員培訓班。我有幸參加了這次培訓班，感受最深的是馬老師關於拳架是太極拳一切功夫基礎的精闢論述。

　　他老人家說：「拳架是門面，是代表，是太極拳全部功夫的基礎。」「楊澄甫、陳發科功夫好，但是最代表他們功夫的是什麼？還不是他們留給我們後人的優秀太極拳架？你推手好，只能是一時的，只有練好了拳架，健康才會伴隨你一生。」（圖 59）

　　關於練好拳架，馬老師強調，第一要選好一個拳種，選好了就要專心練下去（圖 60）。對於那些朝三暮四、見異思遷、練拳不專心的人，老師給予了非常形象的批評，他說：「茅台是好酒，五糧液也是好酒，如果你把茅台酒倒進五糧液的瓶子裡，那就什麼也不是了。」

　　他告誡我們：「人的一生時間有限，要認準一件事，老老實實、認認真真地鑽研下去，幹出點成績來。第一，太極拳是一門科學，科學是學問，做學問信奉的是一個『實』字。一步一個腳印，一天一點長進，方能積少成多，積薄成厚。那些虛假浮華、沽名釣譽之輩終將會成為人們的笑柄。

　　「第二，一定要下大工夫，不要怕吃苦。陳發科日練

拳三十遍，幾十年堅持不懈；陳照奎日練家傳低架子拳二十遍，幾十年從不間斷，這充分說明前輩們高超精湛的太極功夫是練出來的，長期的拳架修練為他們日後名聞天下的太極功夫打下了堅實的基礎。

圖59　與馬虹老師（中）、傅大慶老師（右二）等合影

圖60　馬虹老師拳照

　　「第三，不要傻練，要善於用腦子練拳。要從規矩、明理、知法、懂勁、功力、神韻這六個方面下工夫，才能收到事半功倍的成效。」

　　這次培訓班上，有一位師兄弟推手功夫很好，可是拳架練得不夠理想，老師用了兩天的時間給他改拳，事後老師語重心長地對他說：「推手要練，但是拳架一定要練好。現在你年輕可以推手，到老了還是要靠拳架（打拳）。」看著老師那樣認真地給他改拳、講拳理，我非常感動。

　　我想很多同學在接受老師改拳時都會有這樣的感覺：他老人家著急呀，老師對我們的一舉手、一投足都傾注了大量的心血，是希望自己親手播下的種子，日後不但能長出茁壯的苗，更能結出豐碩的果實。

拳架

手眼身法步的要點

　　2001 年 10 月中旬，北京密雲區體育局組織了一期培訓班，請當代太極拳名家馬虹老師講授陳式太極拳拳理和功法。在這期培訓班將要結束時，馬虹老師根據學員們在學拳中出現的若干問題，進行了一次有針對性的談話。

　　以下內容，就是我根據馬虹老師當時的談話記錄整理而成，提供給讀者，以供參考。

　　馬虹老師講：大家在這幾天練拳中出現了一些問題，下面提出來供同學們參考。

眼神勿散

　　眼神是一個人精氣神的窗口。有些人打拳不注意這個，眼神無目標，一副漫不經心的樣子，其實這也是「散」的一種表現。眼神是人的神氣的外在表現，打拳時假設敵人在什麼地方，我的動作、勁力走什麼路線，勁點在什麼地方，落點在那兒？這些都要搞清楚，都要有意念去引導，眼神應當是隨著心意（意識）去注視、顧盼的。

　　陳式太極拳眼神的用法，陳照奎老師主張「視敵方為主，同時以餘光兼顧左右」。

　　一般講，交手時多注意己方之手，但向右側捋敵右臂時，則要注視前面之敵，而不視己手。如陳式太極拳一路（83式）「金剛搗碓」「掩手肱捶」「倒捲肱」皆為眼注前方之敵，不准眼往後看己手。這和有些派生的太極拳不一樣，他們走「倒捲肱」一式，眼是隨著後劃之手向後看，看似瀟灑，其實拳意已失。

● 手形也是基本功

　　有些人好像不拘小節，打拳時手形很隨便。大家可以觀察，打拳什麼樣的手形都有，很不規範。

　　陳照奎老師當年傳拳時，非常重視手形以及手的作用。「每一舉動，其根在腳，發於腿，主宰於腰，運化在胸，形於手指。」他認為，手指鬆散則神散、力散。鬆要鬆到手指肚，手形也是基本功，不能含糊。

　　陳式太極拳的手形、掌法，要求是瓦棱掌，即大拇指、大魚際都有向裡與小指相合之意。意念勞宮穴凹進去，手指翹起來，大拇指不要貼緊，應該是四指鬆鬆地合攏，虎口要圓，既不要張開，如「五股鋼叉」，又不許死死併攏，也不要像京劇演員的「蘭花指」。

　　人家看你打拳，不論是比賽、表演，還是平時練拳，不論打到哪個拳式，應該是找不到毛病才好。過去我們學拳，老師是重視手形的，連手形都弄不好，怎麼學拳？所以平時練拳應當重視手形的規範，要把手形練準確。

弓蹬步不是馬步

這也是一些人經常出現的問題。有些人打了多年拳，就是搞不明白弓蹬步。

陳式太極拳中「懶扎衣」的定式、「單鞭」定式、「抱頭推山」定式，這些式子都是弓蹬步（圖 61）。我建議弓蹬步練不好的學生，平時要單練這些式子，反覆練，自己給自己加碼。

陳式太極拳的弓蹬步與其他拳的弓蹬步不同，要求是：前腿要弓好，膝蓋要與腳尖上下垂直，身子要正，頭頂領勁不要丟；後腿的小腿膝蓋用意念要捲進來，後腿似直非直，要蹬上勁；腰要意向下塌，鬆胯，氣沉下來。

自己練時要多檢查，多站弓步樁，體會全身的協調勁。很多人練了多年拳，弓蹬步與馬步都分不清，這怎麼行！

圖 61　演示單鞭定式

● 時刻「立身中正」

很多人打拳時「立身中正」注意不夠，太極拳講究中正安舒，打拳時要注意在全身放鬆的前提下，保持上身中正。

好些人在打拳時向前發拳、推掌，手向前去，身子也跟著向前撲。如「斜行」第五動左弓步右推掌、「掩手肱捶」第五動左弓步發右拳，都要求向前發掌、出拳時，身體不許前俯後仰，要保持立身中正。

練類似動作時，注意不要把上身領偏，上身都不許傾斜，手不管怎麼推、怎麼打，上身都要始終保持中正。

● 對稱勁

陳照奎老師傳的拳架中，一系列動作都強調陰陽平衡，有上有下，逢上必下；前發後塌，左發右塌，右發左塌；逢左必右，逢右必左；有內有外，內外兼修。身法上要對拉拔長，又要相吸相繫，強調對稱勁，勁要八面支撐，處處、時時保持平衡，做到周身一家。

比如「金剛搗碓」的第五動，右手握拳上提，右腿提膝，而左手、左腿下沉；「金雞獨立」式，右手上托、右膝上提，而左手下按，左腿再屈、重心再下沉。如此等等都是升中有沉，沉中有升，輕沉兼備的練法，要養成習慣。又如向下「跌叉」，頭部的上頂勁不能丟，身子不要向前傾，上身還是要保持中正。打拳時一定要勤於動腦筋，邊打邊悟，才能不斷進步。

● 發勁要整

陳式太極拳的主要特徵之一是發勁，發勁的特點是鬆活彈抖，這種勁力是在全身放鬆的基礎上，以丹田內轉為核心，藉助腳蹬地的反彈力，在瞬間發放出來的一種螺旋振盪式爆發力。

我特別強調的是發勁要走腰勁，手臂的動作，不論大小都要以腰勁（丹田勁）帶動。陳照奎老師常說：「發勁要主宰於腰，結合丹田帶動。」「腰不動，手不發；內不動，外不發。」每一動都要以腰為主宰，以丹田（腰）帶動四肢螺旋纏繞，平時打拳要多找這種勁。打拳時，不管是運化中的柔勁，還是發出的剛勁，都要隨時留意走的是不是腰勁。發勁前要想到放鬆，一定要做到百分之百地放鬆，蓄勁就是鬆之再鬆。還要想放鬆後勁怎麼發出去，是用腰的轉動，把手臂帶動甩出去的嗎？

比如「掩手肱捶」一式的前四動，都是在全身放鬆的狀態下，以腰旋轉帶動兩手臂的順逆纏絲，只有第五動的最後一發，右腳蹬地，左腿前弓，腰向左擰，胯向左轉，以腰軸的旋轉帶動右臂、右拳向前甩、彈抖發出去。而這一拳打出後，全身馬上又放鬆下來。

首先是兩肩鬆沉，腰胯鬆塌後坐。然後，又是以腰勁（丹田鼓盪）帶動右手臂向前掤出，右拳先逆後順收回腹前，走一個接勁。常見有些人不注意這一接勁走法，很隨便地用右手臂向前一伸即收回來了，完全是手臂的局部動作，根本沒有用腰勁向前推動，這樣的走法實際是「單擺浮擱」。所以我說，一定要認真練習陳式太極拳，特別是

在拳式轉換連接的地方，意念不要丟。

打拳時，動作不論大小，勁力不管發與不發，都要保持周身的整體性，即以腰為力源，為樞紐，帶動四肢順逆纏絲，柔化剛發。

● 倒換虛實，倒換重心

大家都注意到了，陳式太極拳時時在倒換虛實，倒換重心。

我要提醒大家注意的是，在倒換重心時，襠部也要走下弧，陳老師比喻作「走鍋底形」，「不許把重心扛過去」（即不能走上弧，或平移之意）。即使這個式子很低，如「雀地龍」，再接著做下一個式子時，也要先沉一下（這叫鬆之再鬆，沉之再沉）。

這樣練，一是使重心穩定，打拳就是為了隨時能保持自身的平衡，在推手時能做到隨遇平衡；二是鍛鍊下盤功夫，本來拳架就低，再加上這種襠走下弧的要求，運動強度更大，難度也大，確實很吃功夫。但是，這種功夫不論對健身還是技擊，都有很大好處。

拳架

● 拳架是重要的基本功

傳統太極拳不同於其他武術項目，（太極拳）平日練功一般就那麼一兩個套路，歷代太極拳大師都認為太極拳的功夫主要來自拳架的鍛鍊。

據說吳式太極拳的宗師吳鑑泉先生，要求弟子在三年的時間內打滿一萬遍標準拳架，以達到招熟。

陳式太極拳理論家陳鑫強調：「拳打萬遍，其理自現。」陳式太極拳一代宗師陳發科每天打拳 30 遍，要求其子陳照奎日練家傳低架子太極拳 20 遍。

陳照奎先生曾言：「拳架鍛鍊，是太極拳最重要的基本功，因為套路中的各個拳式，都是搏鬥中有效動作的總結。各種拳術最初大多是單獨的招式，以後發展為聯貫一體的成套的拳路，即所謂套路或拳架。透過套路的鍛鍊，可以初步使自己的動作適應搏鬥的要求。」

凡學習研究太極拳的朋友都有這樣的體會，太極拳是一門博大精深的學問，它不僅僅是一種拳術，它更是深奧的哲學，是中國傳統文化的一個鮮活載體。經常習練太極拳，不但會對人體的生理健康產生良好影響，也會對人的精神世界的昇華起到不可估量的作用。可以說太極拳既是養生術，又是防身術，更是陶冶情操的精神修練術。

關於如何修練太極拳，前輩大師們各有傳世名言，而我的老師馬虹先生的《試論太極拳的修練工程》一文則更為具體地把鍛鍊太極拳的過程總結為「六合一」（即規矩、明理、知法、懂勁、功力、神韻合一）修練工程。大師們的經典之作都是至理名言，學者不可不讀。

我這裡不做理論上的深入探討，僅就如何更好地鍛鍊拳架這一問題，談一點個人的認識，以供朋友們參考。

拳道如書道

學習太極拳，對於初學者主要是先掌握好動作，在老師的指導下，按照拳式動作要求，規規矩矩進行一招一式、一手一腳的動作模仿。經過半年乃至一年時間的學習（以陳式老架低架 83 式為例），初步掌握了動作基本要領後，再進行放鬆的練習，當然在其後乃至若干年期間，還要不斷地修正拳架動作，並且不斷細心揣摩拳式的深奧內涵，以充實自己對拳架的理解，提高太極拳的技藝。

當我們經過一定時日的學習，初步掌握了太極拳的一些要領後，太極拳的鍛鍊，也就可以稱作是一種修練了。這是一種漫長的勞其筋骨、磨鍊意志的修練，也是一種需要耐得住寂寞的修練，因為太極拳運動是不事張揚，求常人不能而能、得常人不樂而樂的一種超俗的身心修練術。

正如一位對太極拳頗有研究的小說家所言：「練太極拳主要不是練拳腳功夫，而是練頭腦中心靈中的功夫。如果說『以智勝力』恐怕還是說得淺了，最高境界的太極拳，甚至不求發展頭腦中的『智』，而是修練一種淡泊平

和的人生境界。」

　　應該說練太極拳是件美好的事，操之得法會使人精神超脫，身心愉悅。但練拳一定要操之有法，切不可蠻練。前輩們常常告誡我們：練拳要用腦子練，不要做拳的奴隸，要做駕馭拳的智者。還是以陳照奎先生所傳陳式老架太極拳 83 式為例，我個人認為，先人對這套拳架的編排是非常精心巧妙、科學合理的，並且也給後學者留有充分發揮個人潛力的空間。

　　首先它可以滿足不同性別、年齡段的人選擇其鍛鍊方式的要求，可以根據個人情況，來選擇高、中、低三種架式來練習。其練習一趟拳架的時間、速度以及用力大小完全可以根據個人具體情況而定。

　　練這套拳架猶如習練書法。放慢時如楷書，一筆一畫力重千鈞；又可以如行書，起承轉接，圓轉靈活，行雲流水，一氣呵成；也可以如草書，筆走龍蛇，大氣磅礴。拳道如書道，練拳如寫字，我們學會了寫字，但要想寫好字，你不下點工夫，終是成就不了的。因此，我主張我們平日練拳要像練書法一樣，同樣一個套路，不妨用多樣方法去練，但這裡有一個原則，不管你怎麼練，拳式結構不能變，技擊含義不能變，這也像寫字一樣，寫法雖各異，但字義不能變。

　　平日練拳如有充足的時間，可盡量一次連續多練幾遍，練拳前可以有意安排好每遍拳所練之重點，做到心中有數。

　　頭遍練習可重在規範動作，一招一式、一手一腳，都要嚴格按照拳譜要求認真去做，出手上步，手腳一定要找

準位置，方向、角度分毫不差，絕不含糊。每一招式動作的勁別、勁源、勁路、勁點及其技擊含義都要搞清楚弄明白，要打明白拳，不練糊塗拳。

這一遍練習的要點是循規蹈矩，舉手投足有章有法，節奏可慢一點，意念要輕一點。多注意身體各部位上下、左右、前後的協調配合，力求做到外形動作的整齊一致。

第二遍的練習可側重意氣練習，但此時要強調放鬆，特別注意全身上下九節各關節處的放鬆。每個招式動作盡量練大，不練小，要開展大方，意氣放長，抻筋拔骨；要注意每個式子連接處的起承轉合變化，邁步出拳要自然得機得勢；要用意不用拙力，上下相隨，完整一氣，做到外形飽滿，內氣鼓盪；要以心行氣，以氣運身。行拳走架「勿使有凸凹處，勿使有斷續處」，始終綿綿不絕，週而復始，循環無窮，如長江大河滔滔不絕。

第三遍的練習，意氣、勁都要淡一點，重點要放在神氣的鍛鍊。練習者應當充分調動自己的潛意識，力求多發掘個性的東西，打出這套拳應有的氣勢。

從拳架走勢上，動作更為流暢，步法更為靈活，其中很多拳式，如前蹚拗步、掩手肱捶、抱頭推山、雙震腳、玉女穿梭，等等，都可以走活步練法。從拳式節奏、勁力安排上充分發揮個人的想像力。到此，這個拳要打出情景，打出神韻來。

練拳者要以拳寄情懷，即把崇高的精神、情操、意志融入每一個動作之中，把拳打活了，給人以意境美之享受。正如陳鑫公在其《拳論》中所述：

「一片神行之謂景，景不離情，猶情不離乎理相連故

也。心無妙趣打拳，則打不出好景緻。問何以打出好景緻？始則遵乎規矩，繼則化乎規矩，終則神乎規矩。在我打得天花亂墜，在人自然拍案驚奇。裡面有情，外面有景，直如天朗氣清，惠風和暢，陽春煙景，大塊文章。處處則柳媚花嬌，招招則山明水秀，遊人觸目興懷，詩家心往神馳，真好景緻！拳景至此，可以觀矣。」

打拳至此，才算達到神形兼備的水準。

● 多練活步拳

我個人體會，習練拳架除了按以上方法鍛鍊以外，一定要多重視步法的練習。過去武行有句老話：「教拳不教步，教步打師父。」可見步法在武術中的重要性。

我的老師馬虹先生當年教我們練拳，就非常重視拳架中步法的運用，他除了傳授拳架中的各種步法的要領外，更特別強調各種步法的運用，如跟步、頓步、磋步、過步、躍步、套步（插步）、倒步、跨步、蓋步，等等，掰開揉碎地給我們詳解這些步法在實戰中的用法。在帶我們練拳時，他總是讓我們多走這些活步的練法。

一代宗師陳照奎先生對太極拳的步法更是備加重視。「他是個極有科學精神的太極拳大師，他教的拳是低架，為了增大運動量及技擊作用，他還教了一套活步（增加步法）太極，很吃功夫，一趟活步拳比三趟普通的（拳架）要累。」（引自妥木斯《憶陳照奎老師當年談拳》）（圖62）

當然，套路的練習，只是太極拳功夫修練的一個重要

方面，要想達到太極拳的上乘功夫，還應在單式訓練、推手、功力訓練、器械訓練、散手訓練、心理訓練等諸多方面同樣下大工夫，這樣才可能取得理想的成就。

圖 62　陳照奎演練「懶扎衣」一式，攝於 1958 年

運手

　　在陳式老架太極拳一路（83 式）中，有兩個式子（倒捲肱、運手）比較難練。我的師父馬虹先生在一次授課中，對這兩個式子做了重點講授。下面就是先生對其中「運手」一式的授課內容。

　　我們這套拳，「運手」和「倒捲肱」一樣，這兩個式子是這套拳裡比較難練的式子，難的是動作要保持左右、上下的協調，要保持手腳的配合（左手與左腳，右手與右腳），以及腳與腳的配合。這個拳特別強調整體勁，一動無有不動，大小動作都要體現全身配合，強調整體協調。我覺得越是較難的式子，越要仔細研究它，搞清楚這個式子的運行路線、方向角度、力點變化、式架結構，以及節奏變化等。這樣深入研究，對正確掌握拳式的技術要領，打好整套拳是有一定好處的（圖 63）。

圖 63　馬虹老師演練
　　　　「運手」一式

俗話說解剖麻雀，從一粒沙子看世界。我們就是要從一個拳式動作，體現出太極拳的全部特點。首先要認準自己，肯定自己，還要不斷超越自己。平時練拳，要不斷給自己設定一些課題，老找自己的毛病，老用拳譜、拳理檢查、規範自己的拳式。如我們過去打拳時，常常事先商定好，這個星期規定練腳的抓地，下個星期著重練動作的節奏，再下個星期練呼吸如何配合好動作等等。就是這樣，老是不斷地給自己下課題。我這些年就是這樣練的。總結起來就是：死認真，傻堅持（認真按老師傳授的東西練，堅持老師的東西不改動）。

「運手」是 6 個動作，也可以是 7 個動作。

1. 手法

兩手左右劃圓，上邊圈是逆纏，下邊圈是順纏。如：左手走下半圈變逆纏走上半圈時，一定要塌掌根，再先穿掌、墜肘、坐腕（穿掌時手指不許超過肩），然後再走上弧。如左運手，上邊先走肘掤，再走手捌，左手運到左眼左前方；下邊是右手運到腹前中線，上邊是左上捌；下邊是右手向左橫切，用小指一側走切勁，右手切時，右肘要掤起來，切是切其肋，力點在小指一側。

2. 步法

三種步法（三種腿法），四個方位（擊打方法）。三種步法：蓋步、後插步（背步）、併步。

（1）蓋步：如走左運手，右腳向左腳前橫上步，先右腳跟外側著地，再全腳踏實，然後重心向右移，右腳踏實，提左腳向左側上步，先腳跟內側著地，再全腳踏實。

（2）後插步（背步），如走左運手，右腳向左腳後

插步，要先重心移向左腳，然後提右腳向左腳後插步，要先前腳掌著地，再全腳踏實，然後重心向左移，右腳踏實，提左腳向左側上步，先腳跟內側著地，再全腳踏實。

（3）併步，如走左運手，右腳向左腳內側跟步，也叫併步，間距兩拳寬，先前腳掌著地，然後震腳踏實，重心移向右腳，再提左腳向左側上步，腳跟內側先著地。

四個方位：左、右、前、後。

（1）左運手，當重心在右腳時，提左腳向左側蹬出，右手走右上捋，左手向右橫切，然後重心左移，提右腳向左側橫蹬。同時左手走左上捋，右手向左側橫切。眼先看右，再看左。

（2）右運手，向左運手當運到重心在右，後腳蹬出，右手右上捋，左手向右橫切時，重心由右移向左，同時上邊左手劃弧向左上捋，右手走下弧向左橫切。身向左轉，右腳向左側蹬出，走右運手即可（轉身後，與左運手方向相反，方法相同）。

（3）前運手，後運手。上述左右運手若為面向前，即為前運手。從前運手運到右插步，左手在左上方，右手在腹前時，向右後轉身 180°，由南轉向北，這時右腳震腳，左腳提起向左側蹬出，同時右手變成右上捋，左手向右側橫切，即變為後運手。

運手的練習方法按趟數是單數，動作也是單數。按以前的練習方法為一、三、五趟，由右至左為一趟；由左至右為二趟；再返回由右至左為三趟。數量多少可靈活隨意運作。另外，向左運步要注意重心基本保持在一條平行線上前進。

【注意】

（1）蓋步時，右腳向前上蓋步，上步時盡量往後點落步。

（2）左腳（後腳）上步時盡量往前點上步。

（3）走插步時，右腳後插時盡量偏前。

（4）左腳上步盡量偏後。

（5）上步時兩腿襠間要留有空隙，不要夾死。

3. 技法

（1）後插步（背步）是摔法。如當對方從正面抓我兩臂或抱我腰時，都可以用後插步施摔法。如對方抓抱我時，先聽其勁力，如果他右邊用力大，我則順其勁，向右轉身，同時我右腿悄悄向其左腿後盡力插步，向右擰身甩頭變臉，同時我兩手臂抓其臂或用雙臂肘合力將其摔倒。

（2）蓋步是蹬擊敵人前腿。配合上邊兩手上捋，中間橫切，下邊用腳橫蹬對方膝蓋。

（3）併步是橫蹬踹法，後腳跟步是為了加強整體發勁力量。

（4）「運手」一式的兩手用法主要是上掤捋、下切擊。同時內含有手打、肘擊、肩靠諸法。左運手係對付左側之敵，右運手係對付右側來敵，後運手是一種背步摔法。前後左右，變化靈活，用於實戰可不拘定法，隨意變換其打法。

如運手一式之動作三、四，我左側一敵人進右步以雙手用按勁向我左臂擊來，我乘勢身向右轉，左臂肘順纏裡合，將其勁引進落空，然後我提左腳向敵襠內插步或走外環套住敵右腳，然後我重心由右變左，如貼身可用左肩向

敵胸部、腹部擊去，稍遠用左肘擊敵右肋部或胸、腹等部，再遠用左掌向敵面部、胸部擊去。如套住敵右腿則用上擊下跪（裡扣外翻）之勁擊、摔敵人。同時右腳變虛步並於左腳旁以助左腿之勁力。此時，如我左手掤起敵右臂，我右手可以向敵腹肋用橫切勁進擊。

4. 上下配合

兩手上下配合，上将下切，如左手走上将，右手走下切。手腳上下配合，如上邊兩手走上将下切，下邊兩腳則走蹬踹之法。

5. 眼法

左運手，眼就是以看對方（左側）為主，眼神可以兼顧右側。

6. 防止動作起伏

走運手一式動作不能忽高忽低，要坐好胯、塌下腰、沉住氣（氣沉丹田），身體基本保持同樣高度。

關於「運手」一式的動作分解，請參閱馬老師所著《陳式太極拳體用圖解》一書。

以上馬虹老師的授課內容，是我根據自己聽課記錄整理的，難免有疏漏之處，提供讀者，以供參考。

倒捲肱

圖64　馬虹老師題字「惟精唯一，乃武乃文」

　　馬虹先生的教學作風是非常嚴謹的，他平時最不滿意的是看到個別學生漫不經心地打拳，他認為要練武就要刻苦去練，要不就別練。

　　他身體力行，一生規規矩矩打拳，先生現雖已是耄耋高齡，每天仍堅持練拳、教拳，其拳式雄風更是讓吾輩後學汗顏。

　　記得兩年前，先生曾經語重心長地對我講：「你要從三個方面研究這套拳。一是鮮明的形象，二是明白的道理，三是清晰的勁道。你今後一定要從這些方面下工夫，細心地研究她……」先生認為一個人要想在武學上取得一些成績，首先要具備一定的文化素質、武德修養，另外需要有惟精唯一的信念，要耐得住寂寞，專心致志地研究一門學問。他反對朝三暮四，心浮氣躁的作風，他認為學武之人沒有文化修養不行，不專一也不行。他認為歷史上有成就的武學大家，大多是專一持恆者（圖64）。

　　基於這種信念，先生自1972年從學於陳照奎先生

後，一生與陳式太極拳為伴，愛她、研究她，幾近痴迷。先生對陳式太極拳的研究程度之細之深，在當代中國的太極拳師中可謂屈指可數。

下面我向讀者介紹一下先生對如何練好陳式太極拳中「倒捲肱」一式的授課講話記錄，供大家參考。

「倒捲肱」八大要點

「倒捲肱」這個式子與「運手」一樣在我們這套拳中屬於較難練的式子。下面我講一下這個式子的八個要點（圖 65）。

1. 步法

（1）「倒捲肱」是雙腿交替退步（倒行步），撤步時，兩腳橫向距離要保持一肩寬，兩個腳尖都要斜向前方，後腳腳尖與前腳腳後跟橫向基本在一條線上。另外，

圖 65　馬虹老師「倒捲肱」拳照

前腳在撤步時要走裡弧，不要直著向後撤，並且在後撤時前腳掌要擦地而行，最後是頓步出掌（左腳頓步，向前出右掌；右腳頓步，向前發左掌）。

（２）膝部開合，後撤步上邊兩手開時，重心要偏於前腳。上邊開，下邊也要開（上邊兩手臂開，下邊是兩腳膝開）；上邊合，下邊也合（上邊兩手肘合，下邊兩腳膝合）。另外下邊後腳跟與上邊前手掌根要說上話（相合之意），即上邊出掌，下邊後腳頓步發勁。

2. 手法

（１）兩手不論開、合都要走弧線。這個拳的要求就是，手腳之運非圓即弧，絕無直來直去之理。注意開時重心偏於前腳，合時重心偏於後腳。

（２）兩手臂走合勢時，左右手要合在一條直線上，即前手合在胸前，後手合在耳門側，兩手掌根相合。

（３）開時，兩手走逆纏，前邊左（右）手在左（右）眼左（右）前方；後邊右（左）手在右（左）胯外側。另外兩臂要保持半圓（掤圓），前後手虎口要相合。

3. 身法

（１）「倒捲肱」之運行不要光耍胳膊腿。一定要以胸腰帶動四肢，腰不動手不發。手開時，胸開、襠開、膝開；手合時，含胸、扣肩、合膝。

（２）螺旋進退，這個拳就是要整體螺旋帶動四肢的順逆纏絲。「開在螺旋中開；合在螺旋中合。」手進是螺旋，腳退也是在走螺旋，手腳進退都要走弧線。

4. 動作步驟

開、合、撤、推。下邊是腳向後撤步，上邊是前手向

前推掌；前手向前推後，兩手掌再下按，即兩掌先逆後順，下踏外碾，在原地走一個小圈，然後呼氣、放鬆、身子下沉。

5. 技擊含義

「倒捲肱」一式雙腿交替退步，含有前踢、後踩、橫蹬之作用。左腿管左半邊，右腿管右半邊，合起來為圓。關鍵在於虛實要清楚。

此式是以退為進的方法，左右倒退向後退步。但退中有進，步退手擊。這是脫圍避敵，仍能保護自己的方法。如對方推我時，我招架不住，要後退，但退中要有進。退時上邊兩手臂先合住對方兩小臂，然後再推捌對方。近時用肘擊，遠時用手推打。同時下邊可以使腳勾絆對方。還要加上膝的開合勁。如我膝在內，可以用小腿彈他；膝在外，可以運用膝部的叩擊作用。雙臂肘的一開一合，使用的是雙肘彎的截法（也是一種肘拿法）。

另外，如果敵人從身後抱我腰，我胸腰一開一合，同時我退步插襠，可以用雙肘後擊敵人胸肋部，故又稱此式為「倒穿心肘」。

6. 眼法

此式眼主要以看前方（敵人）為主，此式不允許看後方。

7. 快慢相間的風格

此式的特點是退要促，進要柔。退步要短，退要沉穩（後撤之腳要擦地而行，頓步出掌）；進要輕靈（兩手臂開合，都要走順逆纏絲勁，都要走弧線，不許直來直去）。

8.式架沉穩,防止起伏

倒行撤步勢架要沉穩,基本保持一樣高。不要一會兒起來,一會兒落下。要塌下腰、坐住胯、沉住氣(氣沉丹田)。

● 節節貫串,活似車輪

「倒捲肱」一式動作最少做七個,退三步,是單數;一般練習退五步,動做作十三個,動作與退步仍是單數;退到左手與左腳都在左後方時,以接下式。

從動作中要充分體現出周身的節節貫串及以腰部為主、活似車軸的練習要領。

動作一:

(1)左手順纏上升,向上引勁,高度超過頭頂,身子下沉,兩膝相合,重心偏左。沉右臀翻左臀,左手順纏時,右拳也要順纏。

(2)兩臂於胸前上下相合,右小臂在上,突出右肘,左小臂在下,右拳變掌,兩手心均向下。含胸、吸氣、鬆胯。

(3)向後撤左腳走內弧,左腳後撤時,前腳掌擦地退步,頓步發勁。左腳頓步同時前手(右手)從左腕下(大臂下)向右前方發掌,高與鼻齊。左掌下落於左胯外側偏前上。兩手指斜向前,虎口相對,兩臂掤圓。右手向前開時,重心偏前(右側),前推右掌。此式定式時,左右手再走一個先逆後順、下踏外碾的小圈,然後呼氣、放鬆、下沉。

動作二：

兩手分向右前外和左側後外略逆纏再開一下，上邊兩手掤開，下邊胸開、襠開、膝開。重心偏右前。

動作三：

兩手橫向開走弧線，然後縱向合，兩肘合在一條橫線上；兩手合在一條豎線上，右手掌指斜向前，掌心斜向左，右手合在胸前；左手劃弧合在左耳門，踏掌根，手指向右，手心向內。重心偏左後。

【注意】

開時兩臂要掤圓。開時重心再向前移一下，同時兩掌再向前後撐開。開時手開、胸開、襠開、膝開。合時含胸、塌腰、合膝。前推手時，前後手都要走弧線，不要走直線。開時勁點在大魚際，合時勁點在小魚際。

動作四：

右腳跟提起，前腳掌擦地走裡弧向右後外撤步，頓步發左掌，左掌推向左前方，高與肩平。右手劃至右大腿外側，兩臂掤圓，虎口相對。眼瞻前顧後。重心偏左前。

動作五：

此動與動作二相反相同。

動作六：

此動練法與動作三相反相同。

動作七：

重複動作一的練法（2）、（3）段。

以上所述，僅供參考，如有疏漏或不當之處，應以馬虹老師《陳式太極拳體用全書》為準。

練拳要快慢相間

　　太極拳，在一般世人眼裡總是慢悠悠、軟綿綿的樣子，就是在一些太極拳名家的拳論中也常見有這樣的提法：練太極拳動作要緩慢，呼吸要均勻，要大鬆大軟，要用意不用力。他們認為，只有這樣輕柔緩慢地練，功夫才會上身。多少年來，無數太極學子在這神祕的怪圈裡晃蕩，可絕大多數人，窮盡畢生精力，也絲毫沒有領略到一點當年「楊無敵」楊露禪太極神拳的韻味。

　　時至今日，太極拳可謂風靡九州，且正在向世界發展，可是太極拳輕歌曼舞之風，竟越演越烈。隨著時代的變化，現代太極拳已經演變成了武術的另類，她已經逐漸演化成了中老年人健身養生的太極舞操。

　　能讓我們感到一點欣慰的是，在今天，社會上公開演練的眾多太極拳流派中，陳式老架太極拳還保留著一些傳統太極拳的古韻。陳式太極拳是古老的拳種，其他流派的太極拳（如楊式、吳式、武式、孫式）都是在陳式太極拳的基礎上發展創新的。

　　陳式太極拳的運動特點是：

　　剛柔相濟、開合相隔、快慢相間、順逆纏絲、動作螺旋、虛實互換、節節貫串、輕沉兼備、鬆活彈抖。其中快慢相間的練法是陳式太極拳有別於其他太極拳流派的一個突出特點。本文僅就此談一點自己的認識，供讀者參考。

　　快慢相間地練，歷來是太極拳的一個重要特點。據有關資料介紹，1914 年前後，在前「北京體育研究社」的年會終了時，在場各武術家乘興表演，當時在太極拳方面，有楊澄甫和吳鑑泉雙演太極拳，他們採用的都是大架子。而且整個表演過程是有快有慢，表演時間是 8 分鐘。

　　據我個人所掌握的資料，楊式、吳式兩派門裡所練都有快慢相間的拳架，而公開演練的只是側重於健身的普及架子。

　　隨著社會的變化，人們比較重視太極拳健身功能的發掘，因此，各種太極拳健身套路應運而生。但這些套路的創編者忽略了一個問題，太極拳是意氣運動，它要求把意識貫注於動作之中，因此為了不使意神渙散，則動作就要快慢相間，這樣才能配合意氣的起伏特性，促使注意力得到穩定和神氣鼓盪。而對人的心理、生理研究結果表明，要保持長時間的同等強度的注意力而不破壞其穩定性，是不可能的。如我們乘坐長途客車旅行，初時坐在車窗旁觀望沿途風景很有興致，但時間一長就會感到乏味，久之漸感懈怠。所以，要使注意力穩定和神意不渙散，就必須使注意力的強度有高低變化。打太極拳也如此，常見有些一味追求慢打太極拳者反映，一是強度不夠，二是沒有興趣感，打來打去常有萎靡不振、提不起精神之感。

　　其實，動作的快慢相間也是人類的一種天然本能，它既是保健所必須，也是技擊所不可缺少的。

　　世界上萬事萬物都是互相依賴、相互促進的，所謂陰中有陽，陽中有陰，陰陽互孕，陰陽相濟。打太極拳也離不開這個道理。古拳論曰：「太極者，無極而生，陰陽之

母也。」「陰不離陽，陽不離陰。陰陽相濟，方為懂勁。」中國傳統武術歷來講陰陽之道，所謂一陰一陽謂之拳。只側重陰柔的一面或只側重陽剛一面都不是完整的太極拳。

太極拳快慢相間的練法是順應人的心理和生理自然特點的。長期這樣練習拳架會鞏固人類自身生理本能，會強化人體呼吸、消化、循環各系統功能，也會改善人體筋骨肌肉的綜合素質，提高健康水準。

若想進一步研究推手、散打，那麼快慢相間的練法，當是一個拳手必不可少的鍛鍊程序。因為一個拳手所要具備的精神意識、勁力轉換、動作快慢反應、呼吸變換都會在快慢相間的拳架演練中得以鍛鍊提高，有了這個鍛鍊過程，你才會在推手、散打中適應瞬息萬變的高強度的人體對抗（當然這只是一個方面的鍛鍊）。

目前在太極拳界對於快慢相間的練法，是有不同認識的。同是練陳式太極拳的人也有不同的理解。有人認為，我打第一遍拳慢點，第二遍快點是快慢相間；也有人認為我初學時慢點，學成後再練快為快慢相間。

馬虹先生傳陳發科——陳照奎先生一脈相承的陳式老架、大架、低架太極拳則主張一趟拳從頭到尾，有快有慢，有起有伏，波浪式前進。具體每個式子的各個組成動作之間，也要有快有慢。發勁快，蓄勁慢。柔化動作一般要慢，剛發動作一般要快，套路中各個式子快慢有不同，有的式子要快（如連珠炮、穿梭等），有的式子則可以緩慢（如懶扎衣、前蹚拗步等），就整個套路而言，前部分慢動作較多，後部分快動作較多；中間二起腳前後有一個

高潮;而收尾則慢,做到穩起穩收,並且要求「慢而不呆滯,快而不散亂」。

有些人打拳因為不明白快慢相間的關係,不懂蓄發道理,打拳沒有節奏感,缺乏神韻,想快就快,想慢就慢,一套拳打下來費力不小,效果不佳。其實打拳要求做到快慢相間,主要是為了掌握好蓄勁與發勁的關係,一般蓄勁時較慢,而發勁時較快,如「野馬分鬃」一式,左手在左膝裡側合時要慢(蓄),而雙手展開時(發),較快;「青龍出水」動作四,雙臂相合時慢(蓄),右拳右小臂發勁時較快。

快慢相間的原則是折迭處慢,過了轉關後,漸漸加快,發力之後再轉慢。同時轉關時行氣要慢,盡頭的落點要快。如此打拳,一蓄一發,一吸一呼,一合一開,兩者互為其根,可以既有節奏感,又不累,真正做到「汗流而不氣喘」,這也是拳術運勁妙訣之一。

總之,我們平時打太極拳,在連綿不斷的前提下,應當盡量掌握好其快慢相間的節奏,不要輕信那些所謂「練時慢,用時自然快」的謊話。

世界上的事總是有因才有果,試想一個百米短跑運動員,平時訓練不注重練習加快速度和衝刺,而是一味地練慢跑,那麼賽場上他怎麼會有超人的成績呢?

同理,一個太極拳練習者平時若沒有輕沉、虛實、吞吐、剛柔、快慢、開合的有意訓練,那麼你的心理、生理素質怎麼會適應自身、外界、生活中的突變呢?所以我認為不管是為健身還是為技擊,快慢相間的練法,應當是太極拳永遠不變的一個重要特點。

鮮為人知的『太極長拳』

　　關於太極長拳，多年來世人其說不一，有人說太極長拳就是太極十三式，有人說十三式是十三式，十三式之外另有一太極長拳。

　　近年見到《楊氏太極長拳》一書，細閱之，此拳是在原有楊氏太極拳套路基礎上，增加了一些連接、活步、發力動作，原套路基本架式沒有變化。

　　沈壽先生的《太極拳推手問答》一書附錄的太極拳械、推手書目輯要中介紹陳微明先生所著《太極劍》一書中有「太極長拳譜」兩種，無拳照。又有資料證明陳微明傳太極長拳，是在楊式太極長拳原套路五十多式基礎上又增加了三十多式創編。

　　據我個人多年的探討研究，目前社會上雖然演練太極長拳的人不多，但在太極拳的各流派中，確實有多種流派的太極長拳在隱秘傳承，這已是不爭的事實。

　　江蘇的錢惕明先生在《武林》1989 年第 3 期中發表過一篇名為《概述太極長拳之發展》的文章，對當時國內多個流派太極長拳的發展做了較詳細的概述。

　　文中提到了當時國內主要流傳著七種風格各異的太極長拳，有：①陳式太極長拳；②王宗岳太極長拳；③楊氏太極長拳；④李景林太極長拳；⑤吳俊山太極長拳；⑥褚桂亭太極長拳；⑦陳微明太極長拳。

　　我要談的姚馥春、姜容樵二位前輩所傳的太極長拳，即錢先生文中所指的「王宗岳太極長拳」。錢先生在文中肯定了姚、姜二位所傳太極長拳，並做了客觀介紹。

　　我從少年時代，就隨張蘭普老師學拳。20世紀80年代末，老師傳我太極長拳（亦名北太極）。

　　這套太極長拳共八十八個式子，分五個段子，全套動作名稱與現在社會上公開流傳的太極拳名稱完全不一樣，演練時講究虛實互換，快慢相間，剛柔相濟，步法靈活，身法多變，有躥蹦跳躍動作，全套動作打下來要8～10分鐘。

　　曾記得那時老師對我說：「這拳（太極長拳）這些年一直沒見有人練過，只是50年代在河北邯鄲參加一個武術比賽，在場外見到一個三十多歲的人練這套拳。當時我們互相交流了練法，練法基本一致，只是那人練得比我剛一些、發力動作更多一些。幾十年過去了，再也沒有見到其他練這套拳的人了。」老師一生堅持練拳，掌握多門拳械，到晚年他非常重視練太極長拳。他常說這套拳較之一般太極拳，套路中有快有慢，有剛有柔，身法、腿法、手法變化多，技擊含義豐富。另外整個套路安排與現在大家練的幾種太極拳也完全不同，在練法上要求走低勢，所以練起來是很吃功夫的。

　　老師跟我說，他這套拳是新中國成立前跟河北省南宮縣（現南宮市）的宋真石先生學的，宋老師是跟河北遵化縣的姚馥春先生學的。後來我讀過一本名為《太極拳講義》的書（姚馥春、姜容樵編著，天津市古籍書店影印，1988年10月第1版），此書中談到有關太極長拳的內容

與我的老師講的基本吻合。

關於太極長拳，姚、姜二位前輩在書中是這樣講的：「清初太極拳專家王宗岳，發明太極長拳，並著拳論，始有長拳十三式之別。考長拳雖亦取法十三式，而其中實包藏龍、蛇、鶴、虎、馬、雞、鷹、熊、鳳、猴十形在內也。余與姚君馥春同學太極於友人湯君士林，湯為許占鰲先生之弟子。」（圖66～圖75）。

書中又言：「蓋余民元之前經倪成玉君之介紹得識許占鰲先生，許謂斯術確為王宗岳嫡派，因傳流甚少，故世人多知有長拳，特不知長拳之何若，至近今所謂長拳者，皆由十三式從而翻之，甲乙顛倒，先後互移，斯與此長拳有別矣。」

在談到太極長拳之傳遞關係時書中講：「……陳耕耘之子某，以友誼資格，傳定州許占鰲，許占鰲兼習形意拳，為郭雲深弟子，占鰲傳湯士林、倪成玉等……余與姚君馥春，以友誼關係，皆從湯士林學。」

我曾請教過我的老師，他說他練的這套太極長拳確實是從河北遵化姚馥春先生處傳下來的，而且他的另外兩位老師汪廣生、李九如（他們二位都是姚馥春的弟子）也都會練這套太極長拳。我的老師說，太極長拳在遵化一帶過去也叫「北太極」，並另有「南太極」之說（指太極長拳另一支南派「楊氏傳太極長拳」練法）。

關於太極長拳是誰最早傳下來的，它與現在流行的太極拳（如陳式太極拳、楊式太極拳等）是什麼樣的關係，還需要進一步深入研究探討。

圖 66　龍形式

圖 67　蛇形式

圖 68　鶴形式

圖 69　虎形式

圖 70　馬形式

圖 71　雞形式

圖 72　鷹形式

圖 73　熊形式

圖 74　鳳形式

圖 75　猴形式

附　太極長拳譜

1. 預備式
2. 龍形式
3. 落地抬腿穩心掌
4. 抬腿奎星式
5. 黑虎穩心拳
6. 進步穿梭跨虎
7. 探拳抹腰車輪掌
8. 進步探爪虎撲式
9. 逍遙化手倒攆猴
10. 左蹬腳
11. 上下步探拳
12. 獅子大張嘴
13. 左蹬腳
14. 抽身換式
15. 黑虎穩心拳
16. 上步探拳
17. 鳳凰旋窩單跨虎
18. 披身
19. 黑虎穩心拳
20. 兩個摟膝探爪
21. 退步龍形跨虎
22. 披身
23. 黑虎穩心拳
24. 三個摟膝探爪
25. 退步披身
26. 金龍探爪
27. 退步披身
28. 進步金龍探爪
29. 雙飛燕雙插花
30. 轉身擺蓮探爪
31. 臥虎式
32. 進步左右探爪
33. 提膝奎星式
34. 黑虎穩心拳
35. 兩個摟膝探爪
36. 逍遙退步跨虎
37. 披身
38. 黑虎穩心拳
39. 三個摟膝探爪
40. 逍遙披身
41. 進步金龍探爪
42. 倒退步披身
43. 進步龍形探爪
44. 雙彈腿
45. 探爪虎臥式
46. 進步左右探爪
47. 猛虎倒入洞
48. 炮拳避襠

49. 右蹬腳
50. 飛輪拳
51. 獅子大張嘴
52. 左右蹬腳
53. 披身
54. 進步龍形探爪
55. 飛彈腿
56. 轉身箭步探拳
57. 披身
58. 進步金龍探爪
59. 退步披身
60. 進步金龍探爪
61. 雙彈腿
62. 探爪虎臥式
63. 進步探爪
64. 提膝奎星式
65. 黑虎穩心拳
66. 兩個摟膝探爪
67. 逍遙退步跨虎
68. 下式披身
69. 黑虎穩心拳
70. 三個摟膝探爪
71. 退步披身
72. 獅子大張嘴
73. 右蹬腳
74. 右拳穿袖
75. 探爪勾子（單風貫耳）
76. 臥虎式
77. 左右探爪
78. 上步提膝奎星式
79. 黑虎穩心拳
80. 兩個摟膝探爪
81. 逍遙退步跨虎
82. 下式披身
83. 黑虎穩心拳
84. 三個摟膝探爪
85. 獅子大張嘴
86. 左蹬腳
87. 抽身換式
88. 上步金龍滾
89. 收式

拳功

意念也是力

關於什麼是太極拳的意念，在打拳時怎樣掌握這個意念，歷來太極拳家都有精闢的論述。

例如，「勢勢存心揆用意」「意氣君來骨肉臣」「先在心，後在身」（武禹襄語），「始而意動，繼而勁動」「刻刻留意，挨到何處，心要用在何處」（李亦畬語），「走架打手著著留意」。

先賢上述若干有關用意的拳論，說明太極拳是非常重視用意的拳。

但也有人講打太極拳，要用意不用力。馬虹老師認為這種講法用詞不準確，他認為意念也是一種力。

打拳應該是：用意不用拙力。他認為意拳宗師王薌齋先生講得很準確、清楚，王先生說：「意即力也」「用意即用力」。這種講法，馬老師認為比某些太極拳「名家」講得還明白、透徹、乾脆。他常對我們說，我的老師陳照奎先生曾言：「天下哪有不用力的武術？」他說：練太極拳要求放鬆，注重用意，是讓你透過練拳逐步去掉自身的僵勁，慢慢練出活勁，即有彈性的勁（內勁）。積柔成

剛，剛柔相濟方為太極。

我在平時教拳時，也常常碰到一些學生提出打太極拳時如何使意念與呼吸配合、意念與勁力配合等問題。這時如果單獨講一些古拳論給他聽，對一般學生效果不佳。我覺得我的師父馬虹先生下面的一段有關意念的論述，比較精煉、清楚、明瞭。

介紹給讀者，或許對一些朋友打太極拳有借鑑意義（有關「意念」問題深層次論述，馬老師有專文闡述，請讀者參閱《陳式太極拳拳理闡微》一書）。

馬老師說：「什麼是意念？你打拳時對每一招一式，都應明白其中的技擊含義，明白了技擊含義，才能進一步知曉該式該動的勁法、勁路、勁點。這樣你才能知道怎麼用勁。這個拳式是開勁、是合勁；是蓄是發；是拿是打，這些關於拳式用勁的意念要貫徹到整個行拳走架之中。另外，明白了勁法還不夠，還要配合呼吸，原則是出勁要呼，收勁、蓄勁要吸，但不是絕對的。打拳時呼吸問題是一個很複雜的問題，也是一個非常重要的問題，它關係到你練拳的品質和你身體的健康。」

這個問題不是一兩句話能說得清的問題，有關呼吸深層次的論述，讀者若有興趣，也可參閱馬虹老師《陳式太極拳拳理闡微》一書，其中「周天開合論」一篇，專談太極拳的呼吸問題。

再有，用勁之時還要配合胸、腰、胯的轉動。比如：陳式太極拳一路（83 式）「雙震腳」一式動作四，右虛步兩手下按時，一定要塌腰鬆胯帶動兩手臂下按呼氣，這才是整體勁。其實，這套拳（指陳式老架太極拳一、二

路）每一定式之停頓，都應有這種意念和形體的反映。

再如：一路拳「玉女穿梭」一式第二動左獨立式，雙手做雙捌勁時，一定要先開左胸，這樣可以加大雙手橫捌的力度。就是柔運化的式子，你的意念也不要丟掉。

比如：一路拳「中盤」一式第六動，雙手腕臂在胸前相合後，兩手心左上右下雙手分捌開，此動雖然是慢動作，但是你頭腦中一定要有兩手慢慢撕開東西的意念（此動要求：沉穩緩慢，舒展大方，凝重而不呆滯）。

以上所述意念與拳式相合的例子很多，我們打拳時，應當是力爭把這種練法貫徹到整個套路中。我認為只有長期堅持這樣打拳，積功日久，功夫才能上身。

【註】馬虹著《陳式太極拳拳理闡微》、《陳式太極拳體用全書》中文正體字版由大展出版社出版。

鬆沉

　　練習太極拳首要解決的問題是「放鬆」功夫，這已是古人、今人從實踐中逐漸認識到的問題。關於「放鬆」一題，古人、今人都有精闢的論述，古拳論曰：「筋骨要鬆，皮毛要攻，節節貫串，虛靈在中。」陳照奎先生講：「打拳要放鬆，要百分之百地放鬆，要鬆到手指肚。」

　　我的恩師馬虹先生在他的《論放鬆》一文中，對練太極拳如何放鬆，更有詳盡的闡述。

　　馬老師指出：（練太極拳）鍛鍊放鬆的途徑，一是在身法中正的基礎上求鬆，二是從慢中求鬆，三是從動作纏繞之中求鬆，四是從關鍵部位入手，尋求節節放鬆，五是在下盤穩固的基礎上求放鬆。這些都是指導我們練好太極拳的綱領性理論。

　　下面我僅就個人在練拳、教拳過程中的一些具體感悟談些點滴體會。

　　首先我要講，練好太極拳注重放鬆，這並不僅僅是初學者應該注意的問題，就是練拳多年的人，也應當時時注意這個問題。因為功夫是逐日積累的，要知道練一天有一天的放鬆功夫，練一月有一月的放鬆功夫，練一年有一年的放鬆功夫，練十年有十年的放鬆功夫，就是說一個練拳人的放鬆功夫是隨著練拳的時日延長成正比加深的。

　　我們知道「放鬆」練法是太極拳各流派練功的一個獨

特方法，是太極拳的一個基本功。可以說太極拳的一切功夫都是從放鬆練法中出來的，也可以說，一個人的太極拳功夫如何，是完全可以從他的放鬆功夫深淺上反映出來的。因此，我認為「放鬆」是太極拳練習者一生的課題。

從伸筋拔骨上下工夫

拳論曰：「筋骨要鬆，皮毛要攻，節節貫串，虛靈在中。」陳鑫公言：「沿路纏綿，靜運無慌，肌膚骨節，處處張開。」先賢明確指明了放鬆，首要是鬆筋骨，全身三盤九節十八球處處鬆開。打拳要鬆柔靜運，每一式每一動都要有意識地做到。

拳式開合要對拉拔長，做到有上就有下（向上發勁，下邊鬆沉）；有前就有後（前去之中必有後撐）；有左就有右（左發右塌或右發左塌）。

我們在打拳時要有意識地注意每一動作的螺旋轉動，要求在立身中正、全身放鬆的前提下，注重身體整體螺旋帶動四肢的順逆纏絲，在上是旋腕轉臂；在下是旋踝轉膝；在中是旋腰轉脊。

實踐證明這種螺旋形式的旋轉，可以使全身在上下、左右、前後、內外各個不同角度，加大筋膜、骨節、皮肉的收縮拉長。從外形看小動、微動，在內卻是翻江倒海、氣血騰然。

這樣經過長期精心修練，你的筋骨皮肉就能逐漸練長練柔，這樣肯定有利於體內氣血運行的通暢，有助於內勁的增長，從而會大大加快拳藝的提高。

● 從拳式細節上加深功夫

我們說練傳統太極拳主要是從兩個方面下工夫的，一是外形動作的操練，二是內氣（內勁）的修練。古人認為外形是虛為陰，內氣（內勁）是實為陽。外形的動力是內氣，內氣是輔助外形的，即拳論云：一陰一陽謂之拳。實踐證明要練好外形、內氣的功夫，一定要從「放鬆」上下功夫。而真正能練好這鬆沉功夫也是非常不容易的，學者應備加重視。

傳統陳式老架、大架太極拳一路 83 個式子，360 多個動作，傳統的練法是，要求練習者每做一個拳式要在意念引導下，在呼吸配合下，行拳做到舒鬆自然，絲毫不用拙勁，意到氣到，動作輕靈，毫無滯澀。在這式式運化中，要做到式式相連，勢斷意不斷，意斷神不斷。這個意是什麼？就是時刻意識到內裡的意氣勁如何合理地配合協調好外形動作的千變萬化，而在這複雜的變化之中，要求習練者始終保持形鬆、意緊、氣實、神旺之狀態。特別是在各式轉接之處更要有意識地鬆沉。

這裡需要特別指出，什麼是真正的「鬆沉」？我認為應當是，在內沒有一點雜念，筋骨皮肉高質量地鬆開，在外拳架結構規範合理，沒有絲毫抽扯扭捏之形，在全身放鬆的前提下，有意識地再加大上下各支撐點的放鬆力度。如：陳式太極拳一路第 5 式「單鞭」接第 6 式「金剛搗碓」，就是在單鞭定式已放鬆的基礎上，再有意識地進一步加大上邊兩肩、肘、腕，下邊兩胯、膝、踝的放鬆力度，然後再從容地走下式，鬆到什麼程度呢？要使各關節

骨縫有拉開之感，功夫到時習者常會聽到筋骨有咯咯作響之聲，身上皮肉有沉沉下墜之感。

再如：「鋪地錦」第 3 動做左仆步接「上步七星」，在上右步前身體再往下沉一沉，然後再長身上右步，這就是馬虹老師常講的「鬆之再鬆，沉之再沉」的低架子練功方法。這樣練的結果是能加快你筋骨拉長練柔的時間。這樣的練法是同現代長拳的練法有區別的，常見到一些練長拳的人，腰腿功夫很好，可是若讓他練太極拳，他那腰腿功夫就是用不上，原因就是其腰胯鬆不下來。

我們有些人練太極拳不容易上功夫，其不得要領之處，就是不重視真正在拳式的鬆沉上下大工夫、下苦工夫。我是說，不是在幾個式子上下工夫，而是要在這幾十個式子，幾百個動作上認認真真地下工夫。可以把打一趟太極拳視作一篇文章；把每一個拳式看作文章中的一個一個句子，句子之間是有標點符號的，朗讀文章要有感情，讀文章整體要有抑揚頓挫。

打拳也是一個道理，每一動作都要做到有的放矢，力求做到：以心行氣，以氣運身，無微不到，行氣如九曲珠，節節貫串。

打拳時每個式子大小動作停頓時，就像文章中的標點符號一樣，都要或長或短地停頓一下（勢斷意不斷），每一次停頓都要下意識地做到鬆沉，做到對拉拔長，打拳時一定要自始至終坐住胯，塌下腰，沉住氣，全身要百分之百地放鬆，要鬆到手腳梢節處。而做這些完全是用意，不要用拙力，在意則活，在力則滯，這樣才能練出「渾身柔軟似無骨，忽然發出都是手」的太極功夫。

　　「鬆沉」功夫在實作交手中也非常重要。比如，兩人推手對方一出手你肩就上拱，腰也挺起來了，身體整個成了一個硬板。拳家講：打實不打虛，你僵硬了，那只能挨打了。同樣在散打中，借力發力，引進落空，黏走引化這些戰術的運用，都需要有鬆沉功夫做基礎才能有效地實施。

　　式式講鬆沉，習者可在練習中細心體悟。這裡講的鬆沉不是指身體整體下沉，而是用意鬆開筋骨，但要注意不要鬆懈，要注意對稱勁的對拉拔長。如此練習日久，練習者會感到身體愈加輕靈，呼吸愈加順暢，精神愈加灑脫。而拳則是越打越輕鬆，越打越有韻味。這些感受只有在精神、身體高品質放鬆的前提下才能夠感悟到。

　　拳論曰：身猶動，心貴靜。心靜才能做到體鬆，還要配合好呼吸，呼吸通暢動作才能流暢。練好鬆沉功夫，首先要有規矩的拳架做基礎，要清楚拳式勁道，拳法之妙在於運勁，具體地說要弄清拳式每一式勁力運行的起點、路線、施力點、著力點（落點）變化的規律和要領以及力源等，還要搞清每一動作的技擊含義。

　　弄清了這些方面的內涵你才會因時、因勢而做出拳式勁力、呼吸、用意之反應，因為練拳要求「一動無有不動，一靜無有不靜」。

　　鬆沉功夫是與練習者整體動作息息相關的，比如，練太極拳大家都說要用腰勁，可我們觀察眾多練習者真正能做到這一點的並不是很多，常見一些練習者在打拳時，胸腰前後、左右隨意亂晃，自以為很瀟灑，自以為是在用腰勁打拳，其實不然，這種打法充其量給人的印象只能是浮

躁、飄忽而已。

　　我認為打拳真正用上腰勁應當是重內不重外，以內為主，以外為輔，應當是每一動都要先做到：意領、身鬆、氣催、勁行。動則先氣沉丹田或丹田內轉，上邊肩胸放鬆，下邊腰胯放鬆，身體下沉，這一沉完全是在意念的引導下，下意識的鬆沉，身體上下各關節（特別是腰胯關節）的骨節間鬆開，筋膜張開，同時氣勁下行到湧泉穴，稍頓腳底用意使氣勁逆行而上達於腰間丹田之中，使丹田內氣鼓盪，同時胸腰呈螺旋狀微動並帶動四肢的順逆纏絲。

　　總之，練習太極拳如抓住了「鬆沉」這一關鍵環節，加上朝夕苦練，那麼假以時日一定會收到事半功倍的效果。

行氣如九曲珠

　　練習太極拳的人，都知道氣法對練好拳至關重要，太極拳對養生的作用主要在於養氣。俗話講：「外練筋骨皮，內練一口氣。」凡是練太極拳，無論是練套路，還是練推手，如何使氣法適應拳架、推手的動作，太極拳前輩們做過許多精闢的論述。但他們的拳論大都言簡意賅，概念抽象，一般不易理解，特別是對初學太極拳者更有一定難度。如「十三勢行功要解」曰：立身中正安舒，支撐八面，行氣如九曲珠，無微不到，所謂「氣遍身軀不少滯」。此古拳論歷來被後人推崇，但後人所論其說不一，尤其對「行氣如九曲珠」一語不甚深解，下面我想就個人練拳教拳體會談一點自己的感悟。

● 認識太極拳的「氣」

　　氣在人體裡看不見，摸不到，但我們確實能感覺到它的存在。氣在人體占有重要地位，可以說人體中處處都有氣的運行。

　　用中醫的理論講，氣是促進血液在人體內循環的動力。氣與血是相互依存的，氣為陽，血為陰，氣為血運行的動力，血為氣的物質基礎，故中醫學稱之為「氣為血之帥，血為氣之母，氣行則血行，氣滯則血瘀。氣病可及於

血，血病可累及氣」。氣血運行主要是沿著經絡運行的，氣血的運行與內臟的關係也十分密切，臟腑發生病變可以直接影響氣血的運行，而氣血運行失常也可以影響臟腑功能發生病變。因此運動對氣血運行的調理就顯得非常重要了。而動作輕柔舒展、呼吸深長均勻的太極拳，正是現代人願意接受的一項促進身心健康的運動項目。

在先人的太極拳理論中對氣的論述很多，如「十三勢行功心解」曰：「以心行氣，務令沉著，乃能收斂入骨；以氣運身，務令順遂，乃能便利從心」「氣宜直養而無害，勁宜曲蓄而有餘」。「十三總勢說略」曰：「氣宜鼓盪，神宜內斂。」「十三勢行功歌」：「刻刻留意在腰間，腹內鬆淨氣騰然」，等等，說的都是氣的重要性。

有人寫文章說，內家拳法注重「氣」的鍛鍊，實際上是掉進了「氣」的誤區。

我認為這可能是他的一種誤解，如果你把內家拳家所論之「氣」當成呼吸氧氣和人體固有的力氣，其概念與內家拳家所論之氣自然不同了。

其實太極拳中所說的「氣」，一方面概括了中醫學中的「正氣」「元氣」「經絡之氣」「真氣」等物質的氣，另一方面還包含有武術、氣功中說的「內勁」「內功」等功能的氣，這兩種氣的相互作用，共同組成了太極拳中所說的太極內氣（內勁）。太極拳練習者經由足夠時間的合理訓練，在速度、力量、耐力、靈敏、柔韌等身體素質方面都會得到全面的提高，從而也會使太極拳內氣自然充盛，同時在練拳時把這種意氣揉入拳式動作之內，即可產生防病養生及禦敵防身的效果。

太極拳之運氣法

　　談到太極拳的運氣，必先涉及太極拳的呼吸。練太極拳初級階段的呼吸，純任自然，以順遂為準，不必強求與動作合拍。呼吸方法主要是鼻吸鼻呼，但練到一定程度，就要進一步研究呼吸的運用了。「十三勢行功心解」曰：「能呼吸然後能靈活。」就是說呼吸與動作要努力做到合拍，該呼就呼，該吸就吸。一般在走架中，蓄勁時吸，發勁時呼；提升時吸，沉降時呼；開時吸，合時呼，拳式運轉時可以調氣加短促呼吸。總之，在行拳走架及推手中，動作變化複雜，有時呼吸又很難與動作合拍，這時運氣的功夫就顯得非常重要了。

1.「鬆」是前提

　　在行拳走架及推手中要想使自己的「氣「暢行無阻，首先一條是要做到身體的放鬆，拳論曰：「筋骨要鬆，皮毛要攻，節節貫串，虛靈在中。」這裡強調了練太極拳要求身體從上到下，從裡到外一定要放鬆，不能鬆就不能柔，不能柔就不能靈活。不能鬆，勁就會僵，氣就會滯，氣勁僵滯就不能做到一氣貫通、勁力完整、變化靈活。不能做到放鬆，推手時就容易產生僵勁、頂勁；不能做到放鬆，聽勁就不靈，不知變化，易為人所制。所以歷來太極拳家把放鬆作為練好太極拳的第一要求。

　　過去拳家練拳都盡量選擇一個幽靜沒有干擾的場地，這是創造一個放鬆的環境，上場打拳先要洗心滌慮，平心靜氣，這是創造一個放鬆的心態。陳照奎先生曾經說過：「太極拳全過程都要鬆下來，要沉下來，要百分之百地放

鬆，同時，周身節節都要鬆下來，要鬆到手指肚。」有了鬆有了靜，頭腦清晰，心平氣和，興趣盎然，在這種狀態下打拳，自然是行雲流水，動作流暢，神采自現了。

「節節貫串」就是強調動作由形整而勁整，把人體的四肢和軀幹視為三節，三節之中各節又可分為三節，節節再分。運動時由下而上，或由上而下，順節序而動，就能達到「整」字訣的要求。如能做到這一點，那麼虛靈就會自在其中了。這裡需要指出的是，所有外面的動作，要由內勁（內氣）帶動，所謂內不動外不動，以氣運身，內氣鼓盪，外形飽滿，身體上下每個關節都要在意識的指揮下，一節節鬆開運轉，如同一串珠子在抖動、在轉動。

初學太極拳者，從外形上往往動作不協調，顧了手，顧不了腳；顧了上顧不了下。動作不到位，式子不聯貫，氣力不足，這些都是不能一氣貫通的具體表現。待練到一定時日，慢慢掌握了太極拳的運動、運氣規律，就會氣勁順遂，動作也就聯貫了。所謂「行氣如九曲珠，無微不到」，「氣遍身軀不少滯」，但這串珠子是用一根線串著的，線不斷，氣勁順遂；線斷了珠子就會散落。這根線就是內氣。

2.「意」是主導

太極拳講究用意不用拙力，對初學者雖然有一定的困難，但也不是不可理解。練拳時可以從「假想」入手，練習意氣的感知。比如我們以陳式太極拳「斜行拗步」第 5 動為例，左弓步右手前推時，你可以假設前方有一個人，你用右掌推他，前推之勁的大小，你自己可以掌握，前推之時要意注丹田，並使真氣徐徐貫入丹田，此時小腹部隆

起，命門同時向後膨脹，並且帶脈一圈也要隨之向四周膨脹，這時你可以假想丹田之氣沉到海底，然後抄尾椎上升到脊背，然後從脊背到大椎到肩到肘到掌，然後從內勞宮穴透出氣來。這種假想初學時很渺茫，但練習時間長了，就能運用自如了。

關於意念「假想」，其實在武術其他門派中也有同樣類似的練法，如大成拳的七步功法中的站樁和試力兩步功法，就非常強調意念調控與精神假借的訓練。如其樁法中講意念的「頭如線吊」「雙手抱球」「手按水中漂木」，等等。這些意念活動的目的，主要為幫助初學者以抽象思維方式來正確地掌握姿勢，體會力量，抑制雜念，放鬆入靜。

太極拳的運氣和氣功家的運氣有所不同，一般氣功家練氣是意念專注一點，而太極拳練的是活勁，氣由意導，所謂「以意行氣，以氣運身」「心為令，氣為旗，神為主帥，身為驅使」。氣為形體的動力，氣行之內，體型之於外，表裡一致，是為完整。每一動，唯手先著力，隨即鬆開，尤須貫串一氣。始而意動，即為勁動，轉接要一線串成。行拳時要求氣貫四梢，勿使有斷續處。

「行氣如九曲珠，無微不到」，「氣遍身軀不少滯」，九曲珠孔，不礙氣的運行，這串珠子在意念的指揮下，可鬆可緊，緊時是一個整體，鬆時亦可發揮單珠的作用，但也離不開整體配合，所謂線不能斷（此處線即意氣也）。可以假想把全身四肢各個關節視為可轉動的珠子，全身上下三盤九節十八球（珠），處處可轉。

就中國傳統文化來看，以「九」字組詞的事物可謂多

矣，線拉緊了，十八個珠子是一串，線鬆了，每個珠子可
以自己隨意轉動。先人把這串珠子的線寓為意氣，其意是
深刻的。

　　實踐證明太極拳的整個修練過程完全應以意氣為主
導，行氣走架時全身放鬆，要用意引導氣之運行，內氣鼓
盪，外形飽滿，全身皮毛與大自然之氣相互鼓盪，人在氣
中，氣在人中，呈現出一種天人合一的融溶自然之情景。
常見一些練太極拳之人舉手投足毫無定向、漫不經心，這
種練法玩玩可以，於練太極功夫相差甚遠，而那些自恃有
一點拙力之人，打拳推手全靠一身僵力拚老本，如此練功
久而久之，入不敷出，支出過甚，傷身傷氣，耗時傷神實
無益處。

　　太極拳是生命之學，它既練身又練心，既重形又重
意，性命雙修，整個修練過程以意為主導，以丹田為核
心。楊澄甫公云：「氣能入丹田，丹田為氣的總機關，由
此分運四肢百骸，以周流全身。」太極拳一定要把腰勁
（丹田勁）練出來，腰勁出不來，不管你怎麼動都是「單
擺浮擱」。

　　有些人拳架外形練的也不錯了，可是細品其味，總覺
得淡了許多。觀其打拳，臂搖膀晃，扭腰擺胯，總是扭扭
捏捏，感覺彆扭不雅。其原因就是腰勁沒有練出來，一動
不是拱肩架肘就是腰胯亂晃。其病必於腰勁（丹田功夫）
求之。陳發科公曰：「內不動，外不動，腰不動，手不
發。」陳照奎先生講：「丹田內轉，一切拳式動作都要結
合丹田帶動。」腰是樞紐，丹田是氣之源，是核心。拳論
中所云：一動無有不動。其「一」者，腰也、丹田也。所

以太極拳各種勁力的運用，關鍵在腰部（丹田）牽動著全身上下的各個關節，腰部發勁時，丹田之氣一部分上升，內氣由海底抄尾閭經夾脊、玉枕、三關連成一線，以腰部為核心，上肢之勁出於脊背，由肩而肘到手。丹田之氣另一部分下沉由胯到膝至湧泉穴，然後由腳蹬地其勁反彈，由腳而腿而腰復歸丹田。

3.「氣」之運行

太極拳在內講氣，在外講功力。氣是勁的動力，勁是氣的外在表現。「拳法之妙在於運勁」，實際上就是運氣，它們是相輔相成的，互為表裡。

初學太極拳者在走架、推手時，是很難把氣力融成一體隨意隨氣而發勁的。他們行拳走架往往手是手勁，腳是腳勁，很多動作是「單擺浮擱」，顧此失彼，不能做到「一動無有不動，一靜無有不靜」，不能做到每動手到位、腳到位、身到位、眼神到位，從上到下，從裡到外形成太極整體勁。

前面已經談到，太極拳的氣勁是按節循序而行的，氣行之源在腰部（丹田），每發勁前身體先要放鬆，氣沉丹田，然後吸氣提肛收腹，丹田之氣從海底抄尾閭上翻入命門為蓄勁。發勁時呼氣，命門之氣前翻入丹田（形成一小周天），拳論所謂「內有海水波浪翻，外有珍珠倒捲簾」。此行氣之法，初時渺茫，時間久之亦能掌握。功夫到一定程度，腰部（丹田）之氣始終是飽滿的。呼吸運氣，體現在內就是氣沉丹田和丹田內轉，也就是腰部的螺旋鼓盪。做到了這些，在行拳走架和推手時，才能隨意收發自如，從而發揮勁力之威。

陳鑫公曰：「出腎入腎是真訣。」丹田是氣之源、勁力發動機，出勁入勁都離不開腰部（丹田）的樞紐作用。如果把全身看成是一串珠子，那麼腰關節這顆珠子的作用非常之大，它能起到承上啟下的作用。

以陳式老架太極拳一路，掩手肱捶一式第 5 動之發勁過程為例分析，我們對其運動規律或有所悟。這一動是左弓步打右拳，而其發勁並不是只簡單地打出右拳而已，發勁時其下是右腳蹬地，其上是頭部百會穴領勁不丟，同時右膝裡扣，腰左轉，左肘後稱，丹田內轉，從而用腰的螺旋勁抖發出右臂拳。

此動左腳為支撐點，右腳為施力點，腰（丹田）為樞紐，丹田內勁出脊背，由肩臂達於右拳。這種協調周身力量而發於一點的運動方法，必須是以全身放鬆為前提，以意念為主導，節節放鬆，一氣貫通方可達到。這種以點帶面整體作戰的運氣運勁方法，在太極拳的行拳走架中體現得淋漓盡致。

太極拳是形體運動，更是意氣運動。從傳統的角度講，太極拳更注意身心、意氣的修練，孟子曰：我善養吾浩然之氣。太極拳修練的正是這種「正氣」，有了這種正氣，修練者的精神生活就有一種質的昇華，我想這恐怕也是現代千千萬萬人追求探索太極拳奧秘的一個重要原因吧。

細節出功夫

　　現在以太極拳作為健身娛樂的人很多。在城市裡，打太極拳已經成為一種時尚。打太極拳的人雖然很多，但是真正懂太極拳、練出高水準的人不是很多。應當說學會一套太極拳，並不是什麼難事，可是要想吃透它，能夠練出高水準，卻不是一件容易的事。太極拳是一門科學，要學好這門學問，沒有明師指導，不下幾年甚至幾十年的苦功夫，是很難登上大雅之堂的。

● 從難從嚴從細

　　太極拳的要領很多，如：虛領頂勁，立身中正，含胸塌腰，沉肩墜肘，鬆胯屈膝，氣沉丹田，全身放鬆……又如行拳走架要求做到：快慢相間，輕沉兼備，虛實互換，剛柔相濟，鬆活彈抖，等等。以上這些要領都是練好太極拳的基本方法，本文主要是想側重談一下打好太極拳的細節問題。老子曾經說過：「天下難事必作於易，天下大事必作於細。」細節決定成敗。我們要想打好太極拳，也應當有這樣的理念。

　　師父馬虹先生教我們練拳時，要求我們首先做到：從難從嚴從細。一招一式都要搞清楚弄明白，認真去做，絕不允許有一點馬虎。他常說：「練拳要練明白拳，不練糊

塗拳。」打太極拳要掌握的要領很多，但是最主要的應當從弄清拳理入手，知道太極拳是以易經的太極陰陽學說為理論依據的緣由。

靜之則合，動之則分，動則螺旋，凡動則以身體的螺旋帶動四肢的順逆纏絲，講究整體作戰。可以說太極拳的每一動，處處內含太極陰陽變化之理。陳鑫公說：「太極拳纏絲法也。打太極拳須明纏絲勁，不明此，即不明拳。」太極拳的螺旋纏絲法是以圓的形式體現的，有人說太極拳是圓形運動，其實這個圓是由無數個點和無數條弧線組成的。我們在走架時要特別注意這些點和弧線的變化，這些點線變化是非常細微的。

如陳式太極拳一路（83 式）第三式「懶扎衣」第 6 動定式，由前動身體右轉螺旋下沉，右手掌由逆纏翻轉向右前上外掤，略變順纏，勁運到中指肚。此處右手先由左至右走弧線，然後右手掌再由逆變順的微動（發下塌外碾勁），實際上就是右手臂由一條弧線運化成點的過程。此動最後一下，看似簡單，其實此處每一點都內含太極陰陽變化之理。此處右掌的「下塌外碾」之勁雖不明顯，卻暗含了太極拳「極小亦圈」、渾身無處不太極的特點。

有人打拳不拘小節，對手形的把握很隨便。經常看到有些人打拳時握拳不像拳，出掌不像掌。有人出掌五指散開像鋼叉，有的又像京劇裡的蘭花指。歷來太極拳家都非常重視手形，以及手形的變化和作用。「每一舉動，其運化在胸，表現在手，主宰於腰，形之於手。」手指鬆散則表明神散、力散。

太極拳的手形主要包括：掌、拳、勾。掌：要求凹攏

掌。即大拇指、大魚際都有向裡與小指相合之意，手指鬆鬆地合攏，虎口要圓。掌有順纏與逆纏的變化。順纏時，小指領勁大指合，突出小魚際；逆纏時則相反。另外，捋式則掌心凹攏，前手順纏時中指、食指、無名指可以揚指後翻。按式則要揚指突出掌跟，拿式則應五指向掌心虛虛合住，等等。

上述變化要注意氣貫到中指肚，即陳鑫公講的「中指勁到，餘指勁也到」。

拳：四指捲攏，大指扣到中指中節，拳虛握，拳心要虛，但外形又不能散，即外緊內鬆。拳發勁時，腕不能軟，但也不能過硬，要有鬆活彈抖之勁。

勾：呈下折腕，五指捏攏，不許散。勾手有手掌解脫，以及擒拿、刁腕、腕背擊人等技擊含義。

馬虹先生傳拳非常重視學生對手形的掌握，他常嚴肅地對我們說：「你打拳連手形都把握不好，這個拳你怎麼會打好呢？」

陳式太極拳是古老的傳統拳種，除了其特有的健身養生功效外，它的技擊內涵相當豐富。其行拳走架講究勁走三節，三節互用。如《孫子兵法》所云：「擊首尾相應，擊尾首相應，擊中首尾相應。」陳式太極拳一路 83 式、二路（炮捶）71 式，共 600 多個動作，每個動作都有豐富的散打技法內涵。

馬虹先生常說：「打拳一定要有敵情觀念，打拳無人似有人，你一出手、出腿要有三節勁。出手要先想到走肩、肘再出手；出腿，也要先想到胯打、膝擊、腿蹬、腳踢、插襠，等等，這要形成規律。」

例如「白鶴亮翅」一式動作 4，當右手向右上方捋開走上弧線時，這個動作包括：①右腿提膝插襠（也可以走腳蹬勁），上體加大掤勁；②右肩靠勁；③右肘擊勁；④右臂捋勁；⑤右胯靠勁；⑥右手下塌外碾勁（也可以發勁）。這樣的例子在整個拳套中比比皆是。

🔵 打拳要有節奏感

馬虹先生傳我們的傳統陳式太極拳，非常重視拳式的節奏。記得有一次先生給我改拳時，看我打完一路拳對我說：「你這拳打得老是一個速度，平淡如水，這樣打拳缺少氣勢，沒有神韻。我們這個拳講究輕沉兼備、快慢相間、剛柔相濟，不像某些太極拳一味地求慢、求速度均勻；又不同於某些拳術一味求快、求動作迅猛。」

馬虹先生傳我們的這套拳架（一路 83 式），主張從頭到尾有快有慢、有高潮，波浪式前進。每個式子的各個組成動作之間，也有快慢。

發勁快，蓄勁慢；柔化動作一般要慢，剛發動作一般要快、要脆，不發則已，一發則如電閃雷鳴，發整體勁，鬆活彈抖。

如「雙震腳」「玉女穿梭」等。有的式子則較緩慢，如「懶扎衣」「前蹚拗步」等。整個套路前部慢動作較多，後部快動作較多，中間「二起腳」前後有一個高潮，而收尾又慢，做到穩起穩收。並且要求「慢不呆滯，快不散亂」。快慢都要走螺旋纏絲勁。

我們透過這種快慢相間的練法體會到：久練會感到內

圖 76　在焦作跟馬虹老師練拳

圖 77　練完拳後與馬虹老師合影

勁（內氣）充足，神怡氣爽，而且越練興趣越濃，以致樂
不知疲（圖 76、圖 77）。

● 尊重傳統

目前，國內外越來越多的朋友認識到馬虹先生傳的這套拳（陳式太極拳一路 83 式、二路 71 式），動作細膩，勁路清晰，節奏明快。馬虹先生曾經多次對我們講：「我們對陳照奎公傳下的這套傳統拳的拳譜、拳架子一定要保持它的原汁原味，不要輕易改變。要老老實實按照傳統拳譜練習，不要隨意改變套路中大小動作，不要自作聰明，不要把某些套路中不合理的動作糅進來，一定要保持傳統拳的固有風格。」他常說：「我奉勸大家要老老實實繼承先人傳下的這套拳的種種規矩，拳的外形不能亂變，動作不能亂改，對它的內涵的理解、挖掘、認識，要逐漸加深、逐步提高，這才是修練傳統拳的正確方向。」

另外，先生還教導我們：練拳不要僅僅滿足於學會一兩套拳架子，一定要堅持「從難從嚴過細」的原則，越是難練的複雜的動作，越要認真按拳譜要求，按老師教導去刻苦地練。堅持打低架子，倒換虛實（重心）先襠走下弧。打拳不要走過場，每天要給自己定計劃，出課題。每一遍拳都不放過；每一個拳式動作都要搞清其勁路、勁點、變化、技擊含義、速度快慢、方向角度、來龍去脈，一定要挨個把它吃透、弄明白。邊學、邊練、邊悟，這樣練久了，功夫肯定可以練到身上，肯定可以收到健體、護身、怡情之效。

纏絲勁

　　陳式太極拳在行拳走架中的螺旋纏絲勁，在運化之中突然爆發的驚彈勁，等等，都是其他流派太極拳沒有或表現不明顯的。

　　陳式太極拳真正在社會上得以普及，畢竟只是20世紀80年代的事。現在雖然社會上喜愛練習陳式太極拳的群眾逐漸多了，但是能真正掌握陳式太極拳的練功竅要，打出一套風格鮮明的傳統陳式太極拳的人，並不多見。

　　古傳太極拳是以技擊為主的。1958年人民體育出版社出版了一本《太極拳九訣八十一註解》，是楊式太極拳第二代傳人楊班侯所傳，由吳孟俠編著的，書中所述九個訣講的全是太極拳的技擊用法。其中第一章第二節太極拳五個要領原文「（一）六合勁」，是這樣寫的：「擰裹、鑽翻、螺旋、崩炸、驚彈、抖擻。」如能對此訣加以深入研究，便可加深對古傳太極拳技擊的認識。

　　我的師父馬虹先生曾多次囑咐，要練好太極拳，就要明白太極拳陰陽之理，把握整體觀，掌握螺旋纏絲的運作方法。他常講，太極知兩儀，動則分陰陽，手足要纏絲，整體來發勁，內外要相合。

　　他曾寫信囑咐我：「鬆靜、沉穩、螺旋、整體，是練好陳式太極拳的四大要素，缺一不可。」

　　前輩名師的教導，是他們多年練拳的切身體驗，借鑑

他們的經驗會使我們後學之人少走很多彎路。但是要想把前輩老師的寶貴經驗變成自己的東西，關鍵在於平時的勤奮操練。只有細心揣摩，在練中悟，在悟中求，才能有所提高。

陳式太極拳是技擊性非常強的內功拳。說它技擊性強，一個顯著特點是它在運化之中突然爆發的驚彈勁，它的發勁之猛、之迅捷、之渾厚，在我國眾多傳統拳術中也是比較罕見的。所以，我們要打好陳式太極拳，一定要研究和掌握如何發好太極拳驚彈勁，探討如何掌握好這一重要技術環節。

我認為，要想發好陳式太極拳的驚彈勁，應當從以下四個方面加強鍛鍊。

一要練好拳架，二要練好單式操手，三要練好功力訓練，四要練好推手。

下面我簡要地闡述一點個人認識，僅供朋友們參考。

練好拳架

練好拳架是發好太極拳驚彈勁的基本功。它也是培養內功、提高修練者綜合素質的最後途徑。可以肯定地講，沒有紮實過硬的拳架功夫，是不會發出高質量太極拳驚彈勁的。陳式太極拳的套路練習是由鬆入柔的，首先走架要心平氣和，不急不躁，按照規矩慢慢調氣、找勁。初練時主要以鍛鍊纏絲勁為主，以練習發勁為輔。纏絲勁是黏化、牽動、進逼對手的核心。透過纏絲勁的鍛鍊，能逐漸產生一種似柔非柔、似剛非剛，極為沉重而又極為靈活善

變的內勁。可以說，纏絲勁是陳式太極拳的靈魂，陳式太極拳中的任何勁都是在螺旋纏絲勁的基礎上運轉變化的。所以陳鑫公有「打太極拳須明纏絲勁，纏絲者，運中氣之法門也，不明此，即不明拳」之說。

有了柔化、纏絲勁的基礎，還要進一步研究發勁的技術。練習陳式太極拳套路和推手，如果不懂發勁，你所練的套路充其量也只是一種另類的體操，談不上傳統武術功夫。而要能在套路和推手的鍛鍊中瞬間發出整體旋轉的爆發勁，最重要的是掌握太極內功的修練。我認為，傳統陳式太極拳第一路（83 式），是一套非常好的內功修練拳，如果能在老師指導下勤奮地修練三年五載，身體上、精神氣質上定會出現意想不到和超乎常人的良好狀態。

內功的修練，要從呼吸入手。陳式太極拳行功走架，初始呼吸以自然呼吸為主，這個階段主要練一個「順」字。即走架勁要順，呼吸氣要順，外形上不能抽扯，內裡不要憋氣，一切要順其自然。

有了一定基礎後，就要進一步研究拳式動作與呼吸的合理、協調的有機配合。這時練拳（陳式太極拳）應以丹田呼吸（氣沉丹田與丹田內轉相結合）為主，以胸呼吸（肺呼吸）為輔。吸氣時小腹內收，膈肌上升，丹田氣上行聚於胃部，胃部自然隆起（練功有素者，酷似有一口小鍋扣在中脘），胸廓自然擴張，肺活量加大。呼氣時小腹外凸，膈肌下降，聚於胃部之內氣下沉至丹田，胃部與胸廓自然平復。加之腰腎的左旋右轉，內氣也沿著帶脈左右轉圈，周身纏絲旋轉皆與丹田內轉相合，陳式太極拳的呼吸是氣沉丹田與丹田內轉相結合的。

　　太極拳是內功拳，它的表現形式是既重形又重意。走架時既重外又重內，以外帶內，以內催外，內外結合，整體運作。它練的是外柔內剛的功夫，由多種形式不斷變化的螺旋纏絲，以及獨特的丹田內功鍛鍊，逐漸打通任督二脈，繼而練通帶、衝二脈，直至全身經絡暢通，氣血周流，循環不已，這樣就為日後練出冷、脆、剛、疾且又渾厚無比的爆發勁打下了堅實的基礎。

　　陳式太極拳的驚彈勁，是在全身放鬆的前提下，精氣神、肩腰胯、手腿足，內外高度協調，以身體螺旋轉動，帶動手臂（腳腿）的纏絲運轉而發出的瞬間整體爆發勁。在整個發勁過程中，要求全身百分之百地放鬆，只有在最後接觸對方之瞬間才驟然發力。常見一些人打拳，每當發力前早早就較上勁了，胳膊就像一根棍子一樣捅了出去，這樣發力既無彈性也無力量。還有一些人在發力時手臂亂顫，自以為這樣發出的勁就是彈抖勁。試想僅以一臂之力，無論你怎麼抖，不也只是局部小力嗎？還有一些人發力前身體亂晃，以為這就是腰襠發力了，這樣做即使外行看了也會覺得可笑。有的人甚至因內氣不足而腰胯亂抖，抖得自己腹內腸子疼，連拳都打不成了。

　　這些拳友都是沒有掌握好發太極拳驚彈勁的竅要。太極驚彈勁發力竅要是：氣沉丹田降至湧泉，力從足跟生，行之於腿，丹田抖動，脊背發勁，形於梢節。其前提是：全身放鬆，身體中正，瞬間爆發，內外相合，渾然一體。

　　以「掩手肱捶」為例，這個式子共五個動作，正確的練習方法是：發力前，前四個動作都是柔化運轉，意念和肢體都處於放鬆狀態，而在第五動發勁前要吸氣，可發聲

圖78　演練掩手肱捶

助力。發勁後，肩胯、肘膝、手腳關節略放鬆。另外在發勁時，前腿一定要撐住勁，後腳跟要蹬上勁，氣要沉到丹田，頭要頂，襠要提，腰要塌，胯要坐，身要直，勁要疾，力要實，意要緊，神要聚。此勢可以用來單式操練，連環發勁（圖78）。掌握了以上要領，依此類推，一通皆通。

　　另外還需要說明的是，如果作為一般健身養生活動，那麼練習陳式太極拳可不必研究發力，只要按照陳式太極拳的一般要領去練即可。如果是對推手、散手有興趣，行拳走架中的發力運作就一定要認真去練。

　　因為在走架中發力是有特殊鍛鍊意義的，一是可以摸索和掌握在走架時由柔化到剛發瞬間的變化感覺，久之可以練出意識和筋骨皮肉以及內勁的感應能力；二是在走架中發力可以無所顧忌、盡情發揮，久練可以增加體能，提高發勁質量。總之，陳式太極拳的拳架練習，主要是鍛鍊行氣、運勁、螺旋纏繞、柔化剛發功夫。功深後能達到即化即發、挨著何處便從何處擊的收發自如功夫，而這種功夫可使修練者體內產生一種似柔非柔、似剛非剛，極為沉重又極為靈活善變的內勁。有了這種內勁，操練者自然會

感覺自身精滿、氣足、力實、神旺，打起拳來總覺得有一種使不完的勁。

單式訓練是推手、散手的基礎

單式訓練實質上是推手、散手發勁的鍛鍊。如果著眼於護身交手，就必須進行單式訓練。這也是中國傳統武術各門派為提高散手功力採取的傳統操練手段之一。

陳式太極拳的特點是快慢相間、輕沉兼備、虛實互換、剛柔相濟、鬆活彈抖。它的兩套拳中有很多式子都是可以發力的。但是由於套路有其演練的特點，不可能在操練中一味發力，如果那樣練肯定會給身體帶來傷害。所以，太極拳家歷來都是抽出拳套中一些有特點的式子單獨操練，主要是練習各種發勁，增加意氣力、手腳身的內外協調配合能力，提高瞬間發出整體爆發力的水準。

先人的經驗是「掌拳肘和腕，肩腰胯膝腳，上下九節勁，節節腰中發」。我們可以參照先人的經驗，結合自身實際，多揣摩、多練習，這樣長功會更快些。

單式數量可多可少，甚至可以著重對幾個自己最擅長、最熟悉的招式反覆練習。馬虹先生傳給我們四十多個太極拳單式，他強調練習這些單式時，定步、活步都要練，原則是發勁不要脫離太極勁。

功力訓練不可少

功力訓練是提高太極拳驚彈勁質量的有效功法之一。

　　陳式太極拳的功力訓練內容有百把氣功樁、纏絲槓、太極
尺、太極球、抖大桿子等，而其中抖大桿子是快速提高操
練者腰襠勁，增長手臂、腿足力量的重要功法。

　　大桿子要選重的，最好是長 4 米左右的大白蠟桿子，
後把要漲手，桿子要有韌性，用力一抖桿子自己能顫。初
練時不易控制桿子，慢慢能控制了，能隨桿子的顫勁帶動
身上的勁，功夫也就逐漸上身了。我們練習抖大桿子，求
的就是大桿子的這個活勁（圖 79）。

圖 79　練習抖大桿子

　　大桿子的練法一般有單操法和套路兩種。單操法是以
披、崩、抖、撩、斜刺、橫掃等幾個單式為主，可加大力
度反覆操練，以此作為大桿子套路的輔助功。

　　套路練習是陳式太極十三桿，以十三個動作組成，沒
有舞花動作，在練習時一招一式不能走形，主要練習沾、
纏、絞、攔、披、崩、拖、掛、橫、扎、抖、架、挑等桿
法。練習時要求襠圓步穩，腰轉臂纏，以內功纏繞桿子，
身體突然發力。常練大桿子對增長內勁，加大襠、腰、臂
之爆發力，提高、鍛鍊耐力及強度有獨特功效。

● 推手應從實戰出發

推手發勁也是陳式太極拳的一個特點。練習推手如果不研究如何發勁，而只是一味地柔化、纏繞，那就有點像雙人舞的味道了。我們在行拳走架、單式操練和功力訓練中，體悟到了爆發太極驚彈勁的整體感覺，並且經過一定時日的鍛鍊有了一定的功力，但這還不夠，這畢竟只是操練者自己的感覺，與實戰中使用起來還有一定差別。因為走架、單式訓練時發力大多是定位的，儘管有時是移位的，但那也只是配以簡單的步法，況且在日常操練時，我們的精神和身體是相對放鬆的，沒有任何外來壓力，故能發放自如，而與人交手實戰時，雙方往往都處於動態，你練的那個勁並不見得能用得上。

透過推手發勁的進一步鍛鍊，我們可以更深層次體悟到與對方交手實戰時用招、變式、柔化剛發的實際感悟，經過這一環節的鍛鍊，自己的筋骨皮肉會高度靈敏，聽化蓄發功夫會更加成熟。到了這個階段，太極驚彈勁的發放會更有威力，也會更有隨意性、突發性。

學好與掌握好太極驚彈勁，在推手、散手實戰中能提高戰勝對方的概率。但是任何事物都有它的兩重性，能發好太極驚彈勁，是一個拳手太極功夫達到一定程度的具體體現，但是得了此勁（功），不可以多發、亂發。發勁本身是一種消耗，太極拳以養生為主，練習太極拳不僅要會練，更要會養，修練太極拳還是以練氣、練鬆靜、練好纏絲勁、以柔求剛為要旨，這才是修練太極拳高層次功夫的正確途徑。

纏絲槓操練法

　　太極拳是一個系統工程，僅就一般的鍛鍊程序而言，太極拳功夫是要經過拳架、器械、單操、功力訓練、推手、散打等一系列的鍛鍊過程才會有所成就。

　　我的老師馬虹先生在傳授我們陳式太極拳套路同時，還系統地傳授了我們內容豐富的太極拳功力訓練法，如太極尺、太極球、太極大桿、纏絲槓、旋大缸等功法。

　　下面我結合個人練功體會，向大家介紹一下馬虹老師傳授的纏絲槓的鍛鍊方法。練纏絲槓可增加腰腿功力，增加內勁，長期練習尤其能增長臂力，加大纏絲勁力度，提高推手、散打的功力。

1.製作纏絲槓

　　準備一根長一二公尺、直徑 5 公分的鐵槓（不鏽鋼管最好），兩頭車好內絲，再車兩個帶外絲的鐵帽，分別擰在鐵管的兩端，根據個人力道情況向管內灌入沙子或鉛塊等重物，可根據個人情況逐漸加量。

　　也可以選擇一根適合自己的鐵棒或小車軸類的物件作為纏絲槓用。

2.纏絲槓的練習法

　　（1）先站好步子，如左腿在前，右腿在後，站好半弓半馬步，兩腿勁力一般為前四後六之分。

　　【要求】虛領頂勁，鬆肩墜肘，含胸塌腰，鬆胯屈

膝，氣沉丹田，腳趾抓地。
然後右手握舉鐵槓後端，手
心向下，虎口向前，鐵槓中
部放在左小臂之上，左手為
掌，手心向下，此為預備式
（圖80）。

　　然後身微右轉，重心後
移，同時，用腰勁帶動右臂
微逆纏向後拽，同時左臂隨
之向右順纏，吸氣。目視左
前方（圖81）。然後身微

圖80　纏絲槓練習一

左轉用腰勁帶動下肢，左腿前弓右腿後蹬，此時兩腳要有
下蹬地的意念；右手隨身前運向前（左）送槓，同時左小
臂托槓逆纏向前送槓，呼氣；目視左前方（圖82）。

圖81　纏絲槓練習二

圖82　纏絲槓練習三

（2）隨著功力的增長，可以逐漸把鐵槓的大部分重量放在前臂上，用大小臂的順逆纏絲交替鍛鍊掤勁。練習時可以左右倒換步子和左右手臂輪換架托鐵槓。如此日久臂力增長非常顯著。

3.注意事項

（1）練習纏絲槓功要與練習太極拳架緊密結合，以練拳架為主，在練好拳架的基礎上再練此功，效果會更好。

（2）在每次練此功前，最好先練幾分鐘內養功以求先疏通全身經絡，如馬禮堂先生所傳「動靜八法功」就挺好。

（3）練纏絲槓功一定要按循序漸進的原則，要根據個人的實際情況掌握運動量，貴在堅持。

大桿子單操法

　　陳式太極大桿，又稱陳式太極大槍（大桿子加上鐵槍頭即為槍），桿子多採用四公尺左右、尾部較粗（滿把或漲把）的白蠟桿製成。太極大桿分套路（十三桿）練習和單練兩種方式。本文主要向讀者介紹我的恩師馬虹先生傳授的陳式太極大桿單練法中的幾個主要招式，供同道朋友參考。

1.抖桿法

　　（1）兩手持桿側身而立，左腳略向前，腳尖前順；右腳在後，腳尖外撇 45°，重心偏右。右手握緊桿子尾端，手心向下，左手握桿中後部，手心斜向上，把要鬆活，桿梢向前，高與胸齊。目視前方（圖 83）。

　　（2）左腳向前上一大步成左弓步，同時兩手心向上托桿前刺，桿梢高與胸齊，勁貫桿頭。目視桿前（圖 84）。

　　（3）在上動前刺後，身體快速右轉，重心速右移成半馬步。右手緊握桿尾部，隨之將桿旋轉抽回，手心向下；左手先活後緊，使桿子產生一種顫抖力。目視桿頭（圖 85）。

【要求】

　　扎桿時，胯要坐住，上身不可向前撲，重心前移時後腳要蹬地，用臂力、腕力托桿前刺，勁力要順達。後抖時

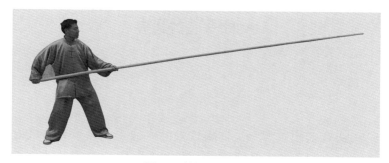

圖83　抖桿法（1）

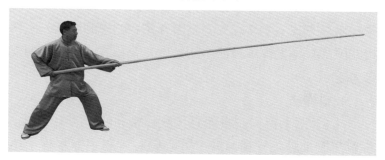

圖84　抖桿法（2）

圖85　抖桿法（3）

呼氣，鬆胯塌腰，氣沉丹田，襠、腰、臂周身合力，內外相合。到力點時（力達桿梢），像汽車剎車一樣，整體一致而又有彈力。扎桿、抽桿都基本保持中平。

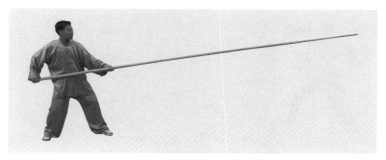

圖86　披桿法（2）

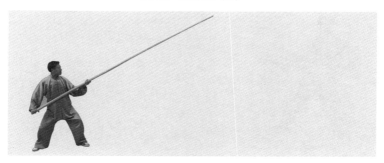

圖87　披桿法（3）

2. 披桿法

（1）同抖桿法動作（1）（參閱圖83）。

（2）左腳向前上一大步成左弓步，同時兩手持桿向左上方劃挑。吸氣，勁要鬆柔。目視桿頭（圖86）。

（3）向左上方劃挑後，身體快速右轉，重心速右移，同時兩手持桿合力外纏向右下方劈桿，力達桿梢。目視桿頭（圖87）。

【要求】向左上方劃桿，勁要鬆柔；向右下方劈桿要快速轉身、呼氣發力。要結合腰襠勁，勁由脊發，合於兩臂，纏於桿梢，鬆挑抖臂。

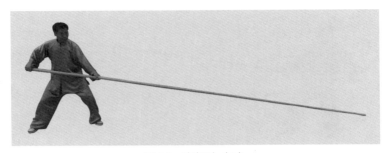

圖 88　崩桿法（2）

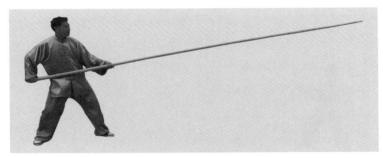

圖 89　崩桿法（3）

3. 崩桿法

（1）同抖桿法動作（1）（參閱圖 83）。

（2）左腳向前上一大步成左弓步，稍停，重心略向右移，同時兩手持桿合力右纏下披，勁要鬆柔。目視桿頭（圖 88）。

（3）接上式，兩腳不動，身體突然左轉，重心左移，同時兩手持桿合力裡纏向左後方上崩，力達桿梢。目視桿頭（圖 89）。

【要求】

向右纏下披為蓄勁，左轉身要迅速，結合腰襠勁，呼氣發力，勁由脊發，合於兩臂，纏於桿梢。

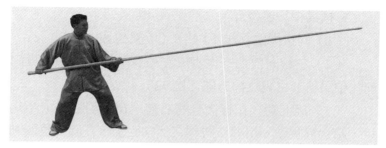

圖 90　斜上刺（2）

圖 91　斜上刺（3）

4.斜上刺

（1）同抖桿法動作（1）（參閱圖83）。

（2）左腳向前上一步，右腳跟進半步（磋步），也可以不跟步，重心偏前。同時兩手持桿，左手心向上，右手心向下，先向右後略下劃桿，然後再向上、向左前方內旋順桿發力，有上刺之勁。目視桿頭（圖 90、圖 91）。

【要求】

兩手持桿向右後劃桿是蓄勁，後腳跟步助力，進步斜上刺是在蓄勁基礎上，發力一抖使勁送達桿頭。注意要上下協調一致。

5. 橫掃桿（橫掃眉）

（1）同抖桿法動作（1）。（參閱圖83）

（2）左腳向前上一大步成左弓步，同時兩手托桿向前扎中平槍。目視扎桿方向（圖92）。

（3）接上動，扎桿後身體右轉，重心略右移成半馬步，結合襠腰勁，用纏法將桿突然向回抽，在回抽瞬間剎住勁，右手將桿尾部略向前推，使桿頭有向左後橫打之力。目視桿頭（圖93）。

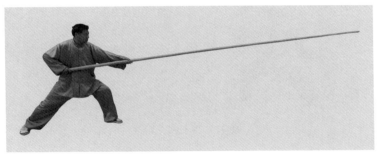

圖92　橫掃桿（2）

圖93　橫掃桿（3）

【要求】

此動主要是結合襠腰勁，配合兩臂力，使扎桿、橫掃、擊打一氣呵成，完全是由內氣（丹田）帶動。

【注意】

（1）以上練法均為左式，練習時以左右式輪換為宜，左右式動作要求相同，換式時只是變換一下方向、角度而已。

（2）練習陳式太極大桿，要有一定的拳術基礎。練習時要求內勁飽滿，襠圓步穩，腰旋臂纏，以內勁纏繞桿子，發力要有爆發勁。

（3）練習太極大桿前，要先熱身，首先要把周身各關節活動開，然後練習一套內功法，如馬虹先生傳授的百把氣功樁或馬禮堂先生的「動靜八法」皆可，如果能先打上一套太極拳再練習抖大桿子其效果會更佳，目的都是使周身氣血得以運行暢通。

（4）練習太極大桿要循序漸進，切不可一日曝十日寒。初練時可一式從幾次起步，然後逐步加量，次數多少以每次練功後不感到疲勞為準。大桿子功不見得每日必練，但一定要經常練習，過去練武人講：早練拳，晚練功。各家功法雖然很多，但作為太極門的輔助功法，大桿子功可為首選之功。

太極球功

太極球功法是太極門練習內功、增加功力的一種輔助功法。由於師承關係不同，太極門各流派所傳太極球功法多有不同，如有放球於石槽中的推揉研磨法，有球貼牆壁的揉動法；也有運球於身手中的旋動法等。

本文所介紹的太極球功法，是一代太極拳宗師陳照奎先生當年秘傳給我的恩師馬虹先生的陳式太極拳系列輔助功法之一。自恩師傳我太極球功法後，我堅持常年操練，並請人特製了一個 30 斤重的大理石球，平時結合太極拳套路練習，拳球結合，相輔相成。經過多年實踐，感到自身內氣充盈，身腰力厚，下盤穩固，受益匪淺。

下面介紹的太極球功練習法，就是我在馬虹先生親授功法的基礎上，根據自己多年練功體悟加以整理的。

1. 太極球製作與規格

（1）製作太極球用料比較廣泛，一般可採用鐵、石、硬木，或用舊籃球、足球灌滿細沙、鐵沙即可。

（2）太極球的重量一般視練習者的功力而定。一般是先用輕球後用重球，逐漸增加球重。球的重量一般可掌握在 20～50 斤。不要急功近利。

2. 太極球功法

（1）太極球預備式：

兩腳平行站立，相距略大於肩寬。頭項正直，虛領頂

圖 94　太極球預備式

圖 95　太極抱球

勁，齒合唇閉，兩眼向前平視。立身中正，含胸塌腰，沉肩墜肘，鬆胯屈膝，兩臂自然下垂，兩手指輕貼在腿兩側。精神內斂，全身放鬆，呼吸自然，意存丹田（圖 94）。

（2）**太極抱球：**

雙腿屈膝下蹲，兩手抱球起立，球貼腹部，呼吸自然，蓄勁丹田，氣降湧泉，百會領起，頂勁不丟，蓄而待發（圖 95）。

（3）**左轉乾坤：**

兩手抱球，球貼腹部，由丹田處從右向左旋轉 8～12 圈，蓄勁（吸氣）；球貼丹田，體重偏於右腿，再發勁（呼氣），球向外離腹部約 20 公分，體重偏於左腿（圖 96）。

圖 96　左轉乾坤

圖 97　右轉乾坤

圖 98　左白猿獻果

（4）**右轉乾坤**：

動作同「左轉乾坤」，唯方向相反。

練習此式主要體會由外面的球帶動丹田內氣，以丹田內勁催動外面的球旋轉，內含虛實、剛柔太極變化之理（圖 97）。

（5）**左白猿獻果**：

兩手抱球，呼吸自然，蓄勁丹田。左腳向左前方上一步，隨之重心前移，用丹田內氣催動太極球向左前方擊發，呼氣。上動不停，兩手收球，向下旋轉回至腹部，吸氣，隨之重心後移，此為一次。如此可連續發放 8～12 次（圖 98）。

（6）**右白猿獻果**：

動作同「左白猿獻果」，唯方向相反。練習此式，主要體悟以丹田為核心收發隨意的自然之功。久練此功，會感到丹田內氣充盈，會自然產生丹田自彈之力（圖 99）。

圖 99　右白猿獻果

圖 100　霸王舉頂

（7）**霸王舉頂**：

　　兩腳開立，與肩同寬，平心靜氣，意守丹田。稍停，下蹲，兩手抱球於腹部而起。稍停，兩手托球極力向上舉起過頂，呼氣，然後收球緩緩回落於腹部，吸氣。如此向上連續托舉 8～12 次（圖 100）。

　　【注意】托球上舉時，兩腳要有向下蹬勁，利用反彈之力，結合腰勁、臂力、手掌力，整體發力托球向上操練。此式大有霸王力托千斤之勢。常練此式，可增加操練者兩臂膀、手掌及腰腿功力。

（8）**海底撈珠**：

　　兩腳開立，與肩同寬，放球於兩腳前，平心靜氣，意守丹田。稍停，雙腳原地不動，雙腿不彎曲，向前俯身。兩手向下抱球，隨著向上直腰，兩手抱球於腹部，吸氣。稍停，再俯身向前，兩手抱球伸臂向下放球（球不落地），呼氣，然後再直腰收球於腹部。一放一收為一次，

圖 101　海底撈珠

圖 102　寶珠入穴

如此往返操練 8～12 次（圖 101）。

（9）**寶珠入穴：**

兩腳開立成馬步，兩手抱球貼於腹部丹田，運氣蓄勁於丹田，稍停，以丹田內勁（氣）催動太極球向前上方滾動，吸氣。然後向下旋轉收球於腹部，呼氣。一發一收為一次，連續擊發8～12 次（圖 102）。

（10）**左獅子滾球：**

面對牆壁半馬步站立，左手托球輕貼牆壁，右手叉腰，先以左手托球從右向左順纏揉動太極球 8～12 次，然後再從左向右逆纏揉動8～12次（圖 103）。

圖 103　左獅子滾球

「右獅子滾球」與左式動作相同，唯左右手相反。

【注意】左右揉動太極球時，球接觸牆壁之處不要移動太大，盡量在一個點滾動。手揉動球時，腰胯要隨之轉動，多利用腰襠勁，要以腰襠、丹田之內勁催動手臂運球於牆壁之上。另外，半馬步要盡量放低一點，氣沉丹田，兩腳抓地，要肩鬆、肘墜、勁到手指。

常操練此式，可交替鍛鍊雙手的螺旋、托力、按力、推力及腰力、腕力、臂力、下盤樁功等。其中，以增強手指的抓力和手掌的托舉、揉推力量最為有效。

（11）收式：

兩腳開立，與肩同寬，雙手收球於腹部，立身中正，虛領頂勁，含胸塌腰，平心靜氣，兩眼平視前方，全身放鬆，意守丹田。稍停，兩腿屈膝下蹲，雙手將球放至腳前，然後起身收式還原（圖104、圖105）。

圖104　收式一　　　　　　　　　圖105　收式二

3. 注意事項

（1）練習太極球要有一定的太極拳基礎，待拳套熟練後，自我感覺丹田內氣比較充盈，腰襠及下盤樁功有了一定功力後，方可操練太極球功。

（2）練習太極球前，要先做好準備活動。首先要將周身各關節（肩、肘、腕、腰、胯、膝、踝及頸部）活動開。另外，練功前最好站一會兒渾元樁，時間不需太長，目的是找一下氣存丹田以及氣運周身的感覺。

（3）太極球比較重，操練時一定要注意安全，要按上述要領去做（先用輕球，逐步加重），不要蠻練。練功時要選擇靜室或僻靜的庭院，以免人聲嘈雜影響練功。

（4）以上介紹的各式功法，可一次都練，也可根據個人情況選其中兩三個式子反覆多練。總之，練之則內功逐增，只要勤於操練，細心揣摩，日久必有所得。

太極尺功

陳式太極拳一代太極拳宗師陳照奎先生不但拳架規範、推手、擒拿技藝高超，他生前還特別重視太極拳各種輔助功法的鍛鍊、傳授。他傳下的太極尺功法，就是其中一項鍛鍊太極內功的有效方法之一。我跟隨陳照奎先生的高徒馬虹老師學藝多年，學得太極尺功法。

1. 製作要求

準備一根長 30～33 公分，直徑約手腕粗的圓形硬木棒，手握棒時稍有空隙即可。

2. 太極尺練習法

（1）第一種練習法（採捌法）：

練習者馬步站好，兩手在胸前橫握太極尺，兩手要握在尺的兩端，手心向外，兩臂前伸適度。要求鬆肩墜肘，塌腰鬆胯，馬步架子要低，兩臂屈伸於胸前。

運作時，左手走下弧順纏，右手走上弧向前下採肘（近似拳架中「護心捶」的勁法）到腹前中線。反之右手走下弧順纏，左手走上弧向前下走採肘。要求一手（上手）勁大，一手（下手）勁小。用腰旋轉帶動肩、肘、腕、胯動轉起來，一動無有不動，注意上下各關節的協調，腰要活，不要光耍胳膊肘；腕要活，肩要活，肘不要上架；開左胸採右肘，開右胸採左肘，向下走採勁時呼氣。不要拱肩架肘，上身要中正，頂勁不丟，不要前仆撅

圖 106　採挒法一

圖 107　採挒法二

圖 108　採挒法三

臀（圖 106～圖 108）。

（2）**第二種練習法**
（絞截法）：

馬步站立，兩手於胸前橫握太極尺，手握太極尺兩端，手心向上，稍停，右手逆纏向襠前擰轉，同時左手順纏向上托勁，高與腹齊（用的是近似「擊地捶」的勁法），左右手來回倒換勁練習，擰下去時呼氣，氣沉丹田，二陰放鬆，還原時吸氣，二陰收提（圖 109～圖 111）。

【要求】

練習時馬步樁盡量放低，不論左纏和右纏，身法都要

圖 109　絞截法一

圖 110　絞截法二

中正，頂勁不丟，鬆緊、虛實勁力變化要自然順遂，不用拙力。動時以腰為樞紐，一動百動，肩、肘、手、胯要協調配合，內外合一。

（3）**第三種練習法**（鼓盪法）：

馬步站立，兩手握尺在胸前，一手在上，一手在下，虎口均向上，緊握太極尺中部（手要握緊）。稍

圖 111　絞截法三

停，兩手握緊太極尺逆纏，向前推出，同時呼氣，並帶動命門往後撐，丹田向前鼓盪。手握太極尺向前推時要徐徐而進（兩手握尺要緊中有鬆，鬆緊適度），兩臂掤圓，全身要有向外的膨脹感，太極尺收回時吸氣，同時收腹、提

圖 112　鼓盪法一

肛。太極尺收至胸前約 20
公分處，收時要緩緩而回。
逆纏推出，順纏收回，如此
往復推收為一回（圖 112～
圖 114）。

【要求】

立身中正，馬步椿要
低，推收太極尺要有意念，
精神專注。此功主要鍛鍊雙
手的抓推力、腕力、肘力、
臂力乃至腰襠勁、周身的圓
活力。

圖 113　鼓盪法二

圖 114　鼓盪法三

保護膝關節

這樣做就能
保護膝關節

練習太極拳時，膝關節始終處於半蹲位的靜力性支撐，此時膝關節的穩定性主要靠股四頭肌和髕骨來維持。

打一套傳統的太極拳，少則用幾分鐘，多則十幾分鐘，在此期間兩腿承重力總是相互轉換的，全身重量一般要由一條腿負擔，在重力轉換時膝關節的活動量最大。膝關節要隨著兩腿的運動方向而不停地運轉。

太極拳的運動特點是柔中寓剛、剛中有柔、似柔非柔、似剛非剛，打拳時表面看來不用力，實則每招每式都蘊勁於內，而每一式、勁的實施，都要由下盤從腳及腿及腰及肩臂、手的動轉實現。膝關節在動作過程中所表現的順纏、逆纏、扣膝、挺膝等動作，無一不在時刻加大膝關節的承受力。

傳統陳式太極拳保留了很多震腳發力、躥蹦跳躍動作，這些技術動作的完成，需要膝關節韌帶和肌腱具備良好的靈活性和柔韌性。

太極拳是一種不能急於求成的功夫，尤其是對初習者來說，一定要在明師的指導下，按照科學的練功方法循序漸進地練習。如果急於求成，盲目加大運動量或不按科學的方法去練，那麼很容易造成身體的傷害，特別是容易造成膝關節的損傷。

下面就練習太極拳如何保護膝關節談點個人看法。

　　從人體解剖學看，組成膝關節的骨骼、肌肉、韌帶主要有股骨下端、脛骨上端、髕骨、股四頭肌腱、髕韌帶、後十字韌帶、半月板、前十字韌帶和關節軟骨等。

　　透過解剖分析，我們瞭解到膝關節全靠韌帶、肌髓與關節軟骨來維持膝關節的穩定性，當我們處於練拳狀態時，由於膝關節的活動量加大，稍有閃失極易造成膝關節的急慢性損傷。

　　膝關節是全身最大最複雜的關節，主要的功能是負重行走，能在屈 140°、伸 10° 的範圍內做屈伸運動，在太極拳運動中，弓、馬、仆、虛、歇各種步型，二起腳、旋風腳、玉女穿梭等各種跳躍動作，以及最簡單的蹬踢動作都可以使膝關節受到很大的槓桿應力或衝擊力，因此膝部受損傷的機會很多。

　　長時間超量單一的練習或不規範、不科學的練功方式，很容易導致髕骨軟骨病的發生，得了這種病，練拳者會發現自己膝痛、膝軟無力。

　　起初練拳時並無明顯症狀，即使出現痠痛，稍稍放高練拳架式，痠痛就會消失，以後逐漸加重，練拳時痛，甚至上下樓梯、上下汽車也痛，休息後減輕，但恢復大運動量時，症狀仍會重複出現並加重。

預防「太極膝」

1. 加強膝關節能力的鍛鍊

　　加強膝關節能力的鍛鍊，首要是加強股四頭肌的鍛鍊。有關專家認為這是目前預防髕骨軟骨病的有效方法。

通常採用傳統的站樁法，主要是渾元樁。

【具體的要求和做法】練習者雙腳橫向分開站立，兩腳距離同肩寬，足尖朝前，兩腿略下蹲，下蹲時膝關節保持在 130° 左右高位半蹲狀態（練功日久，根據個人情況蹲位可適當下調，但下蹲時兩膝頭不能超過兩腳尖）。兩手從兩側提至胸前，兩手指相對，中間距離約 30 公分；兩手心向裡，與胸間距離 30 公分左右，兩手高不過肩，低不過胸；頭正頸直身體放鬆，兩肩鬆沉，肘下墜，重心後坐，屈膝鬆胯，塌腰拔背，足趾與後腳跟微微抓地，湧泉穴要虛空，氣沉丹田，兩眼平視前方。每次站樁時間因人而異，可以從每次 5 分鐘逐步增加到 20～30 分鐘，每天練習 1～2 次，練完後要緩緩伸膝，起立還原，起身不要用力過急過猛。此功主要是使練功者活力、調息、換勁，增加腿膝部關節力量。

另外，有條件的年輕人也可以做一做蹲槓鈴等負重運動，提高腰腿部力量。

2. 循序漸進，合理掌握運動量

一套太極拳打下來，少則幾分鐘，多則十幾分鐘，許多動作如馬步、弓步、虛步、獨立步使膝關節長時間處於半蹲位狀態，對於初學太極拳者來講，這樣成套的練法，肯定使膝部負荷過重，故膝部筋骨極易受損。因此，我認為初學者最好是先練單式（先人就是這樣練的），然後是單式組合即分段練習，難度大的式子要加倍單獨練習。

太極拳是一門藝術，藝術創作似乎依循這樣一個規律，越是複雜的越是要「刪繁就簡」。因為任何事物都是從最簡單的、最原始的階段起步的。由淺入深，好比作家

作畫，要一筆一筆地往畫紙上畫，逐漸使畫面豐富鮮活起來。練太極拳也應如此，這樣經過一段時間的練習，動作熟練了，腿部力量增強了，可以逐漸把練過的式子串起來練，這樣練的好處是減少了因技術動作不熟練、不合理和腿部力量不強而造成的膝關節損傷。

另外，對一些常年堅持練太極拳的人來講，每天的運動量也要有合理的安排，不要高興了就多練幾遍，不高興就少練幾遍，要根據個人的身體情況制訂一套合理的鍛鍊計劃。太極拳練的是功夫，著急不行，盲目瞎練更不行，練功要講科學，要循序漸進，逐步提高。只有練習方法對頭了，才會收到強身健體的效果。

3. 練法科學，動作規範

練好太極拳首先要講規矩。初學一定要按規矩練，一舉手一投足都要合乎拳理要求，不要隨意比畫。流行於世的各流派傳統太極拳，經過前人幾百年的研習、傳承，實踐證明前輩的練法是科學的。練拳必須按要領去練，否則就會出偏差。

比如對腰的要求，練太極拳特別強調走腰勁，拳論曰：「刻刻留意在腰隙」「主宰於腰」。楊式太極拳嫡系傳人楊振基先生講得更具體：「練太極拳，必須以練腰為主。練拳一切動作要靠腰帶動，腰帶、腰拉、腰轉、腰腳手。」練拳如何做到腰帶動手腳呢？他以「單鞭」一式為例說：「打完『攬雀尾』的按式動作後，身先向後坐，重心移到左腳，手不上下動，隨身後移，右腳尖離地翹起，然後腰帶著手和右腳一起向左轉動。」這是腰腳手一起轉。右腳尖只起上抬的作用，不起轉的作用。轉身時，不

應該轉動實腿的腳尖，否則便是硬撐實腿，硬撐時間長了會損傷膝關節。不能做到腰帶手腳轉，那麼在虛實上也是分不清的。

馬虹先生講：「要把腰不動、手不發的要領體現在拳式大小動作之中，不論大小動作都要從腰部起動。」他們為什麼都特別強調練拳要用腰勁呢？我想一是為了練出周身一體的整勁，另外一個原因是在下盤穩固的基礎上，利用腰胯的靈活轉動減少膝踝關節的損傷。

太極拳運動要求每一動都要以腰為主宰，帶動四肢朝著一個方向動，向一個方向使勁，腰胯四肢不能各走各的勁。具體地說一般膝關節轉動時要和腳尖朝著一個方向。如馬虹先生傳陳式太極拳一路（83 式）「上步七星」一式時強調了兩點：一是右腳上步前，左腿要順纏外轉，左腳尖要外擺；二是右腳向前上步時，左腳要踏實重心前移，後腳隨身進步。如果左腿不順纏，左腳不外擺你就硬上步，就會強扭左膝，很容易使膝關節損傷。

傳統太極拳對膝部動作要求非常嚴格，如馬步、弓蹬步（弓腿）的膝蓋都不能超過同腿的腳尖，如果超過了腳尖就會形成跪膝，而跪膝會使膝關節氣血阻滯，導致筋骨受損。

另外，練太極拳講究虛與實的轉換。這種虛與實的不斷轉換對掌握身體平衡、勁力的蓄發，特別是下盤腿部著力的鬆與緊非常重要。如果我們練拳不明白腿部力量的虛實互換，動做作不到位，那麼兩腿膝關節就得不到休息，行拳時兩腿的筋骨肌肉總是處於緊繃狀態，這樣子打拳一定會很累，時間長了膝關節肯定會勞損。

4. 做好有針對性的準備活動

馬虹先生曾經說過：「為了保護和鍛鍊膝關節，打拳之前必須要認真做順逆旋揉膝蓋，進行涮腰、壓腿、靠腿、踢腿等準備活動。這種下肢和腰部的預備活動時間，一般要超過打一套拳的時間。」

根據人體的生理特點，在進行正式練拳前，肌體要有一個「進入工作狀態」的準備階段，因此練拳前的準備活動是非常重要的。太極拳的準備活動有其特殊性，通常是把準備活動和基本功訓練糅合在一起。練習者在練套路前往往將壓腿、踢腿、腰部活動等作為練拳前的準備活動。

一般順序是先從上到下的做頸、肩、腕、腰、胯、膝、踝等各關節的活動，然後做涮腰、壓腿、靠腿、踢腿等動作。動作要求輕柔緩慢，踢腿要求先慢後快。武諺曰：「練拳不遛腿，如同冒失鬼；打拳不活腰，到老藝不高。」說明練拳前的準備活動是必不可少的。

5. 選擇適宜的練拳場地

太極拳是傳統武術中的一個拳種，傳統武術中的許多運動形式如弓、馬、仆、虛、歇，以及踢、蹬、踹、裡合、外擺、前後掃腿等各種步型、腿法在太極拳中都有。因此，練拳者必須注意選擇在較平整的草地或泥土地上進行練習，不宜在水泥地和石板地上練拳，以免發勁、震腳時傳遞外力，造成膝踝骨損傷。

總之，練太極拳如何保護好膝關節，是一個很值得研究的問題，它直接影響到我們的身體健康，影響我們的運動壽命。保護好膝關節，使我們的拳藝與身心修練同時得到提高，這是我們廣大練太極拳的朋友共同的心願。

推手實作

推手入門與竅要

　　教學生推手時，常常有一些學生提出想讓我多教一些推手的招式，他們對我說，多學一些招式，在與人推手時就會增加取勝的概率。我想這可能是大多數初學者的普遍想法吧。

　　我認為，這樣的想法並不完全正確，推手多學一些招式固然重要，但是最重要的取勝竅要並不是招式，而是明白勁道，掌握勁道，熟練巧妙地運用勁道。「拳法之妙在於運勁」，打拳講勁道，推手同樣如此。

● 推手的基礎

　　初學推手最好有一定的練習太極拳的基礎，因為打拳的基本素質要求如立身中正、虛領頂勁、鬆肩墜肘、鬆胯塌腰、氣沉丹田、腳趾抓地等，這些對於練習推手同樣重要。不練拳也能推手，但到一定水準，技術上就不會有更大的提高了。

　　初學推手應當從挽花開始（包括單挽花、雙挽花），

圖 115　合步推手

然後練習合步推手（定步）、順步推手（一進一退），而後是大捋，最後練習活步推手（亂採花）。這裡特別強調一下，初學者一定不要忽略挽花和合步推手，任何技藝的學習都應當是循序漸進的。單挽花、合步推手（圖 115）看似簡單，但是要推好也並不容易。初學時對此要用點功夫，這對體悟毫毛肌膚的感知，對以後進一步深入研究推手技巧、提高技藝都大有好處。

　　掌握好以下幾種推手方法，是研究推手的必經之路，即：掤、捋、擠、按、採、挒、肘、靠、進、退、顧、盼、定，所謂太極十三勢。這是太極拳的技法總綱。打拳如此，學推手也離不開這些，推手中不管招式怎麼變化，其基本原則離不開這十三式，學者可在實踐中逐漸悟通。

　　要想學好推手，最好事先選擇一個明白推手的老師，在老師的指導下，按規矩學習推手的要領和技巧。千萬不要與同樣不太懂推手的人瞎推，那樣只能是白費功夫。

　　常見有一些推了多年的人只會打輪，你問他什麼是掤、捋、擠、按⋯⋯他根本不懂。請老師指教，他會帶你按固定的規矩逐步學習，以掌握太極十三勢的用法。這就是「無規矩立規矩」。到此就算初步學會了太極推手的基本方法了。

　　但是僅掌握了基本方法還不行，還要有本錢，本錢是什麼？是力量。陳照奎先生講：「推手力量占七分，技巧占三分。」他還說，「身體強壯，打拳、推手必勝人一籌。」推手的勝者永遠屬於實力和智慧高度統一的拳手。要想讓自己取得足夠的實力，最好的鍛鍊方法是多打拳和進行功力訓練。

　　縱觀陳式太極拳發展到今天的三百多年歷史，陳家代代出高手，原因何在？其實最重要的奧秘就是一個「練」字，陳家有句名言「拳打萬遍，其理自通」。推手最重要的基本功是要有「內勁」，而這內勁的取得，最好的訓練途徑就是行拳走架。

　　太極拳講究以心行氣，以氣運身，行氣如九曲珠，無微不到。太極拳的發力，無外乎兩種：一是發長勁，二是發短勁（寸勁、爆發勁）。不管你是發長勁還是發短勁，都要有「內勁」做後盾，這好比炮仗要想炸得響、崩得高，首先炮仗裡要有足夠的燃藥，沒有燃藥的炮仗，那只是個沒用的空殼。同樣，我們打拳、推手如沒有內勁做援，不管你外形上胸腰怎麼晃蕩，手臂怎麼比畫，那也是「單擺浮擱」，與推手、實戰無益。

　　太極拳的發力是以氣催形（這個氣就是內勁）。推手中不管你是螺旋纏繞，還是突發彈抖，都要以內勁為源。

內不動，外不發，以內催外，剛柔相濟，鬆活彈抖，這是陳式太極拳推手的重要特點。所以練好拳架也是為推手打下堅實的基礎。

另外在練好拳架功夫的基礎上，有條件的拳手還應該增加一些功力訓練，我的老師馬虹先生傳了很多功力訓練方法，如：百把氣功樁、擰太極尺、纏絲槓練習、太極球練習，特別是抖大桿子。抖大桿子是鍛鍊腰襠勁和臂膀力的最佳選擇，一個有功夫的拳師，他身邊總是有一根太極大桿子伴隨其一生。

學會推手方法，增加了功力，還不能說會成為高手，因為進一步還要學會「懂勁」。

推手的竅要是「懂勁」

推手的竅要不在招式，在懂勁。拳論曰：「由招熟而漸悟懂勁。」打拳是這樣，推手也如此。推手和打拳有相同之處，更有不同之點。打拳是自己運作，自己找勁，你拳打得再好，如果沒有推手的實踐，那麼與人一交手，勝負立現。因為你打拳沒有對手施加的壓力，你憑空想得再好，也只是紙上談兵，不是真打實作。

推手是實作，是近似散打的交手戰，在對方的壓力下，你的精神、實力、技巧都要經得住考驗，才能戰勝對手。所以老師常講：「推手是拳架的試金石，只要一推手，你平時打拳的毛病就會暴露無遺！」

那麼要掌握什麼樣的功夫，才能在緊張激烈的推手對抗中戰勝對手呢？一個拳手在有了前面多種形式推手方法

的鍛鍊後，進一步就要研究在掌握了十三勢基礎上的勁道變化，使這十三勢不僅僅是十三勢，而是千變萬化的招式（勁道變化），要取得這樣的功夫，首先得學會懂勁，懂勁是太極拳推手中的關鍵問題。

所謂懂勁就是在雙方交手相互纏繞中能夠瞬間識別出（感知）對方勁道的虛實、剛柔、快慢、方向、落點以及可能的變化，並且能夠把握好節奏時機，使引、化、拿、發恰到好處，從而克敵制勝。懂勁，是建立在聽勁的基礎上的，能聽出彼勁，才能懂勁。聽勁是千變萬化的，全憑毫毛肌膚的神經感知判斷，實非易練之功。故在未練聽勁之前，應先練沾黏勁，若不懂沾黏勁，則不能聽勁，不能聽勁，則不能懂勁。

練好聽勁也並非做不到，關鍵是要嚴格按照「沾、黏、連、隨」這一推手「四字訣」去做，而且在與人推手時要做到：平心靜氣，全身放鬆，內外相合，螺旋纏繞，連綿不斷，周身關節處處張開，不能有絲毫拙勁。只有這樣長期鍛鍊下去，才能逐步使周身神經日感敏銳，從而達到微感靈知地步。

推手最忌諱精神緊張，精神緊張必然導致氣血上浮，周身肌肉僵硬，這樣聽勁不真，判斷不準，反應遲鈍，與人交手必然失敗。初學者常與比自己技術好的人推手，要虛心學習，不要爭強好勝，這樣反覆練習，細心揣摩，雖然一時難以做好，但是經過一定時日之苦練，一定會逐步悟到懂勁之功。

有了聽勁、懂勁功夫，也就無所謂什麼招式了。其實推手就是那麼一順一逆的過程，只不過看掌握勁道、把握

時機的技巧如何。勁道對了，與人搭手無所謂手臂在裡環、外環、在上在下、在前在後了，「手心向上、向下都打人」（陳照奎先生語）。到了這個階段無論身體哪個部位一經與人接觸，就會敏銳地覺察到對方勁道的來龍去脈、輕重虛實、剛柔順逆、縱橫方圓、左右高低等變化，並沾著對方使之不能逃脫，在得機得勢的條件下，順人之勢，化人之勁，借人之力，還力於人，使自己在運動中始終居於主動地位。

其實高手與人推手，手臂一搭勝負只在一吸一呼、一開一合的瞬間。顯然這不是一般人所能做到的，但只要我們刻苦練功，勤於思考，這樣的功夫也一定會練到身上的。

有志於學習者，只要循規蹈矩，不急不躁，踏踏實實，朝夕苦練，細心揣摩，用功日久，定會豁然貫通，臻於神明。

行步游身推手法

● 推手與練拳相輔相成

　　據《陳式太極拳志》記載，河南溫縣陳家溝的第九世陳王廷，於明末清初創造太極拳的同時，還創造了陳式太極拳雙人推手法。雙人推手以沾、黏、連、隨、掤、捋、擠、按、採、挒、肘、靠為中心內容，以螺旋纏繞為運動方式，鍛鍊大腦反應和皮膚觸覺的靈敏性，綜合了傳統武術踢、打、摔、拿、跌等技巧，並且有所發展。比如拿法，陳式太極拳不單純是拿人的關節，而是著重拿人的勁路，這就高於一般的武術拿法。

　　陳王廷創造的太極推手方法，技擊性非常強，它的最大優點是取代了過去武術界一些門派假想性、象徵性的對打練習，並且解決了實習場地、護具和散打服裝等問題，避免或減少了較技雙方易出傷害事故的問題，成為隨時隨地兩人可以搭手練習的運動。這種練習，對發展體力、耐力、速度、靈敏度和提高太極拳用勁技巧都是行之有效的。經由三百多年的傳承，太極拳推手與太極拳一樣，越來越受到廣大太極拳愛好者的喜愛。

　　陳式太極拳在傳承中，較多地保留了古樸的傳統練法，延續了技擊性較強的風格特點，在歷代傳人中出現了較多的技擊高手。同時，太極拳推手方法也在不斷發展完

善。此技傳到第十八世陳照奎先生時，已發展到十餘種推手方法，其中包括單挽花（單手平圓推法、單手立圓推法）、雙挽花（一順一逆、雙順雙逆）、合步推手（四正法）、順步推手（四隅法）、大捋、活步推手（進一退一、進三退三）、圓形推手、散推、亂採花（花腳步）等。學習太極拳推手應當有一定的拳架功夫，要有深厚的內功（內氣），要初步掌握太極拳特有的螺旋纏絲勁。

透過推手不但可以檢驗拳式姿勢的正確與否，還可以將拳架中所學到的各種招式運用到推手之中，在與對方推手較技中，逐漸體悟太極拳掤、捋、擠、按、採、挒、肘、靠，捨己從人，隨機應變，引進落空，借力打人，在上述基礎上，巧妙地把傳統武術中抓、拿、摔、打、跌諸技熔為一爐，內外兼練，提高散打實戰能力。

在多年對太極推手的學習實踐中，我個人認為，我們現在學習掌握的推手方法雖然已經很多了，但在步法運用上，還不夠完善、靈活。比如，進一退一、進三退三，只是直進直退，有些死板；圓形推手雖然在步法上有些改進，但是由於步法、手法的程式化太重，仍顯得不夠自然流暢；就是被門內人非常看重的亂採花推手，雖然從步法、手法變化上有較大突破，但放得還不是很開，不能在雙方推手較技中充分發揮出太極拳黏走柔化、不丟不頂、靈活多變、順勢借力、引進落空、借力打人的獨特技術風格。

經過多年的太極拳推手學習與實踐，我常想怎樣才能使太極拳推手從相對靜止（定步或略有動作的推手方式）狀態走向真正的活步推手，即真正地隨心所欲地變化步法、隨心所欲地變化手法（招式），使太極拳特有的螺旋

纏絲、沾黏連隨、隨機應變、借力打人的技藝在活步推手
中得以淋漓盡致地發揮。其實這也是前輩大師們所追求提
倡的練法。陳照奎公生前就曾告誡他的弟子們：「推手要
多練活步推手。」

後來我慢慢想到，太極拳推手的宗旨是什麼？太極拳
推手是作為拳架到散打實作的一個過渡，是太極散打前的
重要預演，是對習拳者手、眼、身、法、步諸項技藝的實
踐檢驗。也可以說太極拳推手，是進入散打實作前的軍事
演習。在這個演習過程中，所有要用到未來戰場上的各種
輕重武器（各種招法），都要拿出來試用一下。所以有
「推手是檢驗拳架的試金石」之說。散打是什麼？散打是
拳場、擂台上敵我雙方實力、技巧的鬥智鬥勇，是分毫不
讓的決鬥。散打是要調動參與者，從心智到體能、搏殺技
術以及精神狀態的最大能量的投入，只有勇敢面對、敢於
拚搏者，才會戰勝對手取得最後勝利。

簡而言之，出於最後散打實作的要求，必須創造出一
種最接近散打又不脫離太極拳技戰術使用原則的最佳推手
方法。

● 結合實戰練推手

先賢們傳下來的多種推手方法，由簡入繁，步步深
入，從內功修練到招法運用，豐富多彩。所以我們要做的
事情很簡單，就是在先人的基礎上，略加充實，把內家拳
用於散打實作，即行之有效地將一些步法揉進太極拳推手
之中，如直行步、斜行步、弧形步、走圈步、龍形步、擺

扣步，等等。這些步法在內家拳對敵交手中非常實用、成效顯著。而今天太極拳推手所缺少的就是這些靈活多變的步法。有了這個理念，我對太極拳推手做了進一步的充實改進。

首先，打好拳架基礎，系統學習傳統陳式太極拳一路（83 式）、陳式太極拳二路（炮捶 71 式），最好在學習2～3 年後（根據個人學習情況），再系統學習推手。沒有拳架基礎，則難懂纏絲勁，沒有拳架基礎，更難以把太極拳「以意行氣，以氣運身；內氣不動，外形寂然不動，外形隨氣而動；以內氣催動外形，上下相隨，連綿不斷」的獨特練功方法運用到推手之中。

其次，認真學習先賢總結的各種推手方法。主要掌握單推手、雙推手（四正、四隅）、大捋、散推、亂採花推手方法。經由這些推手方法的鍛鍊，熟練應用太極拳的各種纏絲勁，體會沾、黏、連、隨的技巧；掌握不丟不頂的火候；提高聽化蓄發的能力。

再次，系統學習內家拳的各種實用步法，重點掌握直行步、連環步、斜行步、弧形步、走圈步、蛇形步、擺扣步等重要步法之運用。

最後，掌握了上述傳統太極拳主要推手技法後，開始進入行步游身推手的實作階段。

（1）學習行步游身推手，首先由老師講明要領，然後由老師帶領學生實際操練。初習時動作要慢，方法要簡單，由一人領練，一人相隨。初習時先不求變化，應一種步法一種招式地去練，慢慢增加內容。

（2）慢慢加快速度，有慢有快，有快有慢。增加方

向角度的變化，領練者有意識地向四面八方各個角落引領隨練者，透過不同速度、不同方向角度的變化，體悟（心意、肌膚的感知）對方的手法、身法、步法變化；慢慢體會沾、黏、連、隨之勁。

（3）在步法、身法變化，沾黏連隨諸勁有了一定基礎後，逐步增加手法變化。習練太極拳推手要遵循沾黏連隨四字訣，在不丟不頂上求功夫。行步游身推手方法還要增加一個訓練內容，就是在一個人領練時，隨時有意識地將手臂離開對方，然後再變換另一種手法（招式）繼續搭手領帶，鍛鍊對方的應變能力。這種練習改變以往推手中只能雙方搭手不能脫離的機械形式，這時的手法可快可慢，可剛可柔，但是要手離意不離，勢斷神不斷。就是雙手沾黏連隨的意識流已延伸到手臂之外，有一種自然的靈動感。

（4）鍛鍊發力。太極行步游身推手訓練到一定階段，領練之人可以在不同方向角度，運用太極拳順人之勢、借人之力的原則，向對方發招放勁（不是打是放），由慢到快，由快而變，快慢相間，剛柔相濟。對方接手（接招）時，也要儘可能利用步法、身法的游化與手法的纏繞、吸化引帶而破之，而不是像有些拳種那樣接手一味生磕硬碰、生拉硬拽。

（5）當老師引領學生到一定火候，學習者基本適應了手腳、身法的各種變化時，就要改變一邊倒的練習（即只是一人領一人隨）方法了，這時就要雙方任意輪換變化，隨時變換角色，在不停息的游身走轉中相互體味對方的變化。此時步法可快可慢，身隨步轉，手隨身變。但不管怎

麼變，都不能離開太極推手沾、黏、連、隨的原則。雙方在彼此攻防黏走柔化的過程中，於不丟不頂之中討消息。

陳式太極拳行步游身推手法，是在總結前人經驗的基礎上，吸收了內家拳的諸多實用步法、身法加以整理創編的。此技主要作用有兩點：一是進一步提高了太極拳推手的實用性，二是為普通練功者提供了一個活潑生動的健身方法。在手法運用上，不是簡單地雙方搭手纏繞，而是不拘一格地運用各種手法、身法、步法之變化，可以隨心所欲、靈活變化。如可以單手相搭纏繞、推放，也可以雙手掤、捋、採、拿，還可以肘擊、肩靠、胯打，甚至可以膝擊、腳蹬。但是這些手腳招式的攻防變化，都必須在游身走轉之中進行，都是在太極拳敵進我退、敵退我進、黏走柔化、順勢而發的原則下進行，絕無半點生拉硬拽、蠻打亂扯的動作發生。經過這樣一種形式的推手鍛鍊，可以為今後進入散打實作打下良好的基礎。

太極拳推手必須首要考慮到它的實用性，其次是它的娛樂性。所以太極拳行步游身推手法，不僅技擊性強，也是一項非常適合廣大太極拳愛好者健身娛樂的體育運動項目。如果只為健身養生而練，僅以走轉游身變化為主即可，在手法上多注重肢體纏繞變化，不發勁，柔化纏綿，雙方默契配合，一領一隨，形影相隨。由於練習者不停地走轉，手法、身法、步法不停地變化，從內到外，從軀體到四肢末梢，都得以運動，「動則穀氣得消，血脈流通，病不得生」（《華佗傳》）。

只要能持之以恆地刻苦鍛鍊，不管男女老幼，都能收到防病健身、豐富生活、愉悅身心和延年益壽的效果。

散打實作

　　我認為我們研究太極拳，首先要正確對待先賢傳下的太極拳理論。先人的太極拳理論對指導我們後學之人學習研究太極拳，起到了非常重要的作用，功不可沒。

　　但是我們應當認識到，先賢的太極拳理論大多是抽象的，可以說這些理論對於指導走架、推手是有比較直觀的指導意義的，可是，如果硬要用來指導散打實作，那就很顯牽強附會了。

　　先人直接用於指導技擊之道的太極拳理論，我們目前只能從陳家溝所傳《拳經總歌》和《用武要言》中略見一斑。正是因為我們現在能見到的太極拳理論多重於修練太極拳套路和推手，所以後人大多陷入了日復一日，年復一年，一代一代人刻苦盤架子的怪圈，把「拳打萬遍其理自現」「太極十年不出門」奉為至理名言。

　　不可否認，長期堅持認真走架、推手，從中體悟太極拳的勁道、感覺、內氣……是非常重要的。但是要想得到太極拳散打的技擊真功夫，僅靠走架、推手顯然是不夠的。要知道我們現在練的拳架，一般都是大架子（武式、孫式除外），大架子是功夫架，是為了培養操練者取得速度、力量、靈敏度、耐力、柔韌性等綜合素質而編排的拳套。這種大架子拳套用於自己練功、改善個人素質是可以的，但是這些拳架的手法、步法、身法都不能直接用於散

打實戰之中。尤其是拳架中的各種步法，在散打中大多根本用不上。

另外現在有些太極拳練習者，在走架中很少練發力。拳術之道一陰一陽，成天在那裡慢悠悠地摸魚，怎麼能夠在瞬息萬變的激烈搏鬥中施展各種手法、步法、身法呢？所以我們說，那種太極拳練時慢、用時快的論調是騙人的。

再有，長期以來，研究太極拳的人，大多把推手當作太極散打，他們認為推手就是散打，會推手就能與人散打較技，我們說這種認識也是完全錯誤的。應當說太極推手的創造，是先賢在拳術改革中的一個偉大創舉，其使比武較技雙方不用帶護具，也能放心大膽地進行交手試技。雖然古傳太極推手較之今人的推手內涵較為豐富，包括有靠、摔、拿、跌、絆、放等技法，但是那也只能是屬於推手範圍，不能說是真正意義上的散打實戰。

古傳太極拳是一個技擊性非常強的拳種。這可以從陳家溝所傳《拳經總歌》和《用武要言》以及楊班侯先生傳《太極拳九訣》中得到證實。可是在近半個多世紀的傳承中，太極技擊術瀕臨失傳。

練用一體，練為用

實事求是地說，太極拳的練功程序：盤架子、單操、功力訓練、推手、散打實作，是很合理、很科學的。但現在的太極拳師傳到推手一節就完了。這只能說明：要嘛他保守不傳，要嘛他根本不懂散打。

　　那麼我們要研究太極拳散打，就要在以上練功程序中注入新的內涵，如平時盤架子必須要多練發力，以鍛鍊柔化剛發的能力。練拳要有節奏，要快慢相間，剛柔相濟。要多練活步拳套。

　　另外在推手中不光是練化，更要練向對方發勁，長勁、短勁都要練，以驚彈爆發勁為佳，以鍛鍊沾實即發的打擊能力為目的。要多練散推，還要多練活步推手，並加以摔、拿、跌、絆、打（放）的技法。而單操和功力訓練也要注重練習發各種勁力的功夫。只有具備了以上這些基本功夫，才能夠為下一步進行散打實戰創造有利條件。

　　太極散打有其修練方式和規律。千里之行始於足下，下面我僅就太極拳散打的幾個具體鍛鍊方法，談一點個人的體悟。

1.內功鍛鍊

　　太極拳是內功拳，太極技擊術是以內氣（內勁）為修練之本，以易經太極陰陽為理，以古代兵法奇正相生為據的搏擊術。太極技擊術首修內功，太極拳家修練內功的具體方法主要是盤架子。前賢有言：「研究此道者，須經過一定之程序與相當之時日，雖然良師之指導，好友之切磋，固不可少，而最緊要者，是在逐日自身之鍛鍊，否則談論終日，思慕經年，一朝交手，空洞無物，依然是門外漢，未有逐日功夫。」（楊澄甫語）太極拳盤架子，不但是鍛鍊習者手眼身法步外功的重要手段，更是修練精氣神內功的主要途徑。

　　太極拳在走架時，講究立身中正、鬆肩墜肘、含胸塌腰、鬆胯屈膝、氣沉丹田，以身體的螺旋轉動帶動四肢的

順逆纏絲。以螺旋纏絲法運中氣於全身，使之氣血充盈，精氣飽滿，內勁渾厚。

太極拳就是氣功。太極拳家修練的功法很多，但是修練的核心是「內氣」（內勁）。拳論曰：「內勁一發，而周身之筋脈骨節，無不隨之，外之所形，皆由中之所發，故曰內勁。」

現在的大多數太極拳師教人練拳或不講氣法，或只講「氣沉丹田」和「丹田內轉」，不全面。氣要「沉」，也要「提」，光講「沉」不講「提」不全面。

太極拳是提放術，提的是什麼？是氣。拳論曰：「吸為合，為蓄；呼為開，為放。蓋吸則自然提得起，亦擎得人起；呼則自然沉得下亦放得人出。此是以意運氣，非以力使氣也！」（李亦畬《五字訣》），這裡講的吸、呼之法，就是古傳太極拳提放之術。太極拳修練者，只有熟練掌握了這一提放之術，才能「內外轉徐徐（纏皆內向外）中氣貫脊中。」

大家知道太極拳的發力要點是：根於腳，行於腿，主宰於腰，發於脊，形於手。所謂「力由脊發」「中氣貫脊中」，是以意吸（提）氣至脊背，以氣催力而發之。所以我認為掌握正確的太極拳內功修練之法，是修練太極技擊術的最重要的功夫。

陳照奎先生曾言：「沒功夫，技巧也是空的，功夫不出，什麼技巧也不頂用，關鍵是出功夫。」太極內功是最重要的基礎功夫。修得此功既可強身壯體，又能禦敵防身。誠如拳經曰：「精養靈根氣養神，養功養道養天真，丹田練就長命寶，萬兩黃金不與人。」

2.手法訓練

傳統拳術攻防之道講求手法招式，即「手技」的運用，而講「手技」比較早而又細緻的，則是拳書《易筋經・貫氣訣・論手篇》。篇中說：「手之

圖116　九宮手示意圖

用法，則有九則。直出直回，一也；仰上擺挑，二也；俯下沉栽，三也；外勾、外擺，四也；內勾、包攄，五也；斜擺右上，六也；斜劈左下，七也；斜領左上，八也；斜摔右下，九也。四正四隅，兼以直衝中路，又合於九宮也。」

上述是以右手法而論九手，左手與右手的動作相同，其命名也是相同。若簡化這九手的名稱，則成：上擺挑、下栽捶、斜領手、斜摔手、斜擺手、斜劈手、外勾手（外擺手）、內勾手（包攄手、內擺手）、直拳（又名「中宮手」）（圖116）。

以上九宮手，左右兩手合計為十八手，是最基本、最簡練的攻防手法，其中任何一手都可以用於攻擊和防守，初習者應精熟這九個手法的練習和應用。前賢云：「手技要精」，而這九個手法的練習，就給手技精熟打下了堅實的基礎。以後各種攻防招法的組合運用，無不是以此「九宮手」為基本手法組合而成。

以上九宮手的技法是由馬國興老師整理傳授的，較詳細的練習方法，可參閱馬國興老師刊在《武魂》2001年

第 1 期的專文——《拳術攻防之道初級入門「九宮手」的習練》。

　　這「九宮手」在實際操練時可先練定步，熟練後再練活步。配合步法，從單式一招一式入手，再到單手連用，兩手連續施用，直到兩手連續攻防任意組合招式運用，都有一定的訓練規則可循。我之所以向習練太極拳的朋友介紹這「九宮手」技法，是因為我認為這是有意學練拳術攻防之道的最好入門途徑。

　　也許有朋友會說，太極拳的手法是掤、捋、擠、按、採、挒、肘、靠、進、退、顧、盼、定。沒錯，這八法五步是太極拳的典型技法。但太極之術也不僅僅就這幾手呀！若細研究，前面介紹的「九宮手」其實也完全都包含在太極拳的技法之中，讀者自己可以慢慢揣摩。

　　我們一定要明白一個道理，練拳者，特別是研究拳術攻防之道者，千萬莫要有門戶之見，要有「拿來」思想，不管你是哪門哪派的東西，只要好，適合自己，那麼只管拿來，為我所用，這才是正確的習武之道。

3. 步法訓練

　　靈活機動的步法訓練，是研究拳術攻防之道的重要一環。各門各派拳家對此道歷來都是非常重視的。實事求是地說，在近代太極拳的傳承中，太極門在技擊實用步法運用上是落後的。有一得就有一失，多年來太極門人在平時練功中，把大量的時間耗在盤架子、推手上。

　　不可否認，在螺旋纏繞、聽化蓄發諸勁的運用上，太極拳確屬技高一籌。但是在運用下盤步法、腿法功夫上，太極拳從理論到實踐都是蒼白的。我的恩師張蘭普先生在

20 世紀 80 年代初曾對我說：「太極拳腰勁好，但它的步法不靈活，不適宜散打實戰。」老一輩武術家在研究拳術攻防之道中，從實際出發，博採眾家之長，補己之短，總結了很多簡練實用、適合實戰的步法。

我的師父傳給我的各種步法有：直行步、三角步、四正步、四隅步、弧形步、七星步、陰陽魚步、八卦步、九宮步，等等。

實踐證明以上這些步法在散打實戰中非常實用。關於「九宮步」的練習方法，參見前文「九宮步」。

4. 身法訓練

身法功夫在太極散打中尤為重要。身法所得較手法、步法相對較難，因為它不像手法、步法、腿法那樣直觀，有章可循，很大程度上，身法所得靠個人悟性之高低。在先人的理論中，有如下所述：「至於身法，原無一定，無定有定，在人自用，橫豎顛倒，立坐臥挺，前俯後仰，奇正相生，迴旋倚側，攢躍皆中（皆有中氣收效，宰乎其中），千變萬化，難繪其形。」（陳鑫語）

我認為身法之鍛鍊與應用離不開其與手法和步法的協調配合，但運用手法、步法之時，尤以身法為本，前賢說得好，「中氣在身」「內不動外不動」「腰不動手不發」，手足之動全在胸腰之運化。

關於具體操練，我認為一是要在前面所講的「九宮步」練習時多注意轉宮時左旋右轉的操練，其時要注意用腰身的轉體變化鍛鍊自己的身法。二是在初習散打階段，多跟師父操練，在師父的領手、餵手中注意手眼身法步的協調變化，儘快「涮」出身法。

⬤ 攻防有道

太極拳修練者與人交手較技時，在神、意、氣、勁、術幾方面要注意的問題。

與人交手較技心神必須專一，萬不可心神散亂。否則氣必散漫，氣若散漫，必導致手忙腳亂，身無定法，易被人所乘。

與人交手眼要賊（毒）。眼要始終專注對方，光兼四射，眼要有一種威懾力。不管你能否戰勝對手，首先你的氣勢要壓住對方，技可以輸，氣勢不可以輸。拳論曰：「精神提得起，則無遲重之虞，所謂腹內鬆淨氣騰然也。」

與人交手較技意識要敏銳。「身雖動，心貴靜，刻刻留意方有所得。」太極拳是既講用意也講用力的拳術，太極技擊術就是研究如何把這個力運用得更巧妙的技術。

與人交手較技，不管是接手，還是斷手，我意要始終在對方身上。

一旦與對方身體接觸，一定要黏住對方，同時氣要敷蓋彼身。外雖輕柔，內意已入其髓。「要隨人所動，隨屈就伸，不丟不頂，勿自伸縮，彼有力，我亦有力，我力在先；彼無力，我亦無力，我意仍在先。要刻刻留意，挨何處心要在何處，須向不丟不頂中討消息。」總之拳是死的，人是活的，所謂「運用之妙，存乎一心也」。

太極拳是內功拳，其技既重內又重外，主張以內催外，以外帶內，內外相合，整體發力。與人較技要鬆靜沉著，虛其胸，實其腹，以固下盤之根。

　　與人交手較技最忌心浮氣躁、動無章法。特別是步法一定要輕靈穩重，不管對方是躥蹦跳躍，還是盤旋走轉，都不要管他，他轉他的，你走你的，所謂：「看人如蒿草，打人如走路」，心神若定，勝似閒庭信步。不管臨場怎樣變化莫測，也要按太極拳法之原則應敵對陣：手不亂，步不亂，身法不亂，心定神怡，泰然處之，要有大將風度。

　　研究太極拳的攻防之道，就要懂得太極拳之特有的「太極勁」。太極拳是外柔內剛勁，並極具伸縮性（彈簧勁）。與人交手較技要善於黏接對手，不但雙手，要能全身各處都能黏住對方。由黏而聽，由聽而化，由化而走，破壞對方重心，使其重心傾斜不穩，以造成我順人背之勢，我即順其勢借其力而拿放（打）之。

　　太極拳是一個勁道內涵極其豐富的拳種。據研究，太極拳的主要勁道至少有二十五個之多。但如果用在與人交手較技中，最具有殺傷力的當屬驚彈爆發力。這種力來源於修練者自身深厚的內功，交手之際一旦被此力擊中，輕者被彈出，重者五臟震損。

　　在與人交手較技時，要保持全身放鬆狀態，己勁要含蓄輕柔，力不出尖，當我之手臂（或其他部位）與對方黏接時，要善於聽勁，順勢黏化對方之來勁，一旦對方走背，我以步法、身法順之，此時若觸點沾實對手，不論何處，即可以迅雷不及掩耳之勢，我之手臂由屈而伸，後腳蹬地，丹田抖動，突出驚彈之力，擊敵於驚恐無備之瞬間，若運用得當，彈崩對方於丈外，並不難矣。

　　初學太極技擊術，以固定招式反覆演習。「沒有規矩

不成方圓」，基本招法是初學者進入散打之門的必由之路。前面講的「九宮手」「九宮步」及「掤、捋、擠、按、採、挒、肘、靠、進、退、顧、盼、定」八門五步等都是我們要掌握的主要技法。其用掌、指、拳、腕、肘、肩、腰、胯、臀、膝、腳處處皆能擊人。其勁開、合、提、沉、長、截、捲、鑽、冷、斷、寸各勁均能攻人。經過一定時日的訓練，可進入脫規矩階段。即訓練時將所學的基本招法靈活運用，隨意組合。這樣再經過一個階段，練習者再把過去所學的固定招式打破分解，沒有固定招式，完全根據臨場變化而接招進招。

太極技擊術的基本原則是：與人交手不尚拙力，善用巧力，隨屈就伸，逆來順應，趁人之勢，借人之力，一切順勢而變，在變的前提下，寓守為攻，時時處處追求得機得勢，勁路使用中以驚彈勁、螺旋勁、彈簧勁和接勁、截勁見長。

臨戰交手中，敵我雙方各有各的特點和打法，事先誰也無法預測對方如何出手和接招。「拳打兩不知」，戰機瞬息萬變，什麼樣的情況都可能發生。太極技擊術與人交手，不強求別人用什麼招法，不管別人用什麼打法，不論你是拳擊、跆拳道、摔跤、自由搏擊，還是硬拖亂扯、胡抓亂打，都能從容應對，有效化解，讓對方失去自我，處處被動，無法施展拳腳，為我所制。

初習太極技擊術，要由慢而快，由熟而精（巧），由精而絕（神）。久之能使操練者自然而然地養成迅猛、敏捷、果敢、豪氣的風格。一旦出手，能在瞬間釋放出強大無比的內部能量。

　　與人交手較技不能隨便搭手，搭手就有，能打就打，不能打就變。打不是一手就有，真正交手沒那麼容易，常常是變化幾手才有機會，總之是「見子說話」「招自心出」，有機會不要放過。

　　與人交手切記步法不要亂，一步一步走，要穩；不要亂走大步，要邁（蹚）小步；不要急奔亂跳，要用三角步、弧形步、八卦步、擺扣步、滑行步等科學步法。繞著對方走，不要向遠走。不能慌，不管對方怎麼打，你心裡要穩，「他打他的，你打你的」。要把氣沉住，沉到腳底，得機即發（打），發人要脆（乾淨俐索），不能拖泥帶水。

　　與人交手較技要懂得接外打外，接內打內；接外打內，接內打外。上下、左右、前後、聲東擊西、指上打下、吞吐、開合、虛實、剛柔，戰法靈活、兵不厭詐。若與對方手腕有接觸，要纏著對方走，不要慌，手臂在纏繞中變化尋機會。

　　下邊步子不要走遠，轉身時不要向遠走，就在對方周圍繞著走，這樣機會多。「打人如擁抱，打人如親嘴」，即是此意，遠了打不了人。至於對方身高、身矮、力大、力小、技戰術如何，那更需要在交手初始審時度勢，蓄意窺探，所以太極拳講究以靜制動，後發先至。總之，交手之初不可盲動，要知己知彼，才能穩操勝券。

　　最後想說的是，太極拳是一門高深的學問。我們對太極技擊術的研究，也只是在探討之中。太極拳發展到今天，其內涵已遠遠超出了太極拳本身原有之含義，所以對它的研究很難顧其全貌。但有一點，我們研究太極拳的目

的應當是有益於人民健康，所以我想說，我們研究太極技擊術者不要成天老想著找人去爭鬥，也不要老想著上擂台去爭什麼霸，時代不同了，練武的宗旨主要還是強身健體、防身自衛。今天我們研究太極技擊術之目的，只不過是寓武於樂的另一種形式而已。兵法云：「兵者不戰而勝，方為兵家最高境界。」我想這也應當是一個研究傳統武術大家的最高境界吧。

八卦篇

張鴻慶傳『龍形八卦掌』

　　張鴻慶的形意拳在津門享有盛譽，可是少有人知道他的八卦掌更是一絕。我的有關形意拳文章在《武魂》上連續發表後，受到各地一些熱愛形意拳的朋友重視，不少朋友來信與我交流形意拳藝，對於大家的真摯情感我表示感謝。但也有人說張鴻慶沒教過龍形八卦掌。

　　我這裡要說的是，張鴻慶沒教過龍形八卦掌，不等於張鴻慶不會龍形八卦掌。張鴻慶在彼處沒教過龍形八卦掌，不能說張鴻慶在此處也沒教過龍形八卦掌。事實上從張鴻慶到現在已經經歷了四代人，代代都在秘傳著龍形八卦掌。

　　張鴻慶的龍形八卦掌受教於李存義，李存義是劉奇蘭的弟子，同時他也受過郭雲深和董海川的傳授。據傳董海川傳藝與同是內家拳的形意拳、太極拳不同。形意拳、太極拳有固定套路，雖然流派不同，但其套路基本框架和基本法則沒有太大的差異。

　　八卦掌卻不同，據傳當年董海川教拳只傳基本掌法和拳術原則，其他的東西全靠學生感悟和自由發揮。這或許就是自董海川以後，八卦門一代一代流派繁多，拳法各異的由來吧。

　　李存義在向董海川學習八卦掌之前已是形意拳高手，他得此藝後，自有自己的見識和理解。李存義一生授徒無

數，出名者也不乏其人，黃柏年就是其中一位佼佼者。

　　黃柏年得了李存義龍形八卦掌的真傳，後來還寫了《龍形八卦掌》。此書在社會上流傳很廣，但此書編寫比較簡單，書中所介紹的三十二掌是以假設對方如何進攻，我如何破解對方招式來講其用法的。與其說是一套八卦掌法，不如說是單式用法、組合招法演練更為貼切。黃柏年前輩此書雖然對後學之人研究龍形八卦掌有重要價值，但要想按書索引學會練好先生所傳，我想實在不易。所以黃柏年先生雖然有書流傳，但至今能完整演練先生此掌的後人並不是很多。

　　現在社會上流傳的八卦掌以「龍形八卦掌」冠名者居多，這並不奇怪，因為八卦掌亦名游身八卦掌、八卦連環掌，也有稱之為「龍形八卦掌」的。「所謂龍形者，蓋因是拳練至最深處，絕似龍蛇飛舞，行藏之態。」（黃柏年語）

　　「余幼年從李存義先生游習形意八卦，少得門徑，壯年從軍賴此以教將士。回憶先生以龍形八卦掌示余，由單圖而起至回身掌止，貴為入門基礎……嗣將八掌連成一氣，分走八門，每門八掌，共化六十四掌，有一定之形，無一定之勢，是為法之變常則有跡可尋。」（黃柏年語）

　　透過以上這段黃柏年先生的自言，我們可以看出黃柏年先生的龍形八卦掌是在其師李存義所傳龍形八卦掌之基礎上加以發揮而創編的。

　　張鴻慶傳的「龍形八卦掌」基本保持了李存義初傳的古樸風格。動作極其簡練，但每一招每一式你都能明顯地感悟出那或明或暗的技擊精粹。我們這一系是張鴻慶傳漢

沽褚廣發，褚廣發傳漢沽吳桂忠老師等少數幾個弟子的（另外褚老師生前還傳了漢沽另外個別拳師，因為不是同系，不便細論）。

近日見到有人寫文章說，天津漢沽寧河一帶所傳習的龍形八卦掌均屬黃柏年所傳的龍形八卦掌套路，對此論我不敢苟同，關於寧河一系所傳龍形八卦掌之淵源，我沒有交流過，不清楚其來龍去脈，故沒有發言權。這裡僅就漢沽褚廣發先生所傳一系說明一下，此系所傳龍形八卦掌絕不是黃柏年先生所傳的龍形八卦掌套路。

對照我們所練張鴻慶傳龍形八卦掌與黃柏年傳龍形八卦掌套路，可謂大相逕庭（有黃柏年先生所著《龍形八卦掌》一書為證）。張鴻慶、黃柏年兩位前輩雖同屬李存義先生之傳，同得李存義先生八卦掌之真傳，但他們後來各有所悟，各有所得，進而各自創出了不同風格的「龍形八卦掌」套路。

● 兩大亮點

張鴻慶傳「龍形八卦掌」與社會上流傳的常見八卦掌套路有明顯不同。我們常見的八卦掌大多是固守八卦走圈步，每個招式都要刻意圍繞在一個固定圓圈的周圍而運動。而這套龍形八卦掌既不限於走圈步，也不是直來直往，相對看來，其八卦掌步法非常靈活，套路中穿插有三角步、七星步、龍形步、連環步、蹉步、擺扣步、走圈步等多種步法。

它不走固定圓圈，而是直行斜繞，縱橫交錯，前後左

右，四面八方，身隨步轉，手隨身變，龍騰虎躍，氣勢磅礴，一片神行。整個套路都體現出龍之靈性。步法靈活，身手敏捷，剛柔相濟，節奏分明，動作優美，協調一致，縱橫聯貫，一氣呵成。

這套龍形八卦掌的創編，應該說是跟李存義的從武生涯有直接關係的。李存義精通多門拳技，又在戰場上經歷過生死拚殺。他的這套龍形八卦掌技擊性強，動作簡單實用，並且突出地顯現出八卦掌善於群戰的特長。

這套龍形八卦掌有兩個最大亮點，一是從鷂子鑽天到劉海戲蟾。其中抽身換影、黃鷹打旋是一個小高潮。抽身換影是八卦門擅用的身法，其變幻莫測的身法加上靈活的步法轉換，在實戰中常常會使對手防不勝防，失之瞬間。

另一個高潮是從盤身化手到金剛通背掌。其中包括行步腦前摘盔、行步腦後摘盔、行步切掌、金龍合口、童子駕鴦腿、狀元腿、龍形腿、摔蓋掌、雙峰貫耳、金剛通背連環掌。

盤身化手是這套掌法的畫龍點睛之筆。其式左右盤旋，身旋手繞，身手步完美地結合，猶如龍盤玉柱、鳳舞霞空，觀之真好似一幅流動的畫，一首無言的詩，給人一種美的享受。而金龍合口、化手騰空、童子駕鴦腿、左右蹬腳及金剛通背掌更是把這套掌法推向了高潮。

金龍合口似游龍探掌神鬼莫測，化手騰空童子駕鴦腿猶如神龍游空平地驚雷，而左右蹬腳又似蒼龍擺尾狂風掃蕩，最後的金剛通背掌更是掌風呼嘯，連環出手，勇猛剛烈，其勢無阻（圖 117）。

要想學好練好此套龍形八卦掌，應當先熟習八卦掌的

圖 117　金剛通背掌

基本功。最好先練好八卦走圈步，再進一步練習龍形步、三角步、七星步等基本步法。然後再練習一套較為簡單的八卦掌套路，如老八掌、先天八卦掌等。這樣再學習龍形八卦掌也就容易多了。

吳桂忠老師曾對我說，為了增加龍形八卦掌的功力，褚老師還教過他們少數幾個弟子一套練習鐵砂掌的功法。遺憾的是正當他們幾個師兄弟勁頭十足地日夜操練用功之時，「文革」開始了。不久褚老師來到漢沽，見到他的幾個弟子正在操練鐵砂掌功，老人家很生氣地對他們說：「你們幾個以後不要練這個功了，我過去教你們的東西夠你們用的了，練這個沒什麼用，練成了打死人是要償命的。」後來吳老師對我說，可能是老人家在「文革」初受到了衝擊，褚老師怕以後弟子們出了事受連累，所以不讓他們再練鐵砂掌了。

吳老師說褚老師受過多名高人傳授指點，功夫極好。他特別反對練武之人無事聲張，人前顯露。他總說練武是練給自己的，不是練給別人看的。吳老師說由於「文革」和唐山大地震的影響，褚老師有不少好東西沒有傳下來，比如活皮功、夜戰武侯刀，等等，非常可惜。

最後要說的是張鴻慶傳龍形八卦掌，傳到今天仍然能基本保持原汁原味，很不容易。我想這與本門的門規很有

關係。

　　多年來本門老師教學生有一條規矩：自己練功，不許張揚。二十五年前我跟吳老師學了這套掌法，謹遵師命，二十五年來一次也沒有在公開場合練過這套掌法，所以連跟我多年的學生都不知道我會龍形八卦掌。上輩老師都視此藝為本門壓箱底的寶貝，輕易不顯露於人。

　　本人無德無能，就是有一個傻認真勁。我的幾位老師也是極喜歡我的執著、韌勁。當年我跟馬虹先生學習陳式太極拳，一學就是十年。也是因為對陳式太極拳的深入研究，使我加深了對張鴻慶傳形意拳的認識，這兩種拳實在是有異曲同工之妙。應該說陳式太極拳使我的精神氣質、靈性感應都有了明顯提高，形意拳的內功、爆發力增加了我的功力，而龍形八卦掌則是大大提高了我的身形步法的協調變化能力。

附　龍形八卦掌譜

1. 預備式	2. 青龍探爪	3. 懶龍臥道
4. 摔蓋掌	5. 轉身摔蓋掌	6. 鷂子鑽天
7. 上步摔蓋掌	8. 龍形探爪	9. 蟄龍升起
10. 潛龍下降	11. 回頭望月	
12. 轉身雙峰貫耳	13. 進步橫推掌	
14. 白蛇吐信	15. 飛燕抄水	16. 葉底藏花
17. 鴻雁出群	18. 行步	19. 摔蓋掌
20. 龍形腿（右）	21. 落步摔掌	22. 轉身盤步
23. 龍形腿（左）	24. 落步摔掌	25. 上步披掌

26. 轉身白猿獻果　　27. 大鵬展翅　　28. 行步

29. 鷂子鑽天　　　　30. 白蛇纏身

31. 左行步穿掌　　　32. 右行步穿掌

33. 左行步穿掌　　　34. 抽身換影　　35. 黃鷹打旋

36. 白鶴亮翅　　　　37. 大鵬展翅　　38. 葉底藏花

39. 鴻雁出群　　　　40. 行步　　　　41. 摔蓋掌

42. 龍形腿（右）　　43. 落步摔掌　　44. 轉身盤步

45. 右龍形腿　　　　46. 落步摔掌　　47. 上步掖掌

48. 轉身白猿獻果　　49. 大鵬展翅　　50. 行步

51. 行步烏龍纏身　　52. 行步腦前摘盔

53. 行步腦後摘盔　　54. 上步白蛇吐信

55. 反身腦前摘盔　　56. 旋身腦後摘盔

57. 上步切掌　　　　58. 轉身右金龍合口

59. 左金龍合口　　　60. 右金龍合口

61. 轉身左右化手　　62. 童子駕鴦腿　　63. 轉身盤步

64. 狀元腿　　　　　65. 轉身盤步　　　66. 左龍形腿

67. 落步摔掌　　　　68. 上步蓋掌

69. 轉身雙峰貫耳　　70. 轉身推窗望月

71. 轉身右獨立合掌（金剛通背掌）

72. 落步橫切掌（特形掌）　　　　73. 換影收式

龍形掌

　　我研習張鴻慶先生傳形意拳已有二十餘年，這些年主要是跟褚廣發在漢沽的弟子吳桂忠老師學習。近兩年我有機會接觸了一些蘆台、潘莊鎮、廊坊等地的同門朋友，透過交流，他們又向我披露說，張鴻慶先生當年曾在家鄉潘莊傳授過一套龍形掌，並介紹說這套掌法以形意拳為基礎，吸收了八卦掌一些步法和技法，套路短小精悍，演練起來既美觀又流暢，富於表演和觀賞性，又內涵多種實用技法。

　　聽了同門朋友們的介紹，我當時並沒有在意，我想是不是他們把褚老師傳的龍形八卦掌當成龍形掌了。後來經過深入探討，覺得可能不是一回事。再後來我又有機會認識了現住河北廊坊的張鴻慶親傳後人張國才老師，張國才老師聽說我是漢沽多年演習張鴻慶傳形意拳的傳人很高興，毫不保留地向我傳授了張鴻慶當年在潘莊老家親傳的龍形掌。學了這套掌法，我才搞清楚褚廣發老師傳的龍形八卦掌和這套龍形掌並不是一回事。

　　張國才老師在傳我龍形掌時對我說：「當年張鴻慶先生在寧河潘莊老家傳了兩個系列套路，一個是形意連環系列，另一個是龍行系列。這兩個系列都是張先生這支形意拳流派門內所傳的獨特拳械系列練法。當年張鴻慶老先生傳的是一套東西，你如今學了這套掌法，以後有這套掌法

圖 118　龍形掌

為基礎，再學什麼刀、槍、劍、棍就都能參照演練了。」後來張國才老師又傳給我一套龍形雙鉤法，張國才老師說：「這套鉤法也是以龍形掌為基礎，龍形雙鉤你會練了，以後你再練其他雙器械，如雙鉞、雙刀、雙劍、雙戟、雙槍等也就很容易了。套路基本一樣，其中的技法變化，你自己稍用腦子就會悟透的，這就叫一通百通。」由此我想到當年編創龍形掌的前輩是何等聰明智慧之人。武術門一般練習，大多是拳套是拳套，器械是器械。一個套路能用多種器械演練的著實少見（圖 118、圖 119）。

過去常聽一些拳師講：拳學會了，器械自然就會了，器械不過是手臂的延伸而已。我認為這話其實並不全面，拳學會了，說明你已具備了練習武術的一些基本功，並不能代表你同樣會演練其他各種器械。

要知道拳術有拳術的技法，器械也有器械的演練技法，兩者並不完全一樣，應該說各有特點。我後來總結，為什麼我能經張國才老師的點撥後，很容易悟出龍形雙劍、雙刀、雙鉞、雙戟、雙槍及雙鑔等雙器械的練法呢？那是因為我過去練過這些器械，懂得這些器械的共同特點和不同的技法要求。現在有了龍形掌這個合適的拳套框架，不用費大事就能依法演練出各自不同風格的器械套路

圖 119　龍形雙戟

了。這就如尚雲祥大師講的那話：「全會則精。」練的東西多了，掌握了拳術和器械的運動規律和相關技法，自然就能融會貫通了。

● 放下門戶之見

我是個好刨根尋底的人，學了張鴻慶的龍形掌，我很高興，可也添了新的困惑，一是褚老師當年跟張鴻慶先生學藝多年，為什麼他老人家一直沒傳龍形系列這套東西，是他老人家生前沒學，還是學了沒傳？如果說學了沒傳，應當不大可能，因為他老人家辭世時已經是八十多歲高齡了，如果想傳早就應該傳於後人了。另一個困惑是最近我發現漢沽地區另一支形意門流派傳人（寧河縣張景富先生的傳人），有人會練「龍形掌」。

經過交流，我驚奇地發現我跟張國才老師學的龍形掌

與這派所傳的「龍形掌」整套動作一模一樣，不過他們這支只會「龍形掌」套路，其他龍形系列的各種器械則一點不曉。另據這位傳人講，他們這支幾代人都把這個龍形掌視為本門最重要的拳套在門中秘傳，從來不對外人傳授。

截止到目前，我還不清楚，寧河、漢沽地區形意門中所傳「龍形掌」源自何人。奇怪的是在漢沽形意門幾支流派中，張鴻慶的傳人，卻無人會練張鴻慶傳的龍形掌系列，他們只練張鴻慶傳的「龍形八卦掌」，而張先生家鄉潘莊的傳人卻不會練這套「龍形八卦掌」。而不是張鴻慶傳人的另一流派中卻傳承著張鴻慶傳的「龍形掌」。

目前在張鴻慶先生的家鄉寧河潘莊鎮完整地傳承著張鴻慶傳的龍形系列拳械套路。這件事給我以很大啟發，我們學習研究傳統武術的民間習武人，要多溝通交流，互相學習，取長補短。不要老是抱著別人的東西都不行，只有自己的東西永遠最好的想法，只有放下門戶之見，多交流互相學習，才能互有提高，才能更好地促進中華傳統武術的健康發展。

 龍形掌譜

1. 預備式	2. 三體式
3. 掩肘拗步右平拳	4. 轉身摔掌
5. 連環穿掌	6. 轉身摔蓋掌
7. 斬截	8. 轉身雙合掌
9. 上步分掌	10. 行步
11. 上步摔蓋掌	12. 右蹬腳
13. 轉身左蹬腳	14. 上步捋帶

15. 行步

16. 上步三穿掌

17. 背身掌

18. 龍形步（右）

19. 龍形步（左）

20. 龍形步（右）

21. 上步穿掌

22. 換影

23. 連環穿掌

24. 行步

25. 上步三穿掌

26. 背身掌

27. 龍形步（右）

28. 龍形步（左）

29. 龍形步（右）

30. 上步穿掌

31. 換影

32. 連環穿掌

33. 轉身捋掌

34. 斬截

35. 轉身雙合掌

36. 上步分掌

37. 行步

38. 上步捋蓋掌

39. 右蹬腳

40. 轉身左蹬腳

41. 上步捋帶

42. 掩肘拗步右平拳

43. 換影收式

$$\boxed{\text{八卦單操步}}$$

● 一種八卦步，多種操練法

看了《武魂》2003 年第 3 期中吳岳先生的《八卦穿掌練法》一文，感觸頗深，我認為此文介紹的功法看似簡單，但卻實用，此為古法，不花哨，是八卦掌的傳統練法。今借吳君話題，也把我所知道的八卦穿掌有關練法向讀者介紹一二。

關於八卦穿掌的練法，在我的家鄉，有很多喜歡散打的八卦掌拳師經常練習。他們並不輕易傳人，對外只教八卦掌走圈步（八卦步）和八卦掌套路。過去老師教我們練習八卦穿掌，都是與各種步法相結合。記得還是在三十年前，我第一次學到的八卦穿掌和單操功，就是直趟進步穿掌法。

練時雙腳併立，兩手臂自然下垂，目視前方，然後左腳向前上一步成左虛步，同時右掌成仰掌從左小臂下向前穿出，左掌從下向上向右劃至右小臂內側，然後上右步穿左掌，如此左右輪換進步穿掌。直趟進步穿掌，順步、拗步均可，當你不想繼續往前走時，隨時可以回身，回身後用「白蛇纏身」式，也可以用前穿手臂外旋掩肘，後手背身穿手，回身時前腳內扣轉身，後腳外擺，然後上步穿掌。當然熟練時也可用抽身換影等多種方法回身。

　　練習此功，可根據個人情況，時間可長可短，速度可慢可快，架式可高可低。不想練時，走到原起點處變式回身上步穿掌，然後後腳上步與前腳併立，兩手於胸前下按至腹前，即可起身收式。

　　【要點】此法要求是兩腳直線前進，一步一穿掌，穿掌時後手從前手上穿下穿均可，向前進步走順步，拗步都行。穿掌要求鬆肩墜肘，兩臂放鬆，穿掌之勁要順、活、柔。行步要求鬆胯塌腰、氣沉丹田、步若趟泥。

　　配合八卦穿掌的初習步法，還有斜行步（三角步）、龍形步、走圈步……斜行步（三角步），練時雙足併立，兩手臂自然下垂，眼平視前方。左腳向左前方上步成左虛步，同時左手手心向下，從下向上向右劃至右胸前，同時右掌從下向上向前成仰掌從左小臂下穿出，左掌護於右小臂內側，目視右手前；上式不停，右腳經左腳內側向右前方走弧線上步成右虛步，同時左掌成仰掌從右小臂下向前穿出，右掌內旋成俯掌收於左小臂內側。依此左右輪換上步向前穿掌。若不想繼續向前進步，可改退步穿掌，退到起點處，若不想繼續即可收式，收式同前直趟收式。

　　【要點】（1）此功不論前進後退，後腳上步都要沿前腳內側走弧線向斜上方進步，上步時必須貼近前腳踝骨裡側摩擦而過，不要將腳提得過高或過寬。

　　（2）向後退行時要後腳先退，然後再退前腳，退步要向斜後方撤步。

　　（3）退步到原起點，若想繼續向前行進，要先上前腳（半步），然後再上後腳。

　　（4）斜行步（三角步）穿掌，主要是練手法與步法

的配合。練此功也有多種方法，如：可以下邊步法不變，上邊手法可用雲手進退；也可以上步用扒手（即：左手心向內沿胸前向上穿手至口前，然後手掌內旋手心向外，以拇指領勁向外攔截至左額外側，右手護於胸前，手心斜向上。兩手隨上步循環向前向外走攔截手）。退步時可用掩肘式（虎洗臉）。龍形步，預備式同上。起式左腳向左前方上一步，同時右掌成仰掌向前穿出，左掌成俯掌劃至右小臂內側，然後右腳向左腳前上一步，左腳再向右腳前上一步，然後身略右轉，右腳向右前方上一步，同時左手變仰掌從右小臂下向前穿出，右掌變俯掌收至左小臂內側。目視左手前，此為左式。上式不停，左腳向右腳前上一步，右腳向左腳前上一步，然後身略左轉，左腳向左前方上一步，同時右手變仰掌向前穿出，左掌變俯掌收至右小臂內側，此為右式。往下依此左右式交替練習。回身收式均同直趟穿掌式。

【要點】

（1）行步時除起式先走一個左虛步右穿掌外，緊接著即行三步一穿掌，左右式輪換而行，中間不可停頓。

（2）向前行步要沿弧形線路前進。

（3）其他要點同直趟穿掌法。

● 走圈操法

走圈，是在練好八卦步的基礎上，進一步操練八卦技擊實戰步法的基本功。練習方法分單人操練和雙人操練兩種方式。

1. 單人走圈操練法

雙足併立站於圈外一側，兩手臂自然下垂，目視前方。然後左腳向前上一步，兩手掌心向上向前托起，左手在前，右手在左肘內側，左手指高與眉齊，目視左指前。兩腳不動，身略左轉，同時兩手臂內旋，左手成豎掌，掌心向圓心，右掌成俯掌按於左肘內側，目視左手前。然後上右步，沿圓圈行走八卦步（圖 120）。

【要點】（1）整體要求是走圓圈，但此圈可大可小，隨你意行。

（2）若要回身，可扣步轉身走「葉底藏花」式，然後走「鴻雁出群」，上步穿掌繼續行走。

（3）練習熟練後，回身時也可以走「抽身換影」，如：當走左旋，左腳在前，左手在前面向圓心時欲變式，先扣右腳向左轉身，左腳外擺，同時右掌仰掌從左小臂下向前穿出（圓心方向），左俯掌劃於右肘內側，然後右腳向左腳前上步扣腳成倒八字。身略左轉，同時右掌從右側向頭後繞向左側額前，拇指外側向下，上身隨之向左扭轉，兩足不動，左掌同時從身前經腹部屈肘繞向身後，掌背貼身，拇指外側向上（烏龍纏身）。頭左轉，眼看左肘。然後身繼續左轉，同時左腳向右腳後退一步，上式不停，身繼續左轉

圖 120　八卦走圈步

面向圓心，同時右腳以腳跟為軸腳尖內扣，左腳外擺，隨
左轉身右掌仰掌從左小臂下向前（圓心）穿出，左掌從身
後劃至右小臂內側。此式為右式。練習時可左右式隨意變
化。

（4）回身變式不管怎樣變化，意念、面向前方、前
穿之掌一定要始終對著「圓心點」的假設敵人。

以上為單人操練法，本文主要介紹雙人走圈操練法。

關於直趟穿掌二人對操法，如同吳岳先生所介紹的方
法，讀者可參閱《武魂》2003 年第 3 期所載。該法主要
是鍛鍊一人進招一人接招，直進直退或斜進斜退，只是不
要回身。鍛鍊該法可提高習者手腳的上下協調配合能力，
並可鍛鍊交手實戰之膽力和眼力。

2. 雙人走圈操練法

甲乙二人相向而立，相距兩臂遠，然後同時身向左轉
45°，左腳向左前方上步，同時左掌向上向右胸前劃成俯
掌、右掌從左小臂向前穿出成仰掌，指向對手，目視對
方。然後二人上右步行步走圈。走過數圈後，

一方轉身變式，另一方隨之亦擰腰轉胯扣步回身變
式。如此反覆操練，練習時雙方前伸之手臂可互相搭手，
亦可不搭。搭與不搭，意念始終意在對方。關於變向，初
時可以一方為主，一方隨之。熟練後，兩人可任意一方變
向，另一方隨之。另外若雙方搭手練習，亦可以互相練習
聽勁功夫，若一方要變招換式，彼方可根據接觸點的微弱
變化，預知其意，後發先至。

此法練習熟練後，可作為八卦掌散打實戰的鍛鍊方
法。雙方可將平日所學八卦拳術的招式隨意應用。練習時

可一方進攻一方防守，互相餵手，然後雙方隨意出招變式。練習此法，初時雙方可以有意選定一些常用的單操手法，結合步法、身法對操對練。經過一定時日功法熟練了，可不拘成法，根據對方的出招，隨意接招變式。

要知實戰之時絕無定法可談。若按死法，反而手法呆拙，以致渾身僵滯。此法鍛鍊的目的就是提高習者手眼身法步、神意氣力功的全面協調能力，向身法自然空靈、出招變式隨心所欲的更高境界求之。

另外需要說明的是，練習此法最忌持力猛打、死纏亂打。此法並非實戰，練習時一定要講究雙方配合，練習時要遵循先慢後快的原則，還要注意進攻時，對要害部位出手，一定要有掐手，不要任意而行，以避免傷害。

練習此法時若能吸收太極拳散推中的技法原理，於功更有益。即操練時不論雙方是合手還是斷手，都要求做到勢斷意不斷，若近身之時將太極拳的沾黏勁、纏絲勁運用其中，可謂妙哉。

初習此法時，最好先請有經驗的老師帶練，由老師說手、領手、餵手，有一定基礎後，再與同伴組對練習，進步會更快一些。

以上這些八卦穿掌與各種步法結合的練習，雖然都很簡單易學，但這些方法確是八卦掌應用於散打的基本功法。八卦掌是以掌法和步法的變換轉行為中心的拳術，其運動特點之一就是一個「走」字，「走」意謂「活」「變」。這種身手步、上中下三盤密切配合的鍛鍊方法，若能經常練習，不但能健身怡情，更能提高喜歡研究八卦掌散打的朋友的拳技。

長刀一托勢如虹

● 郭孟申傳藝張蘭普

郭孟申，字子平（1890—1973），河北省固安縣人，國家級武術裁判。郭孟申 12 歲隨鄉里表親劉寶珍學八卦掌、八卦刀等八卦門拳藝。

劉寶珍，河北省固安縣東紅寺村人，自幼習武，擅戳腳，功力深厚，後得八卦掌大師董海川和李振清二人傳授，劉寶珍獲二位大師真傳後，融合兩師之刀術精華，結合自己所學，發展演變成具有獨特風格的劉派八卦門之「八卦刀」術的表演套路。

郭孟申在得到劉寶珍八卦刀真傳後，經十幾年的刻苦修練，武藝日臻成熟，26 歲那年走出家門去新城縣拜馬玉堂為師學習形意拳。30 歲時在南京向楊澄甫請教楊氏太極拳。郭孟申藝成後，曾在南京廣收門徒，當時有「郭快手」之美譽（圖 121）。

抗戰時期，郭先生受朋友之邀曾入川在成都、重慶等地傳授形意拳、八卦掌等拳械功

圖 121　郭孟申先生像

夫，為成都一地的武術事業發展做出了貢獻，至今成都一帶還有郭先生的傳人在從事武術活動。

郭孟申晚年以教拳為樂，大約在 20 世紀 50 年代後期，60 年代初期，他在河北省唐山地區教過一些弟子，其中唐山趙各莊礦的張蘭普是郭孟申先生晚年比較器重的一位弟子。

張蘭普八歲習武，後經多位名師指教，在 20 世紀 50 年代已是當地一位頗有名氣的拳師，但當他接觸了郭先生後，深感自己功夫相差甚遠，因此虛心求教，真誠邀請郭先生住到家裡專門請教。

據我的師兄張子榮（張蘭普老師的三子）講：「當年父親請郭師爺來家教拳，父親和郭師爺倆人吃住在一個房間，這個房間不讓任何人進去，郭師爺吃飯、喝茶都是父親親自端送，不許別人插手，郭師爺住的那間房門平時總是關著的，根本不讓別人進去。那時郭師爺一來就是一個月，就聽他們爺兒倆在屋裡說話，但誰也看不見他們在裡邊兒幹什麼。」

我是 1967 年開始去張蘭普老師家學拳，我記得郭師爺住的那間房是張老師家唐山大地震前的工房，當時那片房叫「南工房」，房子都是用當地出的石頭壘的，張老師家單獨住一個小院，院內有三間正房，兩間小屋。三間正房是典型中國北方房型，中間是廚房，兩邊是寢室，那時郭師爺每次來就和張老師住一間正房。

郭師爺我沒見到，但當時張老師家屋裡牆上掛著很多前輩們的照片，有郭孟申、馬文奎、宋真石、汪廣生等許多河北省一帶知名武術家。郭師爺身材魁梧，身穿中山

裝，眼睛很亮，特別是他的兩道眼眉很重很長，給我的印象很深。在另一張照片中我看到宋真石師爺身材瘦長，穿著一件棉長袍，站在大家中間，給人一種仙風道骨的感覺。可惜，這些珍貴的老照片，在「文革」中都讓師母一把火給燒了。

後來聽張老師講，接觸郭先生後，郭先生把他過去練的楊式太極拳和形意拳都重新做了修改，主要是在練法上提出了許多新的要求。後來郭先生把自己用一生心血研習創編的八卦散手掌、八卦刀絕技也傳給了他。

張老師說，自己有幸認識郭先生，要感謝當時在河北省體委工作的馬文奎老師。馬老師主要是練摔跤的，是國家級摔跤裁判（民國時期，馬文奎曾在南京中央國術館任摔跤教練）。20 世紀 50 年代在河北省的一次武術比賽中，馬文奎看了張老師的武術表演，很欣賞。在馬文奎前輩的引薦下，張老師拜識了郭先生。

張老師說他的形意拳也得益於郭先生的傳授。過去的練法，郭先生看後說：「你練得太剛，逢剛必折，你這樣練，時間久了會出事的。」張老師說：「其實那時我已經練出了毛病。由於自己的形意拳練的不得法，腳下用勁過猛，以致一度練得兩隻腳的腳後跟都腫了，腳不敢沾地。後來得到郭先生調教，理順了氣血，治好了腳病。以後按照郭先生所傳練法一路打下來，再也沒有犯什麼腿腳病，直到晚年也仍然可以打形意拳。」張老師的形意拳功夫，後來也得到了郭先生的認可。據子榮師兄講，郭師爺晚年曾對他的後人講過，他百年後，後人要找形意拳的東西，可去唐山趙各莊礦找張蘭普。

● 長刀一托勢如虹

　　20 世紀 90 年代初，張蘭普老師將郭師爺的八卦散手掌和八卦刀傳給了我，他老人家還特意送給我一把八卦刀，刀重 7 斤多。後來我自己又在浙江省龍泉鎮訂做了一口用於表演的八卦刀，其刀身長 3 尺，刀柄長 1 尺 2 吋，刀重 4 斤多（圖 122）。

　　郭孟申先生傳的這套八卦刀，內容豐富，風格獨特，動作優美，演練這套八卦刀，需要有八卦掌的深厚基礎，並有一定的內家功底，內氣、腰腿、手臂都要經過一定時間的刻苦鍛鍊。

　　這套八卦刀主要以八卦掌步法為主，含擺扣步、弧形步、八卦步、斜行步、直行步、連環步等。演練時要求做

圖 122　八卦刀

圖 123　托刀式

到以腰為軸，以意行氣，以氣催肩，以肩催刀，以刀領身，身械結合，身隨步轉，刀隨身變，上下相隨，內外相合，神意相連，勁力飽滿，一氣呵成，氣勢如虹（圖 123）。

主要刀法有穿、刺、劈、掃、撩、掛、雲、折、鑽、挑、吊、按、截、切、推、裏、點等。其要領基本同於一般刀法，只是演練風格有異。

郭孟申先生傳的這套八卦刀，有很強的健身效果，功深者只要長刀一托，內氣稍沉，行步走來，頓覺有一股內氣從腳底湧上來。隨著步行，身隨刀轉，氣血亦隨之在體內涓涓流動，慢慢貫通於五臟六腑四肢百骸之中。這套八卦刀套路雖然演練起來只需一分鐘，但若能長期堅持練習，慢慢會感覺有氣運全身、神清氣爽、精氣倍增之感，久之，練習者之氣質、神態與常人大不一樣。

附　郭孟申傳八卦刀譜

1. 預備式	2. 吊刀式
3. 葉底藏花	4. 托球式
5. 托球行步	6. 行步葉底藏花
7. 托球式	8. 窺刀式

9. 風捲殘雲
10. 上步捧刀
11. 窺刀式
12. 轉身行步探刀
13. 窺刀式
14. 盤步抹刀
15. 猛虎坐洞
16. 舉火燒天
17. 回身弓步按刀
18. 托球式
19. 行步左右撩刀
20. 上步窺刀式
21. 轉身行步探刀
22. 上步窺刀式
23. 盤步抹刀
24. 猛虎坐洞
25. 力劈華山
26. 白蛇出洞
27. 上步分刀
28. 鳳凰點頭
29. 鷂子入林
30. 行步揮刀
31. 上步窺刀式
32. 盤步抹刀
33. 猛虎坐洞
34. 舉火燒天
35. 窺刀式
36. 轉身行步帶刀
37. 轉身行步托球
38. 盤步雲刀
39. 鳳凰點頭
40. 轉身行步探刀
41. 窺刀式
42. 盤步雲刀
43. 青龍入海
44. 收式

龍形八卦劍

　　1990 年農曆正月初二的早晨，我推開平台上的窗戶向樓下一看，啊！外邊一片白茫，厚厚的白雪覆蓋了大地。聽說夜裡下了大雪，我妻子問我：「外邊雪這麼大，你還去唐山嗎？」我說：「去！二十多年了，年年過春節都要去唐山看望師父，今年雖然外邊下了大雪，給師父拜年還是要去的。」說完我匆匆準備了一下就下了樓，我要趕早晨 7 點多的火車。

　　從我家到漢沽火車站還有七八里的路。下了樓我踏著一尺多深的白雪，步行向車站走去。經過一個多小時的步行，我走到了火車站，在這裡我與胞弟義勝會了面，7 點多我們登上去唐山古冶站的列車。

　　那是一趟現在早已淘汰的綠皮硬座客車，這趟客車開得慢得很，見站就停，140 里路開了近四個小時。中午時分列車終於到了古冶車站，下了火車我們急忙往汽車站趕，因為從古冶到趙各莊還有約

圖 124　和胞弟邵義勝（右）與張蘭普老師合影

十八里地的路程。因為下了大雪，汽車很難等，我們又等了一個多小時，才坐上去師父家的汽車。

中午一點多我們終於到了師父家。師父師母全家人都在等著我們兄弟，因為事先通過電話，師父知道我們今天一定會到的。進了屋，桌上早已擺好飯菜。雖然一路奔波受凍，但是進得師父家像到了自己家一樣，感到溫暖親切（圖 124、圖 125）。

自從 1967 年我開始跟師父學拳以來，往後每年春節我都要到師父家看望兩位老人。師父也是一樣，每到春節他老人家都把家裡最好的年貨準備好，專等我們去才拿出讓大家共享。與師父同住一幢樓的鄰居老大姐曾對我說：「每到過年前幾天，你師父總是樓上樓下走來走去，嘴裡不停地念叨『漢沽該來人啦』。你師父對你們真是太有感情了！」

圖 125　與張蘭普老師及家人合影

● 跟師學劍

這次我和胞弟在師父家住了兩天，每天除了聽師父談論一些武林舊事外，我們還走訪了一些師兄弟。就是在這次，師父還抽空向我傳授了一套「龍形八卦劍」。因為外邊到處是雪，這趟劍是師父在屋裡向我傳授的。記得當時師父和我各拿一根小木棍當劍用，師父邊說邊比畫，我跟在師父身邊學記。因為我過去練過八卦掌、八卦刀，再學這套八卦劍，相對來說就比較容易了。

這套八卦劍的特點主要是步法活，步型、步法變化多。龍形八卦劍雖然劍式動作不是很多，但是對步型、步法的要求很嚴謹規範。雖然演練時步繞身轉，劍身飛舞，但快而不亂。變化雖多，卻步法穩健，劍法清晰。輕靈中不失渾厚，沉穩中不失敏捷。

其中步型有弓步、馬步、仆步、虛步、歇步、丁步、獨立步等，主要步法有直行步、弧形步、走圈步、龍形步、擺扣步、倒插步、蹉步等。

「龍形八卦劍」的突出特點是整個演練過程中突出一個「行」字。這套劍從起式到收式，整個演練過程都是在走勢中進行的。步不停，劍不停，身隨步轉，劍隨身變。身劍合一，如龍似蛇，一片神行。

對於習武人來說，拳術是學習器械的基礎，所以對於初習者來講，要練好八卦劍，應當先學練一套八卦掌，有了拳術基礎，再學習八卦劍，就容易多了。而當練熟了這套龍形八卦劍，對理解八卦掌以走轉為主、隨走隨轉、隨轉隨變的特點也會有更深一步的體悟。

　　這次師父傳授給我這套八卦劍，我非常珍惜，以後又經過師父幾次調教，我對此劍又逐步有了更深的領悟。這些年來，我學過很多劍法，如少林劍、太極劍、武當劍、形意劍，但我尤其珍愛這套八卦劍，感覺演練這趟劍如行雲流水，非常舒暢。每次演練時，都會感到筋骨舒展，氣血通順，心情也格外暢快（圖 126）。

　　後來師父跟我說，50 年代時，一次在邯鄲參加河北省武術比賽期間，他遇到一位參賽的老先生，他們同住一室，閒時常見老先生拿一根筷子比畫劍法。師父向人家請教，老先生和師父很投脾氣，就向師父傳了這套劍法。大賽過後，又將劍譜寄給了師父。師父得了這套劍法，一直很珍惜，經常演練。

　　記得師父曾多次對我說：「練武之人，不能故步自封，要虛心好學，年輕時一定要多學、多練、多聽、多看、多悟。年輕時要博學多記，到老時由博返約。要有自

圖 126　演練龍行八卦劍

己的東西，這樣才能立得住。」師父的話，我一直銘記在心，幾十年來我經常走出家門，拜名師，訪高友，沒有門戶之見，虛心向名師高友求教，得以使自己的武學知識和技藝不斷豐富提高。

● 真傳一句話

　　師父在晚年得過一次中風，雖然經過治療很快得以康復，但是過去很多珍貴的傳統武術功法、套路，都記憶模糊了。所幸的是這套龍形八卦劍，他老人家卻沒有忘記。老人家還對我說，這套龍形八卦劍，你想過沒有也可以用刀來練。一句話點醒夢中人。其實這是多麼簡單的一件事兒呀！但他老人家不講，我可能一輩子也不會往這方面去想。當然不是什麼劍套都可以改用刀去演練的。但這套龍形八卦劍則完全可以用刀來練。演練時甚至步法、步型、身法完全不用改變原有的路數，僅僅要微微調整變化的是劍法與刀法的技法區別而已（很簡單，但是也要有練過刀的基礎）。

　　這扇窗打開後，我的心裡就敞亮多了。後來經師父指點，原來師父傳的很多拳械套路都能一套多用。如師父傳的「六合大鏟」「六合槍」可以用「方天畫戟」來演練，「圓空雙鏟」可以改用「雙槍」「雙戟」來演練，而「散練八卦掌」也可以用「雙鉞」來演練……

　　現在有不少習武之人，東西學的不多，練的水準也有限，卻老想著自己編點東西裝門面。可我老覺得先人給我們留下的東西太多太寶貴了。不論是套路編排，功法訓

練，文化底蘊，技術內涵，還是養生健身經驗，這些都足以讓我們一生學之不盡，用之不窮啊！

附　龍形八卦掌劍譜

1. 太子站江邊	2. 仙人擔衣	3. 獅子望球
4. 青龍吐芯	5. 仙人指路	6. 犀牛望月
7. 烏龍入洞	8. 大蟒翻身	9. 懷中抱月
10. 仙人指路	11. 古樹盤根	12. 老龍返身
13. 左轉身抹劍	14. 左弓步刺劍	15. 馬步平抹劍
16. 扭步勾掛	17. 烏龍擺尾	18. 烏龍出洞
19. 霸王拉弓	20. 懶龍臥道	21. 烏龍絞柱
22. 倒劈華山	23. 烏龍擺尾	24. 大鵬展翅
25. 右行步	26. 上三步撩陰劍	27. 倒行步
28. 倒劈華山	29. 青龍出水	30. 葉底藏花
31. 大鵬展翅	32. 右行步	33. 鷂子翻身
34. 大鵬展翅	35. 右行步	36. 朝天一炷香
37. 大蟒翻身	38. 白蛇吐信	39. 迎風展翅
40. 烏龍撩雲	41. 烏龍吐霧	42. 烏龍擺尾
43. 烏龍撩雲	44. 怪蟒回頭	45. 玉女穿針
46. 橫掃千軍	47. 猛虎歸山	48. 太子站江邊

結束語

　　辛苦數年，《會練會養得真功》一書幾易其稿，今天終於塵埃落定，可以交付於出版社了。有君要問，你已年近七旬，何以還要如此辛苦地寫這麼一本 20 萬字的武術專輯呢？

　　我的回答是：回眸自己走過的路，我這一生只幹了兩件事。一是踏踏實實地工作，二是認認真真地打拳。現在退休了，我的工作已經畫上了圓滿的句號。我九歲習武打拳，到如今我還在打拳。

　　古人云：烈士暮年，壯心不已。但是，冬去春來，生老病死，是自然規律，誰也抗拒不了。我知道我也有打不動拳的那一天，所以我還要再幹一件事，我要把各位前輩老師教我的東西整理出來，把自己一生習武練功的經驗體會寫出來，留給後人。有用沒用，讓後人評說吧。

　　如果本書的出版，能對讀者諸君有些許借鑑和啟示，我會感到由衷的欣慰。

　　　　　　　　　　　　　　　　　　邵義會
　　　　　　　　　　　　　　　　　　2019 年 1 月

歡迎至本公司購買書籍

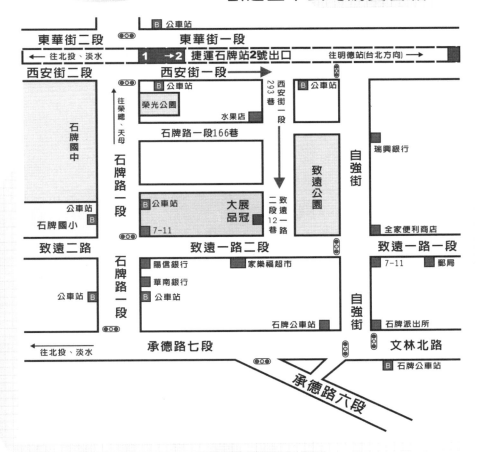

建議路線

1.搭乘捷運‧公車

　　淡水線石牌站下車，由石牌捷運站2號出口出站(出站後靠右邊)，沿著捷運高架往台北方向走(往明德站方向)，其街名為西安街，約走100公尺(勿超過紅綠燈)，由西安街一段293巷進來(巷口有一公車站牌，站名為自強街口)，本公司位於致遠公園對面。搭公車者請於石牌站(石牌派出所)下車，走進自強街，遇致遠路口左轉，右手邊第一條巷子即為本社位置。

2.自行開車或騎車

　　由承德路接石牌路，看到陽信銀行右轉，此條即為致遠一路二段，在遇到自強街(紅綠燈)前的巷子(致遠公園)左轉，即可看到本公司招牌。

國家圖書館出版品預行編目資料

會練會養得真功／邵義會著，－初版
－臺北市，大展出版社有限公司，2021 [民 110.05]
　　面；21公分-（武學釋典；52）
ISBN　978-986-346-328-3（平裝）
1.拳術　2.中國
528.972　　　　　　　　　　　　　　110003461

會練會養得真功

著　　者／邵 義 會
責任編輯／胡 志 華
發 行 人／蔡 森 明
出 版 者／大展出版社有限公司
社　　址／臺北市北投區（石牌）致遠一路 2 段 12 巷 1 號
電　　話／（02）28236031，28236033，28233123
傳　　真／（02）28272069
郵政劃撥／01669551
網　　址／www.dah-jaan.com.tw
E-mail／service@dah-jaan.com.tw
登 記 證／局版臺業字第 2171 號
承 印 者／傳興印刷有限公司
裝　　訂／佳昇興業有限公司
排 版 者／菩薩蠻數位文化有限公司
授 權 者／北京科學技術出版社
初版 1 刷／2021 年（民 110）5 月

定價／450元

大展好書　好書大展
品嘗好書　冠群可期

大展好書　好書大展

品嘗好書　冠群可期